天孫降臨の夢

藤原不比等のプロジェクト

大山誠一

Oyama Seiichi

1146

NHK BOOKS

日本放送出版協会【刊】

Printed in Japan
［地図作成］平凡社

はじめに

日本古代史を学ぼうとすると、誰しも一種の戸惑いをもつのではなかろうか。旧石器から縄文、弥生、古墳という考古学の時代区分が続いたあと、突然、飛鳥時代となり聖徳太子が登場する。その聖徳太子は、まだ中国との交流もほとんどなかった時代なのに儒教《じゅきょう》・仏教・道教という中国思想の聖人で、国内では皇太子・摂政として天皇中心の政治を整え、さらに中国・朝鮮との外交も主宰したという。その結果、日本の政治・文化のレベルは、たちまちに中国・朝鮮とならび、以後、日本の歴史は聖徳太子の示したままに進行することになる。言ってみれば、本来はあったはずの未開から文明への葛藤、つまり考古学が明らかにした日本固有の社会が巨大な中国文明を認識し、悪戦苦闘しながら学び、その上で取捨選択し、その結果として独自の秩序と文化を構築するという、そういう長期にして困難かつ複雑な価値観の相克を、聖徳太子という一人の聖人の出現ですましているのである。たった一人で、儒教・仏教・道教の聖人を兼ねるのも変だし、その歴史叙述はあまりにも安易なものと言えないだろうか。

奇跡的に聖徳太子という天才が出現し、その後の日本の行く末を定めたのだという人がいるかもしれない。しかし、思想というものは、前提となる文化水準と社会背景があって生まれるものである。何もないところに生まれるわけがあるまい。

そう考えて、やはり聖徳太子は実在しなかった、架空の存在だった、という趣旨の論文を書いたのが一九九六年である。その論文は、その後まもなく、一般向けに書き直して出版したが、それが『〈聖徳太子〉の誕生』（大山誠一、一九九九年）である。あれから約一〇年が経った。今なお、日本全体としては千年を越えるマインドコントロールゆえの「聖徳太子はいたと思う」あるいは「いたと思いたい」といった心情的な拒否反応は強く残っているものの、学問的な根拠をあげた反論は皆無であり、すでに〈聖徳太子は実在しない〉という理解は学界内外に定着したと言ってよいと思う。

そこで、本書においては、これまでの〈聖徳太子〉論の成果をふまえつつ、さらに新たな課題に挑戦したいと思う。

新たな課題とは、次の二つである。第一は、聖徳太子が実在しなかったのなら、これまで、聖徳太子の事績を中心に語られてきた飛鳥時代とは、本当はどのような時代だったのかが問われねばなるまい。聖徳太子関係記事のすべてが虚構であったとすると、『日本書紀』の歴史書としての価値は大きく揺らぐことになる。そういう『日本書紀』の限界を乗り越え、真実の歴史を示さねばならない。それは、私に課せられた使命というべきものに違いない。

問題は、どのようにして『日本書紀』を乗り越えるかであるが、歴史学の場合、何と言っても重要なのは史料批判である。まず個々の史料の信憑性を検証し、信頼できる史料にもとづいて史実を語らねばならない。それが大原則である。

では、『日本書紀』を越える史料が存在するのか。実は、飛鳥時代の場合、百年以上ものちに作られた『日本書紀』ではなく、同時代に近いより信憑性の高い史料が存在するのである。一つは、六三六年に成立した『隋《ずい》書』倭国伝である。六〇〇年を最初として何度も日本からの使者が隋を訪れており、六〇八年には隋の使者（裴世清《はいせいせい》）が来日し、六三二年にも唐《とう》の使者（高表仁《こうひょうじん》）が来日している。日本の様子は中国にはかなり詳しく伝えられており、そういう記録にもとづいて『隋書』は編纂されていたのである。もう一つは、考古学の成果である。これは飛鳥時代の歴史を直接、遺跡と遺物によって語ってくれている。だから、この二種類の史料を正確に読み解けば、真実の飛鳥時代に迫るための重要な手がかりを手に入れることができるのである。

その結果明らかになるのは蘇我馬子《そがのうまこ》の王権である。しかも、驚くべきことに、あらためて『日本書紀』を慎重に読み進めると、蘇我馬子自身が自らのために記した記事が随所に残されていることに気づくのである。そして、さらに注意深く視野を広げてゆくと、蘇我馬子の王権とは異なる別の王家の存在が明らかとなる。我々は、王家（皇室）は一つと考えているが、実は、複数の王家があり、交替で大王を出していたのである。その一つが蘇我氏だったということになる。古代の王権は、そういう複雑な構造になっていた。このことを、私は、本書の第I部で詳細に論じることになる。

次に、第二の課題であるが、第I部で飛鳥時代およびその前後の王権の様子が明らかとなったとしよう。その王権が直面していたのが、巨大な隋唐帝国の成立とその影響による東アジアの激動であった。とくに、高句麗《こうくり》・百済《くだら》・新羅《しらぎ》の朝鮮三国は存亡の淵に立たされていた。その激動はもちろん日本にも及んでおり、そのため、日本の王権は、内外さまざまな局面で動揺、混乱、対立そして深刻な危機に直面していたのである。その結果起こったのが六四五年の乙巳《いっし》の変《へん》である。中大兄王《なかのおおえのおう》らが蘇我入鹿《いるか》を暗殺した事件である。これにより蘇我王家が失権し、王家は中大兄王らの息長《おきなが》系統だけとなった。そして、その王家によって中国律令制を模倣した大化改新が始まる。以後、さまざまな曲折を経ながら改革は進行するが、なお対立と混乱が続く。そして、白村江《はくそんこう》の敗北、壬申の乱を経てようやく政治は安定化に向かい、七〇一年に大宝律令が制定された頃、中国を模倣しつつも日本なりの古代国家が完成するのである。

そこで問題となるのが、では、その日本の古代国家とはどのような国家だったのかということである。中国を模倣したのだから、多少とも中国的な国家だったことは確かであろう。しかし、模倣はどこまで可能だったのか。どの程度中国的になったのか。それが問われねばなるまい。

元来、模倣というものは、できることとできないことがある。知識や技術は模倣できる。そうした模倣は国境や民族を越えて容易に広がることができる。たとえば律令制に関しては、人民統治のための戸籍の作成や統一的税制の施行は技術的なもので模倣は可能であろう。日本の場合、現実には、その模倣の規模もレベルも中国の数十分の一以下に過ぎず、戸籍など、全国レベルとしては数回の作成で崩壊しており、結局、見かけだけの模倣だったのであるが、それでも、いったん律令制という普遍的な統治技術を獲得したことは、その後の日本の歴史全体に大きな影響を及ぼすことになったと言ってよい。

これに対し、模倣できないものがある。それはそれぞれの民族の歴史と風土に根ざした固有の文化である。実は、中国の皇帝制度がそれである。中国の皇帝制度は、長い春秋戦国の時代を経て秦の始皇帝のときに生まれたものである。その中国の皇帝は唯一絶対の専制君主である。少なくともそういうタテマエである。国家機構（官僚制）は皇帝の命令を実現するためにあると言っても過言でない。だから、皇帝制度は国家の基本である。始皇帝以後、中国の歴史は、一面において唯一絶対たる皇帝の地位を奪い合う歴史であったと言うこともできる。実力さえあれば、身分は問わない。異民族でも構わない。天命を受けた天子と称して権力を行使するのである。

では、中国の律令制を模倣した日本はこの皇帝制度を模倣したのだろうか。また模倣できたのだろうか。もちろん中国を模倣したのだから、形式上、皇帝に対応する存在は必要であり、それが天皇ということになるのであろう。しかし、天皇と皇帝とはまったく別ものである。何よりも、天皇は皇帝のような専制君主ではない。古代史家の中には天皇を専制君主と考えている人もいるが、古代史家である以前に歴史家として失格である。日本の歴史全体を通じて、一人として唯一絶対の権力者、つまり専制君主であった天皇はいないからである。

実は、国制の上でも、現実の場においても、天皇は権力から疎外されており、現実の権力者は常にほかにいたのである。現実の権力者とは、平安時代なら摂関家藤原氏である。では、天皇の役割は何だったのかと言うと、客観的事実として、現実の権力者に正当性を与えることだったと言ってよい。もちろん、逆に現実の権力者が天皇を利用したと言うこともできる。ただし、それが可能だったのは天皇に特殊な権威があったからである。一種宗教的な権威である。つまり、日本の天皇には権力はないが権威はあったのである。

しかし、飛鳥時代までの大王《おおきみ》はそうではなかった。かつての大王は権力者であった。蘇我馬子を見ればよい。どうして天皇が宗教的な存在になってしまったのか。どう考えても、中大兄王が蘇我入鹿を暗殺した段階では中大兄王は宗教的存在ではなかったであろう。ところが、大宝律令が編纂され、律令国家が完成した段階では、天皇は実権のない宗教的存在となっていた。ひとりでになったわけではあるまい。誰かがしくんだに違いない。

私はかつて、聖徳太子を論じた最初の論文の中で「聖徳太子を律令国家形成の出発点に置くことにより、皇室はその尊厳を確立し、天皇制は聖徳太子信仰の隆盛とともに、最終的に不滅な砦を確保したのである」と述べておいた。つまり、聖徳太子という架空の人物の誕生は天皇制の成立と不可分であるという趣旨である。天皇の権威をどのように創造するかを考えて、『日本書紀』の編者がその一つの要素として作ったのが聖徳太子だったということである。しかし、聖徳太子だけでは天皇の権威は確立しない。より根本的な作為が必要である。宗教的権威として天皇を利用するなら、思い切って天皇を神としたらどうか。その途方もない企てを構想し、実現した人物がいた。『日本書紀』編纂の最高責任者の藤原不比等《ふじわらのふひと》である。そして、そのために彼の手によって創造されたのが高天原《たかまがはら》・天孫降臨《てんそんこうりん》・万世一系《ばんせいいっけい》という神話であった。その要《かなめ》は天孫降臨である。だからこれを天孫降臨神話とよぶことにしよう。本書の第Ⅱ部は、不比等のこの天孫降臨神話創作の過程を克明に論じたものである。言わば、不比等の創作ノートのようなものと思ってもらってもよい。これにより、不比等は、過去の大王とも中国の皇帝とも異なる〈天皇〉という概念、さらには天皇制という価値観を日本の歴史・文化の中に据えたのである。何のために？　もちろん、自らと一族のためである。しかし、その影響は、不比等の思惑を越えて、今なお日本の隅々に及んでいる。日本人は、今なお不比等の呪縛下にある。

天孫降臨の夢——藤原不比等のプロジェクト【目次】

第4章　王権の諸問題　145

第Ⅱ部　天孫降臨の夢

ヤマト（大和）王権関係地図

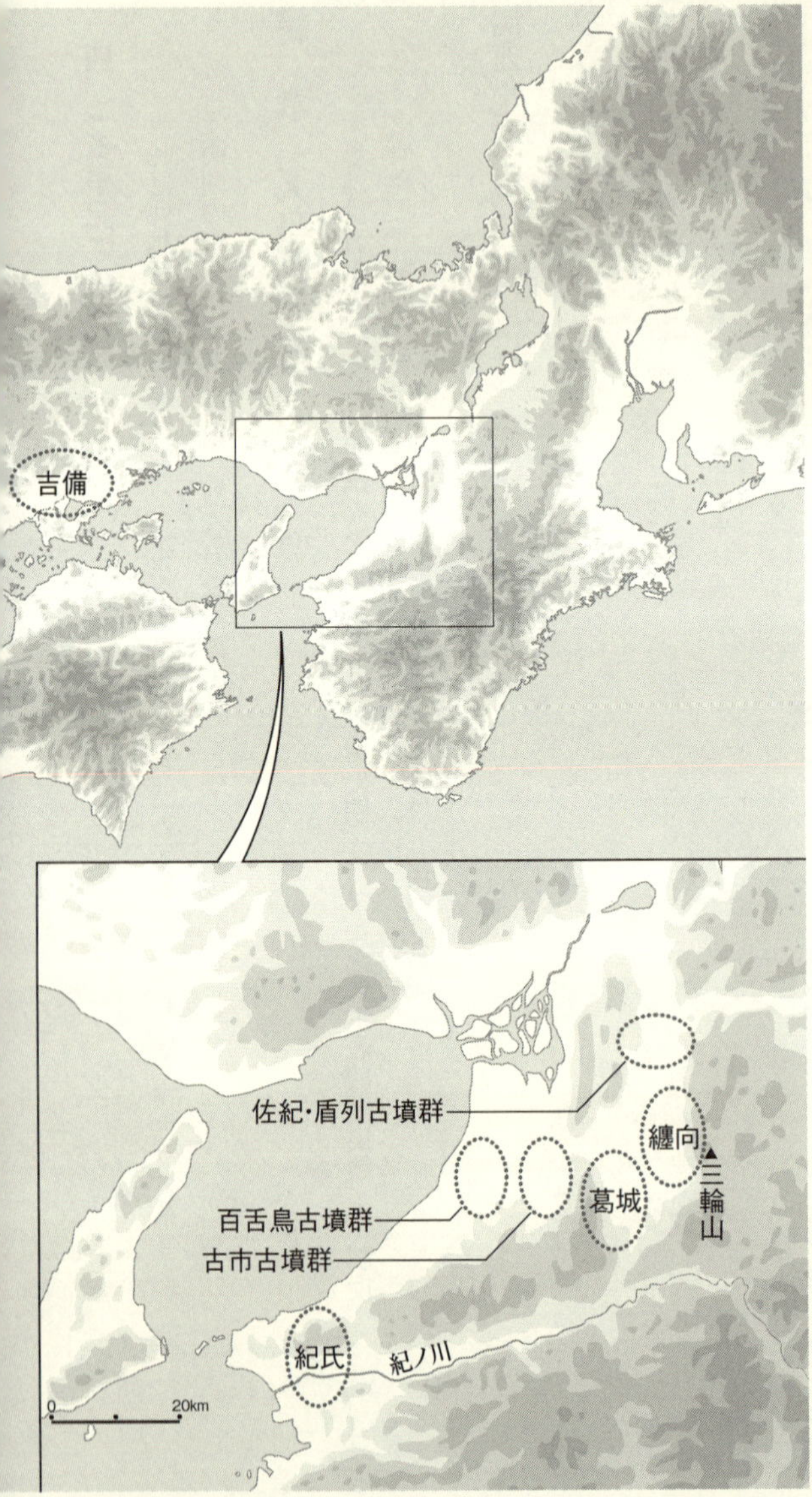

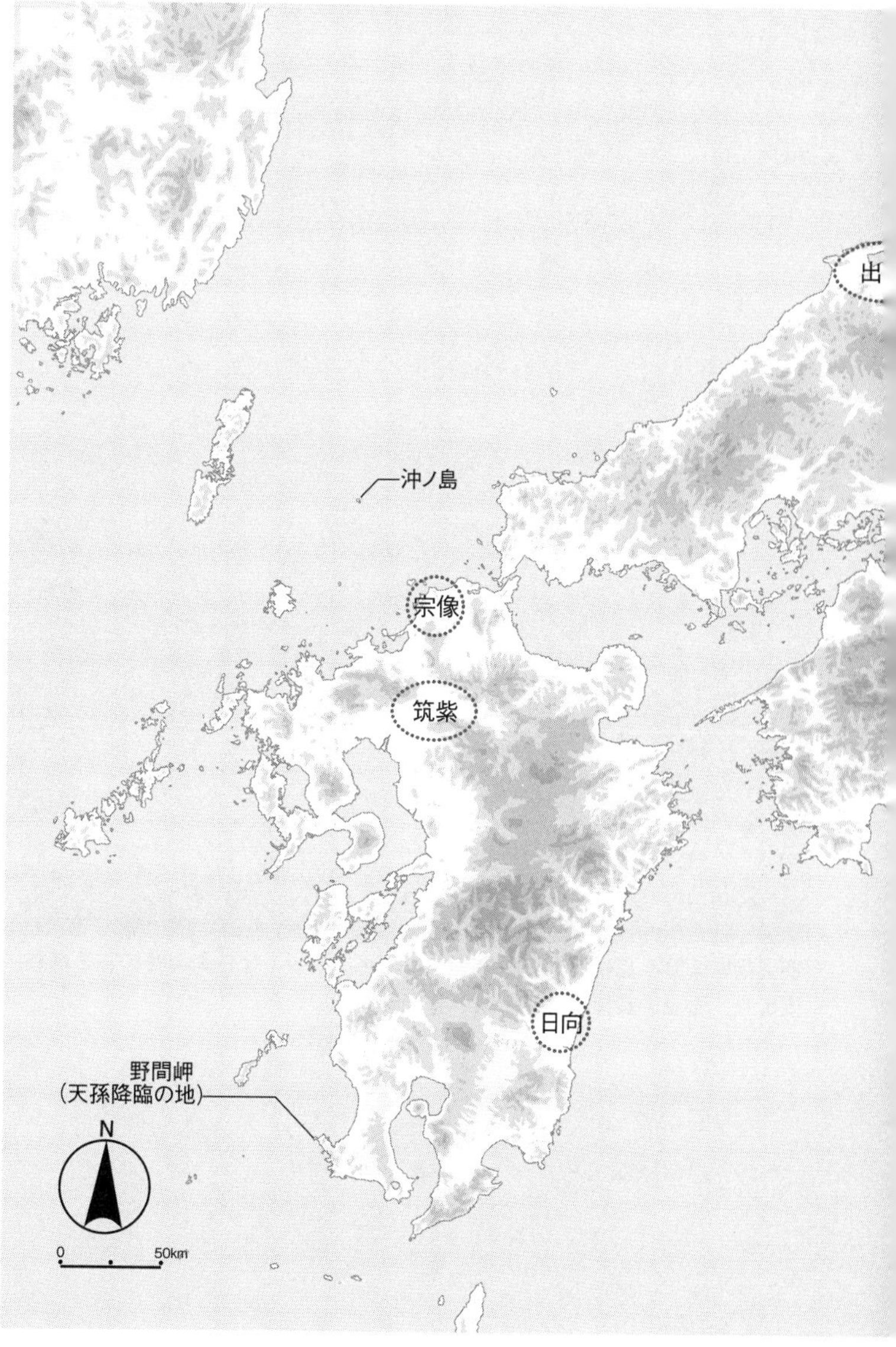

出
沖ノ島
宗像
筑紫
日向
野間岬
(天孫降臨の地)
N
0
50㎞

鹿児島県薩摩半島南西部の野間岬。ニニギノミコトは日向《ひゅうが》の襲《そ》の高千穂峰に天降《あまくだ》り、吾田《あだ》の長屋《ながや》の笠沙《かささ》の碕《みさき》（野間岬）にいたる。

第Ⅰ部　『日本書紀』の構想

第1章 〈聖徳太子〉の誕生

一 聖徳太子関係史料の再検討

久米邦武の指摘

やはり、話の糸口として、聖徳太子から論ずることにしたい。聖徳太子は実在の人物ではない、架空の人物であるという趣旨であるが、まず、その概要を紹介しておくことにする。

もともと聖徳太子は、数々の伝説に彩られていて、正体不明の人物であった。どの伝説も信憑性に乏しく、その人物像は煙霞《えんか》のごとく茫漠としていた。これに対し、初めて学問的に論じたのが明治の碩学《せきがく》、久米邦武《くめくにたけ》（一八三九〜一九三一）である。彼は、一八七一年（明治四）の岩倉《いわくら》使節団に同行して『米欧回覧実記』を著したことで知られ、一八八八年（明治二十一）には帝国大学文科大学教授となり、日本歴史・地理、中国歴史などを講じている。のち「神道は祭天の古俗」の論文で帝大を追われるが、その厳格な史料主義により近代史学の基礎を築いた人物といってよい。その彼は、聖徳太子にも関心があり、一九〇五年（明治三十八）に『上宮太子実録《じょうぐうたいしじつろく》』を著し、次のような指摘をしている。

聖徳太子関係の史料は数多いが、中には、仏教徒が聖徳法王と尊敬のあまりに、「三生の思想より奇異の假託《かたく》を敷衍《ふえん》し、其傳説《そのでんせつ》は、世を逐《お》う て加はり、ために真假雑糅《しんかざつじゅう》して其実相を望みがたし」と久米は書いている。だから、聖徳太子を学問的に研究するためには、これら複雑な史料を選別し、甲種（確実）、乙種（半確実）、丙種（不確実）の三種に分類する必要がある。

そのうち、重要なのは史料として確実な甲種であるが、法隆寺の薬師像・釈迦像、および天寿国繡帳《しゅうちょう》の銘文、『日本書紀』の憲法十七条、それに伊予湯岡碑文《いよゆのおかのひぶん》などがそれである。聖徳太子研究にあっては、これらを基本文献とすべきである。これに対し、『上宮聖徳法王帝説《じょうぐうしょうとくほうおうていせつ》』、憲法十七条以外の『日本書紀』、『補闕記《ほけつ》』、『唐大和上東征伝《とうだいわじょうとうせいでん》』などは乙種、さらに『聖徳太子伝暦』や『扶桑略記《ふそうりゃくき》』の記述などは不確かとして丙種として研究対象から退けるべき、としている。なお、このほかにも、法隆寺に伝わった法華《ほっけ》・勝鬘《しょうまん》・維摩《ゆいま》の三経の注釈書である『三経義疏《さんぎょうぎしょ》』も聖徳太子御製と認められているようであり、これも甲種に加えているようである。

この久米の指摘はきわめて貴重なもので、それまで、怪奇蒙昧《もうまい》な伝説に埋もれていた聖徳太子を学問的に研究する基準を示したと言うことができる。以後、歴史学の場においては、聖徳太子はこれらの史料によって論じられることになったのである。

津田左右吉の指摘

ところが、一見学問的に見えた久米の配慮も、実は、十分なものではなかった。まず、久米が確実とした憲法十七条であるが、すでに、江戸後期の考証学者の狩谷棭斎《かりやえきさい》（一七七五〜一八三五）に偽物と断定されており、昭和になって、津田左右吉（一八七三〜一九六一）は条文に使用された用語や時代背景から学問的に否定している。津田の指摘の要点を述べると次のようになる。

まず第一に、憲法の第十二条に「国司《くにのみこともち》・国造《くにのみやつこ》、百姓《おおみたから》に斂《おさめと》らざれ……」とあり、そこに国司の語が見えるが、これは中央から派遣される官人で六四五年に始まる大化改新以前にはあり得ない。ちなみに、今日の古代史研究では、国司の語は、七〇一年の大宝律令以後に使われた用語とされている。第二に、憲法の全体が、中国的な君・臣・民の三階級にもとづく中央集権的官僚制の理念で書かれているが、この時代は、まだ古い氏族制の時代でありふさわしくない。

そして第三に、憲法は、中国の古典から多くの語を引用しているが、これらは奈良時代の『続日本紀《しょくにほんぎ》』や『日本書紀』の文章と似ている。それゆえ、憲法十七条は、「律令の制定や國史の編纂などを企てつゝあつた時代の政府の何人かが儒臣に命じ、名を太子にかりて、かゝる訓誡を作らしめ、官僚をして歸向するところを知らしめようとしたのであらう」（津田左右吉『日本古典の研究』下）というものである。つまりは、『日本書紀』編纂に携わった奈良時代初期の為政者らによって作られたというものであるが、この津田の理解は、今日では通説となっている。

また、憲法が作成された時代背景も考えておく必要がある。『隋書』倭国伝には、憲法制定の四年前の六〇〇年（開皇二十）に派遣された使者が、当時の日本の政治のあり方を次のように述べたと伝えている。

使者言はく、「倭王は天《あめ》を以て兄と為《な》し、日《ひ》を以て弟と為す。天、未《いま》だ明けざる時に出でて政《まつりごと》を聴《き》き、跏趺《かふ》して坐《ざ》し、日出《い》づれば便《すなわ》ち理務《りむ》を停《とど》めて云《いわ》く、我が弟に委《ゆだ》ねん」と。高祖曰く、「此《こ》れ太《はなは》だ義理無し」と。是《ここ》に訓《おし》へて之《これ》を改めしむ。

ここで言う「天《あめ》」は、空間としての「空《そら》」とほぼ同じ意味と考えてよく、倭王は、天（空）を兄とし、日（太陽）を弟としていると言っている。そして、天が明けないとき、すなわち暗いうちに政治を行い、日が出て明るくなると、弟（日）に委ねようと言って、すぐに政治をやめてしまうという。この「天」を「あめ」「あま」と訓《よ》み、空間としての「空」を意味する用法は、『万葉集』の「天の原振りさけ見れば……」などの言い方によく残っており、日本人の自然観を示している。「天の原」とは、遠く空の果てまでもという意味である。

これに対し、中国の「天《てん》」は、空間としての空を突き抜けた最高の存在を指しており、それを理念的に至上神と考えるものである。わかりやすく言えば、空の一番高いてっぺん（天辺）を想定し、そこから全地上を見下ろして支配しているのが「天」であるという考え方である。この「テン（天）」は、元来は中国語ではなく、西アジアに由来し、ユダヤ教、キリスト教、イスラム教の天とも密接な関係があり、蒙古《もうこ》語やトルコ語などでは「テングリ」と称している。その天であるが、文字通り最高の存在で、その天の命令が「天命」で、その「天命」を受けて地上の天下万民を統治するのが「天子」すなわち皇帝である。つまり、中国思想は、天命思想に裏づけられた皇帝を中心とする政治秩序を意味しているのである。

ところが、『隋書』に記された倭王の政治は、「天を以て兄と為し、日を以て弟と為す」と言ったように、中国の天命思想の影響を受けた様子がない。だから高祖はあきれて「此れ太だ義理無し」と言ったのである。とすれば、そういう時代に、中国の古典を駆使した中国思想そのものと言うべき憲法十七条が作られるはずはないではないか。津田の指摘通り、『日本書紀』編者の創作と考えるほかないのである。『日本書紀』によれば、厩戸王《うまやど》（聖徳太子）が亡くなったのが六二一年である。『日本書紀』自体の成立は養老四年（七二〇）である。ちょうど、一世紀後の人が作ったものだったのである。

再検討・法隆寺系の史料1——薬師像光背の銘文

法隆寺に伝えられた史料も同様である。久米が確実として甲種とした史料について順に述べることにしよう。

まず、金堂の薬師像の光背《こうはい》の銘文《めいぶん》であるが、原文および釈文は次の通りである。

（原文）

池辺大宮治天下天皇、大御身労賜時、歳次丙午年、召於大王天皇与太子而誓願賜、我大御病太平欲坐、故、将造寺薬師像作仕奉詔。然当時崩賜造不堪者、小治田大宮治天下大王天皇及東宮聖王、大命受賜而、歳次丁卯年仕奉。

薬師如来座像（法隆寺所蔵）

（釈文）

池辺大宮《いけのべのおおみやに》治天下《あめのしたしろしめしし》天皇《すめらみこと》（用明天皇）、大御身《おおみみ》労《いたづ》き賜《たま》いし時、歳《ほし》は丙午《ひのえうま》に次《やど》りし年、大王天皇（推古天皇）と太子（聖徳太子）を召して誓願し賜わく、我が大御病《おおみやまい》太平《たいら》きならんと欲《おもほ》し坐《ま》す。故《かれ》、まさに寺を造り薬師像を作り仕奉《つかえまつ》らんとすと詔《の》りたもう。然《しか》れども、時に当りて崩《ほう》じ賜いて造り堪《あ》えざれば、小治田大宮《おわりだのおおみや》治天下大王天皇（推古天皇）および東宮聖王（聖徳太子）、大命《おおみこと》を受け賜いて、歳《ほし》は丁卯《ひのとう》に次《やど》りし年に仕奉《つかえまつ》りき。

銘文の要旨は、池辺大宮治天下天皇（用明）が病気になり、丙午年（五八六）に大王天皇（推古）と太子を召し、病気平癒《へいゆ》のために薬師像造立を誓願したが、そのまま亡くなってしまった。そこで、大王天皇と東宮聖王（聖徳太子）が丁卯年（六〇七）になってこれを完成した、というものである（傍線部分は原文の語句）。銘文に書かれている通りならば、この薬師像は六〇七年に完成したことになる。しかし、京都大学の福山敏男氏（一九〇五〜九五）らにより、すでに多くの疑問が指摘されている。

疑問の第一は、文中の天皇号である。

天皇号の成立については、かつてはこの薬師像銘や天寿国繡帳銘などの法隆寺系史料によって、推古朝に聖徳太子が初めて使用したと考えられていたが、これらの史料自体の信憑性が問題なのだから根拠にはならない。今日では、中国で、唐の高宗の六七四年（上元《じょうげん》元）に、君主の称号が「皇帝」から「天皇」に代わったが、その情報が、天武朝（六七二〜六八六）に伝わり、持統三年（六八九）に編纂された飛鳥浄御原令《あすかきよみはらりょう》において正式に採用されたというのが定説となっている（増尾伸一郎、二〇〇三年）。

もう一〇年以上前の一九九八年に、奈良の飛鳥寺の近くの飛鳥池遺跡から「天皇」の語を記した木簡が出土したが、その年代は、天武・持統朝ということで、最古の使用例と報道された。したがって、三度も天皇号を使用した薬師像の銘文は、天武・持統朝以後の成立で、六〇七年のものとしては偽物ということにならざるを得ないのである。

なお、「天皇」は、本来は、中国の伝統思想である道教において、宇宙の最高神とされた存在だったが、道教の創始者に擬《ぎ》せられる老子と唐の皇室が同じ李《り》姓であったため、唐の皇室は老子を遠祖として敬《うやま》うようになり、さらに熱心な道教信者であった高宗にいたって君主号を「天皇」とすることになったのである。

それを日本側が採用した事情であるが、単なる君主号としてではなく、天武十三年（六八四）に定められた八色《やくさ》の姓《かばね》のうち「真人《まひと》」が道教で仙人の最高位を、「道師《みちのし》」が道教教団の指導者を意味し、天武の和風諡号《わふうしごう》の「天渟中原瀛真人《あまのぬなはらのおきのまひと》」が道教で海のかなたの神仙世界の最高位を意味していることなどから、道教思想を受容する一環としてであったことも確かなようである。ただし、中国では、実際の政治は、やはり儒教で行われるので、この天皇号は定着せず、高宗一代で終わり、むしろ日本で定着することになったのは不思議なめぐり合わせと言えよう。

第二に、東宮《とうぐう》の語も問題である。東宮は、もちろん皇太子のことで、皇太子は、皇帝ないし国王の在世中に後継者に指名された人物のことである。しかし、この段階では皇帝（天皇）号もなく、もちろん皇太子という地位もなかったのである。日本で、現実に皇太子制が成立するのは、やはり律令国家になってから、具体的には六八九年の飛鳥浄御原令の段階で、最初に皇太子となったのは持統女帝の孫の軽皇子《かるのみこ》（即位して文武天皇）で、持統十一年（六九七）のことである。とすれば、この点からも、銘文の成立は持統朝以後でなければならないのである。

その他、聖徳太子を「聖王」と称しているが、普通、「聖王」というのは過去の偉大な王に使う言葉である。また、病気の用明天皇が正妻（大后《おおきさき》）の穴穂部間人王《あなほべのはしひと》ではなく、妹の推古を召したのも不自然であろう。加えて、技術的な問題として、銘文の書体が新しいこと、また、彫刻様式が、あとから作られるはずの釈迦像より新しく、むしろ釈迦像を模倣して作られたものと言われているのである。

このように、あらゆる点から見て、この薬師像が、六〇七年に、聖徳太子らによって作られた可能性はないのである。では、この銘文がいつ成立したかであるが、上限は、天皇・東宮の語の使用から飛鳥浄御原令が編纂された持統三年（六八九）頃、下限は、『法隆寺資財帳《しざいちょう》』で存在が確認できるから天平十九年（七四七）ということになる。

再検討・法隆寺系の史料2――金堂釈迦像光背の銘文

金堂の釈迦像の光背の銘文であるが、次のように鐫刻《せんこく》されている。

（原文）

法興元卅一年歳次辛巳十二月鬼、前太后崩。明年正月廿二日上宮法皇枕病弗悆。干食王后仍以労疾、並著於床時、王后王子等及与諸臣深懐愁毒、共相発願。仰依三宝、当造釈像尺寸王身。蒙此願力転病延寿安住世間。若是定業以背世者、往登浄土早昇妙果。二月廿一日癸酉王后即世、翌日法皇登遐。癸未年三月中如願敬造釈迦尊像幷俠侍及荘厳具竟。乗斯微福、信道知識現在安隠、出生入死随奉三主、紹隆三宝、遂共彼岸。普遍六道法界含識得脱苦縁、同趣菩提。使司馬鞍首止利仏師造。

金堂釈迦三尊像（法隆寺所蔵）

（釈文）

法興《ほうこう》元卅一年、歳《ほし》は辛巳《かのとみ》（推古二十九年、六二一）に次《やど》る十二月鬼《き》（暦の二十八宿の一つ）、前太后《さきのおおきさき》（穴穂部間人王）崩《かむあが》りたまふ。明年の正月廿二日、上宮法皇（聖徳太子）病に枕《ちん》し弗悆《こころよ》からず。干食王后《かしわでのみこのきさき》（膳夫人）も仍《ま》た労疾《いたづき》たまひ、並《とも》に床に著《つ》きたまふ時に、王后王子等と諸臣と深く懐《おも》ひ愁《うれ》へ毒《いた》み、共相《とも》に発願《ほつがん》す。「仰《あおぎ》て三宝により、当《まさ》に釈像の尺寸王身なるを造るべし。此《こ》の願力を蒙《こうむ》り、病を転《うつ》し寿《よわい》を延ばし、世間に安住したまはんことを。若《も》し是《こ》れ定業《じょうぎょう》にして以《もち》て世を背《そむ》きたまはば、往《い》きて浄土に登り、早く妙果に昇りたまはむことを。」二月廿一日癸酉《みずのととり》に、王后即世《そくせい》したまひ、翌日に法皇登遐《とうか》したまふ。癸未《みずのとひつじ》の年の三月中、願の如く敬ひて釈迦の尊像幷《あわせ》て俠侍《きょうじ》及び荘厳具《しょうごんぐ》とを造り竟《おわ》りぬ。斯の微福に乗《の》り、信道の知識《ちしき》、現在安隠にして、生を出て死に入らば、三主（前太后・上宮法皇・干食王后）に随《したが》ひ奉《たてまつ》り、三宝を紹隆《しょうりゅう》して、遂に彼岸を共にし、普遍《あまねく》、六道法界《りくどうほっかい》の含識《がんしき》も、苦縁を脱《のが》れることを得て、同じく菩提《ぼだい》に趣《おもむ》かんことを。司馬鞍首止利仏師《しばのくらつくりのとりぶっし》をして造らしむ。

法興元卅一年歳次辛巳（推古二十九年、六二一）十二月に、前太后（穴穂部間人王）が崩じ、明年（推古三十年、六二二）正月廿二日上宮法皇と干食王后が病気となった。そこで、王后・王子と諸臣らが病気回復を祈って釈像尺寸王身を発願したが、二月廿一日に王后が亡くなり、翌日（二月廿二日）法皇も亡くなった。像は癸未年（推古三十一年、六二三）三月に、司馬鞍首止利仏師が完成した、というものである（傍線部分は原文の語句）。古くは、この銘文は、比較的信憑性が高いとされ、美術史では推古朝に止利仏師が作った止利様式の基準作とされていたようである。しかし、これにも多くの疑問が出されている。

福山敏男氏は、法興元などという年号は存在しないから後代に書かれたもの、法皇の語は、天皇号の影響を受けたもので、後世に天皇号が成立して以後のことでなければならない、文体も新しいなどの諸点をあげ、推古朝の成立を否定されている（福山敏男、一九三五年）。

法興（元）という年号に関しては、一般に、法興寺の建立が始まった年を基準とした私年号と考えられているが、大化の改新以前に日本国内で年号が使用された証拠はない。その法興寺であるが、もちろん飛鳥寺のことである。ところが、飛鳥寺を含めて有力寺院に中国的な法号がつけられるのは天武八年（六七九）のことである。それ以前は、地名により、飛鳥にあれば飛鳥寺、斑鳩《いかるが》にあれば斑鳩寺とよばれていたのである。

加えて、飛鳥寺の法号は天武朝以後一貫して元興寺であって、法興寺と称したのは『日本書紀』という書物の中においてだけである。つまり、『日本書紀』が、飛鳥寺すなわち元興寺を、特別な意味を込めて「法興寺」とよんだのである。とすれば、法興という年号は、その『日本書紀』における法興寺の呼称をふまえて成立したものとせねばならないであろう。『日本書紀』は養老四年（七二〇）の成立である。法興年号はそれ以後でなければなるまい。

また、法皇であるが、当時の中国文献にもない語なので、福山氏は、仏典で釈迦を指す「法王」と君主号の「天皇」との組み合わせによると解したのであるが、支持すべき見解である。だから、天皇号成立以後というわけである。

これ以外にも、書体が奈良時代のものとする説もあるが、私が重視したいのは、銘文中の「知識」と「仏師」の語である。知識というのは、民間で、造寺・造仏などの仏教事業に協力する人々のことで、その存在は、仏教信仰が相当深く浸透したことを示すものである。この語の初見史料は、

『金剛場陀羅尼経《こんごうじょうだらにきょう》』跋文《ばつぶん》で、天武十五年（六八六）のことで、釈迦像の銘文の年代より半世紀以上ものちのことである。また、仏師の語は、もちろん仏像を作る専門家のことであるが、中国・朝鮮にはこういった語はなく、銘文に制作した工人の名が記されることもほとんどなかったのである。そこで、仏師の語が、日本でいつ頃から使われたのかというと、初見は正倉院文書にあり天平六年（七三四）である。したがって、おおむね、奈良時代初め頃にできた用語と考えてよさそうである。このほか、聖徳太子の妻を王后と称しているが、后は即位した大王の妻のことで、厳密には誤りである。

このように、聖徳太子の実在の最大の根拠とされてきた釈迦像の銘文にして、これほどの疑問があるのである。もはや、推古朝の作品ではないことは明白であろう。その成立の年代であるが、上限は、天皇号と知識の語によれば天武・持統朝、仏師の語によれば天平初年頃となり、下限のほうは、『法隆寺資財帳』に見えるから天平十九年（七四七）ということになる。

なお、自明のことであるが、ここで論じているのは、文字史料としての銘文の成立ということで、仏像そのものではない。薬師・釈迦両像とも、鍍金《ときん》後に鐫刻《せんこく》が為されているから追刻の可能性が高く、銘文が後世に捏造されたものであるとすれば、両像の制作された時期は不明と言うほかないであろう。

ただし、法隆寺の建立そのものが問題である。古来、聖徳太子の建立と伝えられてきたが、実は、『日本書紀』の天智九年（六七〇）四月壬申条には「夜半之後《あかつき》に、法隆寺に災《ひつ》けり。一屋も余ること無し。大雨《ひさめ》ふり雷《いかづち》震《な》る」と記されている。そのため、今日の法隆寺は、雷火でいったん焼失し、のちに再建されたのではないかという見解があった。ただ、それを認めない人もおり、有名な法隆寺再建非再建論争というものが展開されたのであるが、実は、すでに戦前のうちに発掘によって創建法隆寺（若草伽藍とよばれている）の存在が確認され、今日の法隆寺は再建後のものとされているのである。また、最近の発掘によっても金属が溶解するほどの千度を越える高温で焼失したことが明白となっている。つまり、激しい雷火があったことは確実なのである。

元来、大きな仏像は台座に固定されており、移動などは考えられていないものである。法隆寺の釈迦像の場合、光背と合わせて四二二キログラムもあり、それが、雷火の中を救われて、今日見るように傷一つない状態で残っているなど考えられないのである。やはり、再建後に新たに作られたと考えねばならないだろう。とすれば、止利仏師の作などというのも、まったくの虚構だったことになる。

再検討・法隆寺系の史料3――天寿国繡帳の銘文

中宮寺に断片が伝わる天寿国繡帳の銘文は、『上宮聖徳法王帝説』によって全文を復元することができる。以下の通りである。

（原文）

（　）は現繡帳上の亀甲《きっこう》銘である。正倉院蔵残片に「娶、奈、居、廿、仏」の五文字、中宮寺蔵の別の残片

に「利令者椋」が残されている）

斯帰斯麻　宮治天下　天皇名阿　米久爾意
斯波留支　比里爾波　乃弥己等　娶巷奇大
臣名伊奈　米足尼女　名吉多斯　比弥乃弥
己等為大　后生名多　至波奈等　已比乃弥
己等妹名　等已弥居　加斯支移　比弥乃弥
己等復娶　大后弟名　乎阿尼乃　弥己等為
后生名孔　部間人公　主斯帰斯　麻天皇之
子名蕤奈　久羅乃布　等多麻斯　支乃弥己
等娶庶妹　名等已弥　居加斯支　移比弥乃
弥己等為　大后坐乎　沙多宮治　天下生名
尾治王多　至波奈等　已比乃弥　己等娶庶
妹名孔部　間人公主　為大后坐　瀆辺宮治
天下生名　等已刀弥　弥乃弥己　等娶尾治
大王之女　名多至波　奈大女郎　為后歳在
辛巳十二　月廿一癸　酉日入孔　部間人母
王崩明年　二月廿二　日甲戌夜　半太子崩

于時多至　波奈大女　郎悲哀嘆　息白畏天
皇前曰啓　之雖恐懐　心難止使　我大王与
母王如期　従遊痛酷　无比我大　王所告世
間虚仮唯　仏是真玩　味其法謂　我大王応
生於天寿　国之中而　彼国之形　眼所叵看
稀因図像　欲観大王　往生之状　天皇聞之
悽然告白　有一我子　所啓誠以　為然勅諸
采女等造　繡帷二張　画者東漢　末賢高麗
加西溢又　漢奴加己　利令者椋　部秦久麻

（釈文）

斯帰斯麻宮治天下天皇《しきしまのみやにあめのしたしろしめししすめらみこと》、名を阿米久爾意斯波留支比里爾波乃弥己等《あめくにおしはるきひろにはのみこと》（欽明天皇）とまをす。巷奇大臣《そがのおほおみ》、名をば伊奈米足尼《いなめのすくね》（蘇我稲目）といふが女《むすめ》、名をば吉多斯比弥乃弥己等《きたしひめのみこと》（堅塩媛）といふを娶りて大后として生めるを、名をば多至波奈等已比乃弥己等《たちばなとよひのみこと》（用明天皇）とまをす。妹の名をば等已弥居加斯支移比弥乃弥己等《とよみけかしきやひめのみこと》（豊御食炊屋姫・推古天皇）とまをす。復《ま》た大后の弟の名をば乎阿尼乃弥己等《おあねのみこと》（小姉君）とまをすを娶りて后として生めるを、名をば孔部間人公主《あなほべのはしひとのひめみこ》（穴穂

天寿国繡帳の部分（中宮寺所蔵）

部間人王）とまをす。斯帰斯麻《しきしま》天皇の子の、名をば蕤奈《ぬな》久羅乃布等多麻斯支乃弥己等《くらのふとたましきのみこと》（敏達天皇）といふが、庶妹の、名をば等已弥居加斯支移比弥乃弥己等《とよみけかしきやひめのみこと》といふを大后として、乎沙多《おさた》の宮（他田宮）に坐《いま》して、天下治《あめのしたしろしめ》しき。名をば尾治王《おはりのおほきみ》とまをすを生みたまふ。多至波奈等已比乃《たちばなとよひの》弥己等《みこと》、庶妹の、名をば孔部間人公主《あなほべのはしひとのひめみこ》とまをすを娶りて、大后として、瀆辺《いけのべ》の宮（池辺宮）に坐《いま》して、天下治しき。名をば等已刀弥弥乃弥己等《とよとみみのみこと》（豊聴耳命・聖徳太子）とまをすを生みたまふ。尾治大王《おはりのおほきみ》の女の、名をば多至波奈大女郎《たちばなのおほいらつめ》（橘大女郎）とまをすを娶りて、后としたまふ。歳辛巳《ほしかのとみ》に在りしの十二月廿一の癸酉《みずのととり》の日入《ひぐれ》に、孔部間人母王《あなほべのはしひとのははのおほきみ》崩《うせま》しぬ。明年の二月廿二日の甲戌《きのえいぬ》の夜半に、太子崩しぬ。時に多至波奈大女郎《たちばなのおほいらつめ》、悲哀《かなし》び嘆息《なげ》きて、畏《かしこ》き天皇の前に曰《まを》さく、「啓《まを》さむこと恐《おそれ》ありと雖《いへど》も、懐《おも》ふ心止《や》み難《がた》し。我《あ》が大王、母王《ははのおほきみ》と期《ちぎ》りしが如《ごと》、従遊《しょうゆう》したまひき。痛《いた》く酷《から》きこと比无《たぐひな》し。我《あ》が大王の告《の》りたまへらく、「世間《よのなか》は虚仮《こけ》にして、唯仏《ただほとけ》のみ是真《これまこと》なり」とのりたまへり。其《そ》の法《みのり》を玩《もてあそ》び味《あじわ》ふに、我《あ》が大王は天寿国の中に生れたまふ応《べ》しと謂《い》へり。而《しか》るものを彼《そ》の国の形は眼《め》に看叵《みがた》き所そ。稀《まれ》に像《かたち》を図《えが》くに因《よ》りて、大王の往生したまふ状《かたち》を観《み》むと欲《おも》ふ」とまをす。天皇、聞《きこしめ》して悽然《かなし》び、告《つ》げて白《のりたま》はく、「一《ひとり》の我子《あがこ》の啓《まを》す所《ところ》有り。誠に以て然《しか》そと為《おも》ふ」とのりたまへり。諸《もろもろ》の采女等《うねめたち》に勅《みことのり》して繡帷《ぬひもののかたびら》二張を造らしめたまふ。画《えが》く者《ひと》は東漢末賢《やまとのあやのめけ》、高麗加西溢《こまのかせい》そ。又、漢奴加己利《あやのぬかこり》、令者《つかさひと》は椋部秦久麻《くらひとべのはたのくま》そ。

まず前半で、斯帰斯麻宮《しきしまのみや》治天下天皇（欽明）から等已刀弥弥乃弥己等《とよとみみのみこと》（聖徳太子）とその妃の多至波奈大女郎《たちばなのおほいらつめ》（橘大女郎）にいたる系譜を記し、後半では、繡帳作成の由来として、辛巳年（推古二十九年、六二一）十二月廿一日に孔部間人母王《あなほべのはしひと》（穴穂部間人王）が崩じ、翌年（推古三十年、六二二）二月廿二日太子も崩じた。多至波奈大女郎はおおいに嘆き、祖母にあたる推古天皇に、太子が往生した天寿国の様子を見たいと訴えたので、天皇が采女《うねめ》等に命じて繡帷二張を造らせたと記している。文中に、太子の言葉として「世間虚仮、唯仏是真」とあるのがとくに有名である（傍線部分は原文の語句）。

この銘文も、従来比較的信用できるものとして、聖徳太子の実在性を証明する重要な史料とされてきたものである。しかし、天皇号が使われているから、飛鳥浄御原令、すなわち持統朝以後のものと考えなければならないし、ほかにも次のような疑問がある。

和風諡号はいつからか

まず、歴代天皇の名が、欽明はアメクニオシハルキヒロニハ、敏達はヌナクラノフトタマシキ、用明はタチバナトヨヒ、推古はトヨミケカシキヤヒメのように表記されているが、これは和風諡号《わふうしごう》とよばれるもので、天皇の生前の徳や功績によって、死後に贈られた称号である。問題は、こういった和風諡号が、いつ頃成立したかである。そこで、その使用例を調べてみると、この天寿国繡帳銘を除くと、確実なものとしては『古事記』と『日本書紀』(両者をあわせて『記紀』とよぶ)が最初で、それ以前には使用例がないことに気づく。ということは、和風諡号は、『記紀』の編纂のために、歴代天皇の呼称として新たに作られたものと考えたほうがよさそうである。

『古事記』は和銅五年(七一二)、『日本書紀』は養老四年(七二〇)に成立したが、その編纂事業は天武朝に始まっているから、結局、天武朝から奈良時代初期にかけて徐々に成立したと言えそうである。それゆえ、天寿国繡帳が、聖徳太子が亡くなってすぐに作られたものとすれば、そこに和風諡号などがあり得るはずがないのである。また、聖徳太子もトヨトミミの名でよばれているが、これも和風諡号と同様のものと考えてよいであろう。しかも、即位しなかった王族が、実名のほかにこのような称号をもつのは聖徳太子だけで、それを確認できるのも『記紀』が最初なのである。結局のところ、この銘文の天皇と聖徳太子の呼称はきわめて異例で、やはりほかの法隆寺系史料と同じく、『記紀』で成立した和風諡号を利用して書かれたものと考えざるを得ないのである。

その他、聖徳太子の母を「孔部間人公主」と称したのも疑問である。「公主」の語は、中国で皇帝の娘を意味するが、隋との交流が始まったばかりの推古朝にこのような呼称が使用されるはずは考えられないからである。

加えて、最近、国文学の金沢英之氏が、より明確で、直接的な根拠を示された（金沢英之、二〇〇一年）。それによれば、銘文には聖徳太子と母の孔部（穴穂部）間人王の亡くなった日づけが干支で記されている。孔部間人王は「歳在辛巳十二月廿一癸酉」、太子は「明年（壬午）二月廿二日甲戌」である。従来、それがいかなる暦法によるものか不明だったのであるが、今回、新たに儀鳳暦《ぎほうれき》であることが明らかになったのである。

儀鳳暦というのは、唐の麟徳暦《りんとくれき》のことで、日本では持統四年（六九〇）にそれまでの元嘉暦《げんかれき》との併用として採用され、文武朝以後に単独使用となった暦のことである。ということは、推古天皇の時代にはまだ儀鳳暦は存在しなかったのであるから、天寿国繡帳の銘文は、六九〇年以後に作成されたと考えねばならないのである。また、銘文と繡帳の図像は一体のものであるから、この天寿国繡帳が、従来考えられてきたような飛鳥時代の作品ではないことも確実なのである。

なお、この繡帳の成立年代であるが、儀鳳暦の使用から文武朝以後であることは明白であり、かつ、法隆寺に伝えられてきたにもかかわらず天平十九年の『法隆寺資財帳』に見えないことから、それ以後の可能性が高い。そうすると、薬師像、釈迦像の銘文より相当遅れることになる。従来、美術史の世界では、この天寿国繡帳を飛鳥美術と考えてきたようであるが、飛鳥美術の認識が誤っていたことになる。

再検討・法隆寺系の史料4――『三経義疏』

法隆寺系史料の最後は『三経義疏《さんぎょうぎしょ》』である。法華・勝鬘・維摩の三経の注釈書で、古来、聖徳太子の高度な仏教理解を証明する書とされてきた。しかし、いずれも、天平十九年（七四七）になって突然出現したもので、成立の由来は明らかでない。このうち、『法華義疏《ほっけぎしょ》』のみは、太子の自筆草稿本とされるものが現存し、明治初年に法隆寺から皇室に寄贈され、現在は宮内庁の所蔵となっている。

その『法華義疏』であるが、実物が現存しているばかりでなく、史料的にも興味深いことがある。まず、『東院資財帳』によると、これを法隆寺に奉納した人物が行信《ぎょうしん》とされていることである。東院とは、法隆寺の夢殿のことであるが、問題は、この行信という僧侶である。怪しげな僧侶で、天平年間、たくみに光明皇后に接近し、その保護を得て、聖徳太子の残した遺品を大量に探し出して法隆寺に寄進したという人物である。一般に、聖徳太子遺愛の品とよばれているものが、それである。法隆寺および東院の『資財帳』から確認することができる。

しかし、聖徳太子が居住した斑鳩宮は、六四三年に山背大兄王《やましろのおおえ》を始めとする太子の子孫が滅亡したときに焼失しており、法隆寺も天智九年（六七〇）に落雷で全焼している。聖徳太子の生活の痕跡は消滅しているはずである。どこに遺品があったというのだろうか。実は、その東院（夢殿）も、行信が、光明皇后にはたらきかけて、斑鳩の故地に復興したものである。その東院に行信がどこからか探し出したと称して『法華義疏』を奉納したのである。聖徳太子の死後百数十年も経っているのである。どう考えても、行信が捏造した偽物に違いあるまい。

問題は、これらの三経の義疏の由来であるが、多々ある学説のうち、今日もっとも重視されているのが敦煌《とんこう》学の権威として名高い京都大学の藤枝晃氏（一九一一〜九八）の研究である。氏の研究は、とくに『勝鬘経義疏《しょうまんきょうぎしょ》』に関して詳細で、中国北朝から隋代にいたる一〇点ほどの勝鬘経の注釈書を検討対象とし、そのうち、敦煌出土の『勝鬘義疏本義』と称されたものと聖徳太子撰と称する『勝鬘経義疏』が七割同文で、同系統の注釈書であることを示し、その上で、結論として、聖徳太子撰のものは六世紀後半の中国北朝段階の成立とするものである（藤技晃、一九七五年）。ほかの法華経と維摩経の義疏に関しては、年代が若干下り、隋代から初唐段階の成立とする研究もあるが、ともかく、『三経義疏』が中国製であることは明らかで、このことは、先に『隋書』倭国伝に記された当時の日本の文化レベルを考えても当然すぎることと言ってよいであろう。

なお、最近、仏教史研究を専門とする曾根正人氏は、『法華義疏』の教学理解と太子の師とされる高句麗僧の慧慈《えじ》のそれとが異なることから、『法華義疏』が太子撰ではあり得ないことを指摘されている（曾根正人、二〇〇七、二〇〇八年）。これは、ほとんどダメ押しと言ってよいであろう。やはり、『三経義疏』は中国からの輸入品だったのである。

以上、久米が甲種（確実）とした『日本書紀』の憲法十七条、それに法隆寺に伝わったさまざまな銘文と『三経義疏』、それらすべてが聖徳太子の実在を証明するものではなかったことを述べてきた。ここにおいて、長い間、日本人の信仰の対象となってきた聖徳太子という人物は実在しなか

った と結論してよいであろう。

ただし、もう一つ、久米が甲種とした史料があるので、次に述べておきたい。

歴史としての金石文

七世紀までの歴史を研究する場合、文献史料としては『古事記』『日本書紀』『万葉集』などを基本史料とすることになるが、それらはみな、八世紀の史料である。つまり、文献としては、七世紀以前のものは存在しないのである。そこで、七世紀以前の時代を研究する場合は、こういう八世紀以後に作られた史料を批判的に研究して、古い歴史像を構築する作業をしなければならない。

批判的に研究するといっても、問題は、その方法である。やはり、基準となる史料を探し出して、それと照らしあわせて事実を確認ないし推測するしかない。そういう史料としては、考古学の成果をいちおう別にして、文字史料に限定した場合、一つは中国・朝鮮の海外史料がある。もう一つは金石文《きんせきぶん》といって、金属・石・土器などに記された文字である。

最近では、木簡といって、小さな木の板に文字が記されたものが大量に出土し、史料として注目されているが、これも広い意味で金石文としてもよいであろう。ただし、木簡の場合、今日のところ、大化改新より前のものは出土していない。行政の場で、日常的に文字を使用するのは、その頃以後だったということであろう。

結局、七世紀以前の古い時代の歴史学は、こういう偶然的な史料に支えられて成立しているのである。このような史料の場合、成立と伝来の経緯が確かなものであればおおいに有効といってよい。たとえば、埼玉県稲荷山《いなりやま》古墳出土の鉄剣銘《てっけんめい》や熊本県江田船山《えだふなやま》古墳出土の太刀銘など、実に貴重な資料である。ところが、このうち、金属や石などに記された金石文の中には、実は、後世に偽造された物も少なくないのである。早い話が、これまで述べてきた、法隆寺の薬師像・釈迦像・天寿国繡帳の銘文がそれである。あたかも、推古朝に聖徳太子や彼の親族が作成したかのごとく見せかけて、後世に偽造したものだったのである。いつ、誰が、何のために、ということは後述するとして、ともかく、偽物だったことは事実である。だから、碑文として伝えられているからと言って、それをただちに学問的史料とするわけにはいかないのである。

伊予湯岡碑文を再検討する

そこで、久米が甲種とした伊予湯岡碑文《いよゆのおかのひぶん》について検討してみよう。まず、伝来に問題があり、必ずしも正確ではないが、いちおうの原文を次に示しておく。

法興六年十月、歳在丙辰、我法王大王与恵慈法師及葛城臣、逍遙夷与村、正観神井、歎世妙験、欲叙意、聊作碑文一首

惟夫、日月照於上而不私。神井出於下無不給。万機所以妙応、百姓所以潜扇。若乃照給無偏私、何異于寿国。随華台而開合、沐神井而瘳疹。詎舛于落花池而化弱。窺望山岳之巌崿、反冀子平

之能往。椿樹相廕而穹窿、実想五百之張蓋。臨朝啼鳥而戯哢、何暁乱音之聒耳。丹花巻葉而映照、玉菓彌葩以垂井。経過其下、可以優遊、豈悟洪灌霄庭意与。才拙、実慚七歩。後之君子、幸無蚩咲也。

諸国の『風土記』は、和銅六年（七一三）に官命により編纂が始まり、天平年間頃に成立したと考えられている。多くは散逸し、断片がほかの文献に引用されて残存する場合があり、この碑文も「伊予国風土記曰」として、十三世紀末の卜部兼方《うらべかねかた》の『釈日本紀』に引用されて伝えられたものである。同じ鎌倉時代末の仙覚《せんがく》『万葉集註釈』にも「伊予風土記云」という文があるが碑文そのものは省略されている。もちろん、碑文そのものがあったという記録はまったくなく、すべて、右の十三世紀の文献に引用されたものがあるだけである。

碑文の詳しい釈読と解釈については、『風土記』関係の注釈書に任せるとして、だいたいの内容は、聖徳太子が、高句麗僧の慧慈や葛城《かつらぎ》臣らを供として、伊予国の温泉に出かけ、霊妙な神井に感歎してこの詩文を作ったというものである。仙覚の書には、湯の岡の側の伊社邇波《いさには》の岡に碑文を立てたが、「いさには」と名づけたのは、人々がこの碑文を見ようと誘《いざな》い集まったからとされている。詩文の内容は道後温泉のすばらしさを称えたもので、いわばご当地ソングというべきものである。その意味では深みはないと言ってよいが、詩文の技巧としては、六朝風の駢儷体《べんれいたい》を駆使し、語句も漢籍、とくに『荘子』『文選』『世説新語《せせつしんご》』などをふまえたもので、かなり高度なものであることは認めるべきである。ただ、伝来の過程の誤りもあり、意味不明の部分もある。

では、この碑文は本当に聖徳太子の作なのだろうか。まず、第一に、「法興六年」というのが気になるはずである。西暦でいうと五九六年のことである。ここで「法王大王」と称されている聖徳太子は、まだ二三歳のはずである。第一回の遣隋使も派遣されておらず、中国文化の情報もわずかで、ましてや文学などほとんどもたらされていなかったであろう。そういう時代にこのような高度の詩文を作る日本人がいたはずがあるまい。また、法隆寺の釈迦像銘文に関連して述べたように、「法興」は、飛鳥寺の建立の年を基準とした年号と考えられているが、飛鳥寺を法興寺と称するのは『日本書紀』が最初である。だから、碑文の成立も『日本書紀』が成立した養老四年（七二〇）以後でなければならないのである。

やはり、この碑文が聖徳太子の作などというのは、最初から論外とすべきなのである。問題は、後世の聖徳太子信仰の中で作られたとして、それがいつのことかである。先に、『風土記』は和銅六年に編纂が命じられたとしたが、実は、平安時代の延長三年（九二五）にも『風土記』の勧進《かんじん》が命じられており、さらに、現在『風土記』の逸文として伝わっている断片的な史料はかなりの数にのぼるが、その中には一般名詞として各地の名勝を説明しただけの風土記の場合もある。そうなると、ほとんど年代未詳ということになるのである。

そこで、この碑文の成立年代であるが、聖徳太子に託して何人《なんぴと》かが作ったとした場合、まず、和銅六年に編纂が始まった『風土記』か否かは、聖徳太子信仰の発展を考える場合重要である。

その際、実は、重要な根拠となる史料がある。『万葉集』にある山部赤人《やまべのあかひと》の「至伊予温泉作歌一首」（三－三二二）である。ここに「皇神祖《すめろぎ》の神の命《みこと》の……伊予の高嶺の射狭庭《いさには》の岡に立たして、歌思ひ辞《こと》思はしし」という句がある。この「射狭庭」は、碑文の「伊社邇波」のことで、赤人は、この伊社邇波の岡に立って、過去の天皇が作歌に思いをめぐらした様子を回顧したのである。その過去の天皇であるが、次の赤人の反歌「ももしきの大宮人の飽田津《にぎたつ》に船乗しけむ年の知らなく」（三－三二三）を見ると、それが斉明天皇の「熟田津《にぎたつ》に船乗りせむと月待てば潮もかなひぬ今は漕ぎ出でな」（一－八）をふまえていることは明白である。ということは、赤人は、聖徳太子の碑文が立っているはずの射狭庭の岡に行きながら、その碑文についてまったく言及していないことになる。

多くの人々が、碑文を見ようと誘い集まったはずではなかったのか。赤人が活躍したのは神亀元年（七二四）から天平八年（七三六）にかけてで、ちょうど『風土記』の編纂が進行していた時期である。とすれば、この碑文が、『風土記』編纂の時代には存在しなかったことは間違いないと言ってよいであろう。つまり、和銅の『風土記』編纂の時代ではなく、それより以後に、聖徳太子信仰が展開した時期のものということである。考えてみると、この伊予国風土記逸文を引用しているト部兼方の『釈日本紀』も、仙覚の『万葉集註釈』も鎌倉時代後半、十三世紀末の書である。ところが、この碑文の存在は、それ以前にはいっさい知られていないのである。平安時代中期以後、聖徳太子信仰はきわめて盛んとなっている。聖徳太子に仮託したさまざまな偽文書が繰り返し捏造されている。結局、そういう史料の一つなのである。

何しろ、七世紀以前の古代史研究の史料は著しく少ないのである。だから、金石文というと、簡単に飛びつく傾向があった。しかし、多くは後世の偽物なのである。しかも、だんだんと明らかになるが、すべては『日本書紀』という書物の成立から始まっている。『日本書紀』が編纂されて以後、それに便乗した銘文や系図、伝説が無数に作られ始めるのである。それらを慎重に排除してこそ歴史学である。久米は、近代歴史学の祖と言える人物ではあったが、この伊予湯岡碑文には騙されたのである。

二　聖徳太子信仰という呪縛

否定された聖徳太子の実在

聖徳太子の史料のうち、久米邦武が甲種（確実）としたものについて、誤解のないように基本的な論点をやや詳しく述べてきた。まだほかにも史料があるというかもしれない。しかし、『日本書紀』の憲法十七条も法隆寺の薬師像も釈迦像も天寿国繡帳も、これらすべてが後世の贋作《がんさく》であり、『三経義疏』にいたっては輸入品だったのである。もはや、聖徳太子の実在を論じても意味はあるまい。

それでも、反対意見はあると思う。何しろ、日本人全体が、聖徳太子信仰という千年を越えるマインドコントロールのもとにいるのである。「そうは思えない」「思いたくない」という声が聞こえてくるようである。しかし、根拠がないものは迷信である。迷信にとらわれていては学問にならないではないか。それに、歴史学の研究者の場合は、もう少し真面目に考えて欲しいと思う。「はしがき」でも述べたが、もう、一〇年以上も学問的な根拠にもとづく反論はないのである。にもかかわらず、「必ずしもそうとは思わない」という人が少なくない。

では、どう思っているのか。それがなければ見識を疑わざるを得まい。また、世俗的立場を守るためではあろうが、こそこそと議論の場から逃げ出すのもみっともないであろう。聖徳太子が実在するのか否か、どちらかわからない、というのでは古代史の研究者とは言えないだろう。私の個人的感想ではあるが、少なくとも、史料を正確に判断する知性か、真実を求める勇気か、そのどちらか一つさえあれば、聖徳太子の実在性は否定せざるを得ないのである。

さて、聖徳太子は実在の人物ではない。もはや、それは明らかとしよう。そうすると、ただちに次の二つの疑問ないし課題が生じることになる。第一は、では、その〈聖徳太子〉という人物を、誰が、いつ、何のために作ったのかということである。第二は、そういう〈聖徳太子〉がいなかった本当の飛鳥時代の歴史はどのようなものだったのか、という疑問である。本書の、とくに第Ⅰ部は、その二つの疑問に答えようとするものである。

右の二つの疑問のうち、第一の点に関しては、これまでたびたび論じてきたので（大山誠一、一九九九年、二〇〇一年）、ここでは以下に、その概要を記すにとどめたい。

長屋王家木簡の出現

誰が、いつ、何のために〈聖徳太子〉という人物像を作ったのかということであるが、私が、聖徳太子が実在の人物でないと明確に認識し始めたのは、一九八〇年代の後半だったような気がする。以来、それをどのように論証しようかと考えていたが、相当な難問であると認識していた。そういうとき、一九八六年から八九年にかけて、当時の奈良国立文化財研究所によって平城京左京三条二坊一・二・七・八坪（現在の地名は、奈良市二条大路南一丁目）の地の発掘調査が行われていた。その結果、数万点の木簡が発掘され、その解読が進むにつれ、その地が長屋《ながや》王という著名な貴族とその親族が居住した邸宅であることが明らかとなり、木簡も「長屋王家木簡」と名づけられた。

長屋王は、天武天皇の長男の高市《たけち》皇子の長男。妃は文武天皇の妹の吉備内親王《きびないしんのう》。吉備内親王の母は元明天皇（阿閉《あへ》皇女）で姉は元正天皇（氷高《ひだか》内親王）である。また、妻の一人に藤原不比等《ふひと》の娘もいる。『懐風藻《かいふうそう》』には、長屋王の佐保《さほ》の邸宅で盛んに詩苑が催された様子が描かれている。藤原不比等と武智麻呂《むちまろ》・房前《ふささき》・宇合《うまかい》・麻呂《まろ》、大伴旅人《おおとものたびと》、阿倍御主人《あべのみぬし》・廣庭《ひろにわ》、あるいは山田三方《やまだのみかた》ら文人らとの華やかな交流もあった。

そういう人物の邸宅が発掘され、その家政機関で消費された膨大な木簡が発見されたのである。戦後の古代史研究の最大の事件であった。そして、たまたま、私もその「長屋王家

長屋王略系図

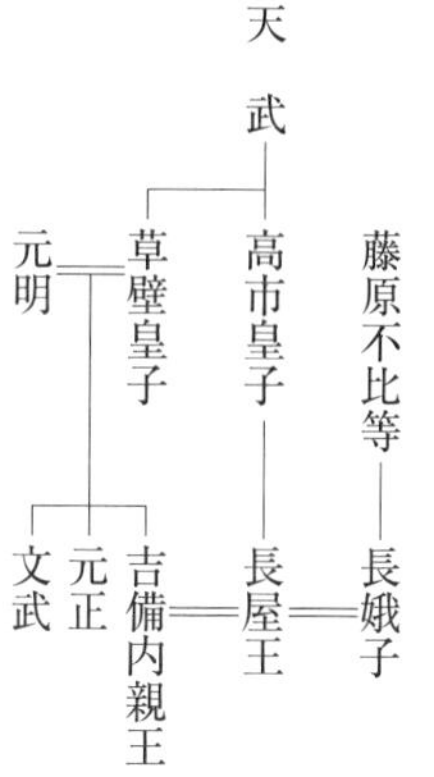

木簡」の解読に参加することができ、木簡を解読しながら、いくつかの論文を発表していくうちに、長屋王とライバルの藤原不比等を中心とする奈良時代初期の政治、つまり、『日本書紀』が編纂された時代の政治情勢がわかりかけてきたのである。

出土した木簡の年代は、和銅四年（七一一）から霊亀二年（七一六）頃にかけてのものであった。ずばり、『日本書紀』編纂の直前と言える。そこで私は、木簡によって明らかとなった政治過程の中に『日本書紀』の編纂、とくに聖徳太子像の成立をおいてみたのである。その結果、多くの謎が明らかになった。その論理過程を次に示しておく。

聖徳太子像の成立

まず、聖徳太子関係の史料を、憲法十七条を含む『日本書紀』の記事と法隆寺系の諸史料とに分類し、正確に把握し比較してみる。すると、奇妙なことに、両者はまったく無関係なことに気づく。たとえば、『日本書紀』には、憲法十七条ばかりでなく、聖徳太子の生まれてから亡くなるまでの詳細な伝記が記されている。ところがその中に、法隆寺に伝わった史料がまったく見えないのである。

たとえば、聖徳太子が父用明の病気平癒のために作ったという薬師像、聖徳太子の病気平癒のために妃や側近たちが作ったという釈迦像、さらには天寿国繡帳や『三経義疏』、こういうものが『日本書紀』にはまったく登場しないのである。また、『日本書紀』は法隆寺の創建を記さないにもかかわらず、火災の記事は、実は二回も記している。つまり、『日本書紀』の聖徳太子像と法隆寺系の史料は、まったく無関係に作られているのである。その場合、どちらが古いかが問題となるが、『日本書紀』が聖徳太子の人物像をトータルに記すのに対し、法隆寺系の史料は、聖徳太子という人物像の存在を前提とし、その人物に仏像の製作や経典の注釈をさせている。とすれば、まず『日本書紀』の聖徳太子像が成立して、その後に法隆寺系の史料が作成されたと考えるほかない、といちおう考えておこう。それを、これから検証してみよう。

まず、『日本書紀』の聖徳太子像は、いつ、どのように成立したのだろうか。

それを判断する根拠は多々あるが、重要なのは次の二点である。一つは、聖徳太子という人物像が、儒仏道という中国思想の聖人として描かれていることである。憲法十七条を見れば一目瞭然のように、聖徳太子は高度な中国思想を有する為政者、言わば中国の理想的な聖天子のごとく描かれている。特定の氏族とは無関係に、皇太子・摂政という身分の聖人としてである。元来、『日本書紀』編纂の目的は、大王を中心とする有力氏族の祖先伝承を記すことにより、国家を構成する氏族秩序を明らかにすることであったが、それとは別に、各氏族の上に君臨する王権の超越性を明確にすることも重要な任務であった。とりわけ、大化改新以後、律令国家が完成に近づくにつれ、中国皇帝に対比される天皇の位置づけはますます重要となった。

その場合、中国では、皇帝は、政治・文化・社会のすべての場で唯一絶対の偉大な権力者である。ところが、そのような唯一絶対というような人物は、過去の日本の歴史には存在しなかった。実は、その後にも登場していない。日本の歴史・風土にはそぐわない人物像なのである。だから、当時の日本人には想像すら困難であった。そこで、それらしい理想的聖天子の見本のような人物像を想定し、過去の皇族の一人をそれに見立てて『日本書紀』の中に据えることにした。それが、厩戸王で、その結果誕生したのが〈聖徳太子〉だったわけである。

その文献上の最初は、『古事記』の「上宮之厩戸豊聰耳命」であるが、ここには、名前が登場するだけで人物像は何ら記されていない。中国的聖天子像と言葉で言うのはたやすいが、それを具体的に描くのは困難だったのである。ただ、この「上宮」という語は、中国語では「立派な宮殿」という意味である。また、「豊聰耳」というのは、ウマヤドと呼応して敏感な馬の耳のような聡明さを意味している。ともかく、厩戸王を精一杯立派に表現しようとしているのであるが、何とも素朴で原始的ではないか。中国の皇帝にはほど遠い。これが、『古事記』の段階である。

『日本書紀』編纂と道慈

そこで、中国皇帝を描くには、やはり書物の上の知識では無理で、実物を目にした経験がなければいけないということになる。ところが、当時の日本は、六六三年の白村江の戦いで敗北したあと、長い間、唐との国交は断絶されていた。やっと、その遣唐使が再開したのが大宝二年（七〇二）のことで、そのときに入唐し、長く留学生活を送り、ついには若き玄宗皇帝の信任を得た人物がいた。それが、道慈《どうじ》であった。

『懐風藻』道慈伝には「時に唐国中に義学の高僧一百人を簡《えら》び、宮中に請入して、仁王般若を講《と》かしむ。法師学業穎秀《えいしゅう》、選中に預り入る。唐王其《そ》の遠学を憐び、特に優賞を加ふ」と見える。道慈の帰国は養老二年（七一八）であるから、唐王は、おそらく七一二年即位の玄宗と見てよいであろう。結局、〈聖徳太子〉は、「上宮之厩戸豊聰耳命」の呼称が『古事記』に登場するから、七一二年以前に構想が始まったと考えてよいが、人物像として完成するのは『日本書紀』によってである。それは、中国を熟知した道慈のような人物の帰国を待たねばならなかったからである。道慈の帰国は『日本書紀』編纂の最終段階のことであった。

その道慈であるが、『日本書紀』編纂に重要な役割を果たした証拠もある。というのは、聖徳太子を含め、『日本書紀』のさまざまな部分に、義浄《ぎじょう》（六三五～七一三）の訳による『金光明《こんこうみょう》最勝王経《さいしょうおうきょう》』や道宣（五九六～六六七）の書が大量に引用されていることである。

インドから唐に帰った義浄は、長安の西明寺で盛んに翻経を行ったが、『金光明最勝王経』の訳出は七〇三年（長安三）のことである。この経典を日本にもたらしたのが道慈であった。彼は、大宝二年に渡唐し、義浄がいた西明寺に入ったとされ、帰国は養老二年で、そのときに『金光明最勝王経』をもたらしたのである。西明寺は、もともとは六五八年（顕慶三）に、やはりインドから帰った玄奘《げんじょう》（六〇二～六六四）のため、高宗の勅によって建立された寺であるが、そのとき、上座に招かれた高僧に道宣という僧侶がいた。戒律を研究し、『四分律行事鈔』を著して中国の戒壇の基礎を築いた人物である。のちに鑑真《がんじん》がもたらしたのが、その四分律である。道慈は、在唐中その道宣に傾倒し、多くの著書を日本にもたらし、それらの書を駆使して『日本書紀』の編纂に参加したのである。道慈の帰国は厳密には養老二年の十二月であるが、『日本書紀』の完成は養老四年の五月である。その間、わずか一年半しかない。この間に、聖徳太子像が最終的に完成したのである。ということは、聖徳太子像の成立過程そのものが相当新しく、『日本書紀』編纂の最終段階であったということになるであろう。

藤原不比等と長屋王

もちろん、道慈一人で〈聖徳太子〉を創造したわけではない。ことは、国家秩序の頂点にあるべき〈天皇〉をどのような人物像として描くかという問題である。その描かれ方しだいで、国家の権力の性格、その運用の方向性が見えてくるかもしれない。当時の為政者のすべてが関心を寄せていたはずである。『日本書紀』の草稿ができるにつれ、貴族たちに読み回されたかもしれない。多少とも鋭敏な感性をもった人物なら、固唾《かたず》をのんで見守っていたはずである。

そして、当時、その方向性を左右できたのは、二人の権力者であった。言うまでもなく、藤原不比等と長屋王である。『日本書紀』が完成した養老四年当時、不比等は右大臣、長屋王は大納言であったが、それが最高の地位であった。不比等は、大化改新の功労者である中臣鎌足の次男で、藤原氏の実質上の創始者である。かつて私は、この不比等を称して「権力に執着し、それを法と制度と時に謀略を駆使して実現しようとした」と述べたことがあるが（大山誠一、一九九九年）、その「法と制度」の基本理念としたのは儒教である。また、長屋王は、天武の長男の高市皇子の長男で、文武の妹の吉備内親王を妃としている。その恵まれた血筋のゆえか、現実の政治感覚には問題があり、天人相関の讖緯《しんい》思想に傾倒している。この場合、讖緯思想は、広く道教思想あるいは神仙思想と考えてよいであろう。

結局のところ、『日本書紀』の聖徳太子は儒仏道の聖人であるが、その人物像の成立に大きな影響を与えた人物としては、儒教関係は藤原不比等、道教関係は長屋王、そして太子関係記事の大部分を占める仏教関係と中国的聖天子としての表現は道慈と考えてよいであろう。ほかにもさまざまな人が参加したかもしれないが、重要なのは、『日本書紀』の記述の方向性を示し得るリーダーの存在である。それが、この三人であることは明らかと思われる。

二月二十二日の謎

では、法隆寺に伝わった史料は、いつ、誰の手によって成立したのであろうか。先にも述べたごとく、法隆寺系の史料は、いずれも七世期末以後のものとわかっているが、具体的な成立年次を知る手がかりはない。しかし、その成立を推測する重要な手がかりがある。聖徳太子の薨日《こうじつ》である。薨日とは、太子の亡くなった日ということであるが、『日本書紀』では、推古二十九年（六二一）二月五日とされている。ところが、法隆寺の釈迦像銘や天寿国繡帳では、その翌年の二月二十二日となっている。この違いはわずかとは言えないであろう。何か理由がなければなるまい。長い間、そう思っていた。どちらが先にしろ、先行する説を簡単に踏みにじっていることになる。それはなぜか。

ただ言えることは、聖徳太子の重要な史料が矛盾しているのであるから、もともと確固とした日づけがなかったのではないかということである。考えてみれば、厩戸王という一人の王族が、中国思想で飾り立てられて聖徳太子という聖人にされたということであるが、その厩戸王の子孫は、太子の死後二〇年ほど経た皇極二年（六四三）十一月に、蘇我入鹿ら飛鳥の豪族たちに攻められて滅亡したと伝えられている。一族が絶滅したのである。その理由は不明であるが、ともかく、子孫はいないのである。とすれば、一族の正確な情報も失われたに違いない。『日本書紀』にしろ、法隆寺系の史料にしろ、薨日はそれらの史料が成立した段階での創作に違いない。

そこで、まず『日本書紀』の薨日であるが、聖徳太子の仏教関係記事を多く書いたのは道慈である。その道慈が傾倒したのが道宣である。そう思って道宣の著書を物色していると、高僧たちの伝記を記した『続《ぞく》高僧伝』という書の中に、二月五日に亡くなった人物がいることに気づいた。玄奘三蔵《さんぞう》である。強い弥勒《みろく》信仰の持主であった玄奘は、暇さえあれば兜率天《とそつてん》に生まれて弥勒仏に会うことを願っていたという。

六六四年（麟徳元）の正月九日、病に倒れた玄奘は、門人らに死を告げたのち、弥勒を黙然し、二月五日になって、弥勒の前に生まれることができたと叫んで亡くなったという。実は、『日本書紀』の聖徳太子の死の様子も、弥勒信仰をふまえ、二月五日ということでよく似ているのである。

道宣は、インドから帰国した玄奘の翻経事業を助けたことで有名である。玄奘の死は、白村江の戦いの翌年であったから、ただちに日本に伝えられることはなかったのであろう。そのため、道慈は、『日本書紀』編纂の過程で、玄奘の死を下敷きにして聖徳太子の死の様子を描こうとしたのではなかろうか。

では、法隆寺の釈迦像と天寿国繡帳の銘文の日づけはいつ成立したのだろうか。実は、二月二十二日といえば、長く、法隆寺では有名な日であった。聖徳太子の忌日とされたこの日の法要は聖霊会《しょうりょうえ》とよばれ、法隆寺のもっとも重要な行事であったが、その始まった年は明白にわかっている。天平八年（七三六）の二月二十二日である。この日に特別なことがあったのである。次に、それについて、説明しておこう。

長屋王一族の怨霊

話は、養老四年（七二〇）に遡《さかのぼ》る。巻末の年表を参照していただきたい。

この年の五月に『日本書紀』が完成したのであるが、その三ヶ月後の八月に不比等は亡くなっている。以後、台閣の筆頭となったのは長屋王であったが、ライバルである藤原一族の武智麻呂、光明子《こうみょうし》との対立は激しくなった。武智麻呂は、神亀元年（七二四）二月に、強引に光明子を妃とする首《おびと》皇子の即位を強行し、事実上の権力を奪うことに成功する。これが聖武《しょうむ》天皇である。

武智麻呂の負い目は、光明子に男子が誕生せず、後継者がいないことであった。権力の永続性は、

長屋王・藤原不比等関連系図

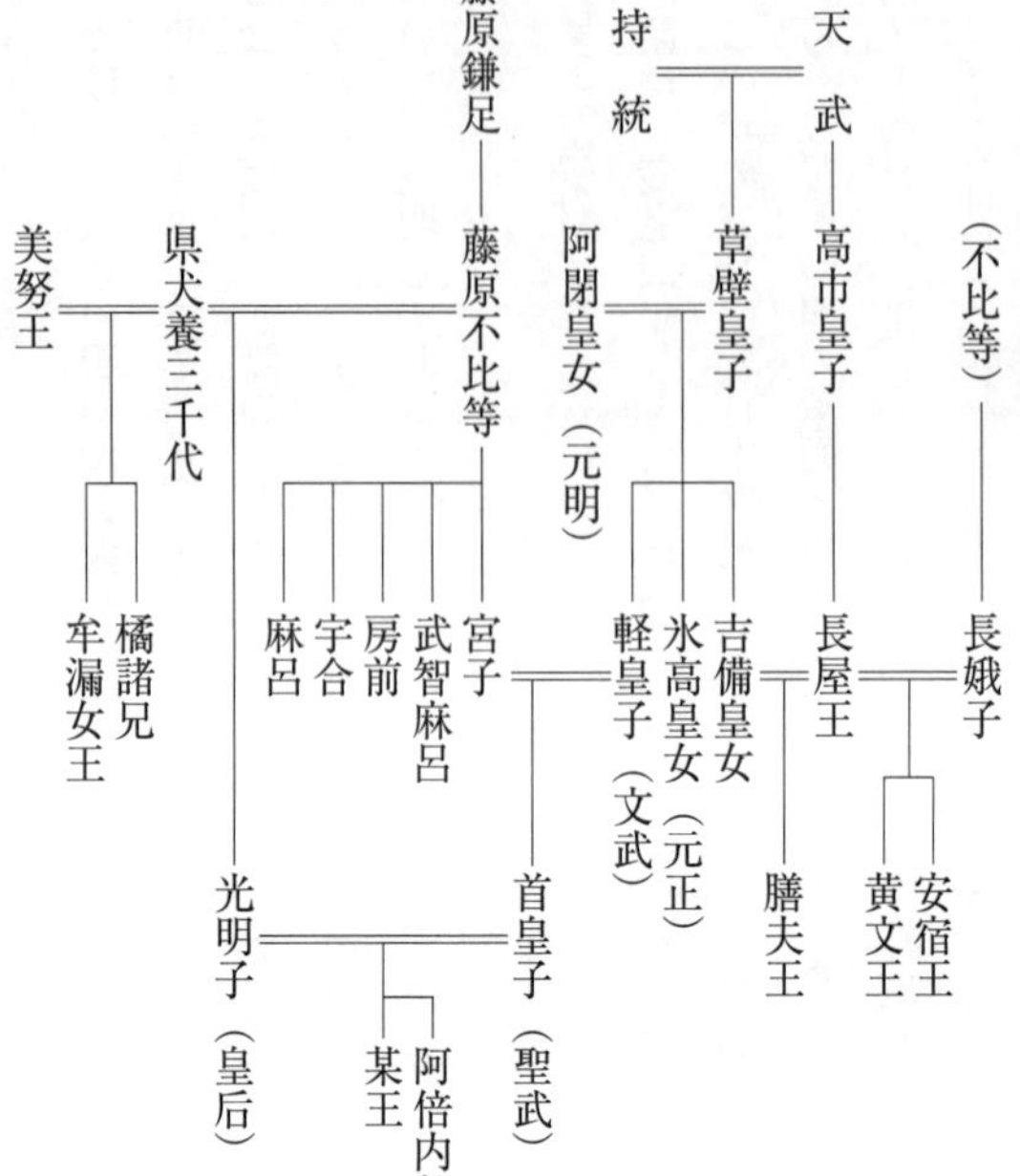

皇位を掌中にしてこそ保障されるる。跡継ぎがいなければ、いつ権力を失うかわからない。それに対し、自身も皇位の資格がある長屋王のほうは四人の妻たちとの間に多くの子孫に恵まれていた。ところが、神亀四年（七二七）閏《うるう》九月、何と、光明子が某王（名前がまだなかったのであろう）を出産したのである。驚喜した武智麻呂らは、そのわずか二ヶ月後に異例にも生まれたばかりの赤子の立太子を強行し、皇位の後継を宣言する。しかし、翌神亀五年の九月に、生後一年にして、あえなく皇太子は亡くなってしまう。

悲嘆にくれる光明子と武智麻呂らは、その悲しみを怒りに変え、長屋王一族に襲いかかり、翌神亀六年の二月十二日に、長屋王と妃の吉備内親王、およびその子どもたちをみな殺しにしてしまう。長屋王の変である。長屋王の謀反《むほん》ではない。単なる虐殺であった。これにより、武智麻呂と光明子の権力は確立した。その年の八月に天平と改元され、光明子は臣下として異例な皇后となった。皇后は即位可能な地位であったため、律令では、皇族の女性に限定されていたはずであったが、もはや、それを指摘するものもいなかったに違いない。

その後の政権は、武智麻呂と光明皇后のもとにあり、最初の数年は安泰であるかに見えた。しかし、天平四年頃から天候不順が続き、翌天平五年（七三三）正月に光明皇后の生母県犬養三千代《あがたいぬかいのみちよ》が亡くなると、悲嘆に暮れた皇后は病に臥した。翌天平六年には大地震が発生し、天下百姓の廬舎《いおや》が倒壊し、圧死するもの多数であった。その余震が続く翌天平七年（七三五）、ついに、大宰管内（九州）から疫病が流行し始める。この頃、新羅使が入京し、遣唐使（玄昉《げんぼう》・吉備真備《きびのまきび》ら）も帰国しているから、彼らの誰かがもたらしたのであろう。

疫病はたちまちに都に達し、この年の『続日本紀』十二月条には「是の歳、年《とし》頗る稔らず。夏より冬に至るまで、天下、豌豆瘡《わんとうそう》を患《や》む。夭《わか》くして死ぬる者多し」とある。年とは作物のことである。武智麻呂と光明皇后の政権は苦境に立たされた。彼らが、長屋王の怨霊におびえ始めたとしても不思議ではあるまい。この頃、行信という得体のしれない僧侶が登場し、光明皇后と法隆寺を結びつけようとしている。その結果、多少史料的価値に問題はあるものの、『法隆寺東院縁起』の記すところによれば、この年の十二月二十日、法隆寺で「聖徳尊霊《そんれい》及び今見天朝」のために法華経を講読し、さらに翌天平八年（七三六）二月二十二日を期し、道慈ら三百余人の僧尼を招いて法華経講読を行うことになった。このときから、法隆寺で「二月二十二日」が特別の日になったのである。その二月二十二日であるが、言うまでもなく、かつて長屋王一族を滅ぼした二月十二日の一〇日後にあたる。疫病退散を目的としつつも、長屋王一族の怨霊を吹き払うための行事でもあったに違いない。「聖徳尊霊」とは神としての聖徳太子という意味である。その聖徳太子に願いをかけ、法華経の功徳とあわせて苦境を乗り切ろうとしたのである。ここにおいて、聖徳太子は光明皇后の守護神となった。その二月二十二日が、のちに釈迦像銘や天寿国繡帳に聖徳太子の薨日として記され、法隆寺ではそのまま聖霊会となるのである。

光明皇后の戦い

聖徳太子に願いをかけても無駄であった。疫病流行はやまず、翌天平九年（七三七）には、房前から始まり、麻呂、武智麻呂、宇合の順で、不比等の四子がことごとく亡くなったのである。残されたのは光明皇后一人であった。直後に、長屋王の弟の鈴鹿王《すずか》が知太政官事、橘諸兄《たちばなのもろえ》が大納言となり、新政権が発足するが、彼らは、長屋王に近い人たちであった。おまけに、長屋王と不比等の娘の長娥子《ながこ》との間に生まれた安宿王《あすかべ》、黄文王《きぶみ》らも復権している。彼らは、こののち、橘諸兄・奈良麻呂父子や大伴家持《やかもち》ら反藤原氏勢力の期待を集めることになる。これもまた、奈良時代の重要なモチーフであるが、今は述べない。

ともかく、残された光明皇后の孤独な戦いが始まることになった。なぜか、正体不明の行信がぴったりと寄り添っている。その行信は、あくまでも聖徳太子にこだわり、『法隆寺東院縁起』によると、荒れ果てた上宮王院（かっての斑鳩宮をこうよんでいる）を見て流涕《りゅうてい》感歎し、その再建を聖武天皇と光明皇后の娘の阿倍《あべ》内親王（のちの孝謙）に奏聞し、天平十一年（七三九）に実現している。これが、法隆寺東院、いわゆる夢殿である。

同時に、『東院資財帳』によると、この間に、光明皇后と行信の手で「上宮聖徳法王御持物」と称するさまざまな経典や調度類が東院に集められている。いわゆる聖徳太子遺愛の品と言われるものであるが、厩戸王の死後一二〇年も経っており、しかも厩戸王の一族は滅亡しているのである。遺愛の品がどこに残されていたというのであろうか。

ともかく、上宮王院は復興した。それが八角仏殿の夢殿である。当時、八角堂は、藤原不比等のための興福寺北円堂、武智麻呂のための栄山寺八角堂など、いずれも故人をしのぶ廟堂《びょうどう》的性格のものであった。ということは、東院は、単純に斑鳩宮の再現だったのではなく、聖徳太子を祀る廟堂、すなわち御霊屋《おたまや》だったのである。その意図は、御霊屋の存在によって歴史的人物としての〈聖徳太子〉の実在を確保し、その上で、そこを先の「聖徳尊霊」を礼拝する施設として、聖徳太子信仰を確立しようとするものであった。聖徳太子を神とする巨大な宗教の出現といってもよい。光明皇后は、その保護者として君臨することになった。

聖徳太子信仰の成立

その本尊が、『法隆寺東院縁起』に「上宮王等身観世音菩薩木造壱軀」とされているもので、のちに救世《くせ》観音とよばれることになる。上宮王と等身、すなわち聖徳太子そのものというわけである。この救世観音を飛鳥仏とするのは見当違いもはなはだしい。このときに、光明皇后や行信らによって作られたものである。こうして、夢殿という場を得て、聖徳太子信仰は確立した。そして、天平十九年（七四七）になり、かの『三経義疏』が出現する。三経のうち、現存するのは『法華義疏』のみであるが、『東院資財帳』によると、これをどこからか探してきて東院に奉納したのが行信であったという。巻頭に「此れは是れ大委国上宮王の私集にして、海彼の本に非ず（此是大委国上宮王私集非海彼本）」という貼紙があるが、もちろん行信の手になるものであろう。ともかく、これにより、聖徳太子の実在性が確保され、その学識も定まったことになる。

しかし、それにしても、この間の行信の行動には驚くべきものがある。光明皇后の権勢を後ろ盾にしているとは言え、臆面もなく偽物を作り続けている。このような人物に、日本人は千年を越えてだまされ続けている。大丈夫だろうか。

それはともかく、法隆寺系の史料というものの成立のだいたいの時期は明らかになったと思う。『日本書紀』で成立した〈聖徳太子〉像を、苦境に陥った光明皇后が利用したのである。その光明皇后を利用して法隆寺における聖徳太子信仰を構築したのが行信であった。釈迦像銘も天寿国繡帳もこの頃のものであろう。『三経義疏』も然りである。ここにおいて〈聖徳太子〉という人物像の基礎が成立したと言ってよいであろう。以後も、聖徳太子信仰は広く深く展開していくが、その本質は、皇室という思想的価値と藤原氏という政治的権力の確立、およびその背後にある中国思想への憧憬と言えそうである。もう少しわかりやすく言うと、日本の歴史の中で、第一に、皇室というものの存在感が確立したこと、第二に、藤原氏が光明皇后を媒介にしてその皇室を政治的に利用するシステムを確立したこと、そして、第三に、そういう皇室も藤原氏も、儒仏道、なかんずく仏教という中国思想をうまく利用して権威と権力を確立したこと。聖徳太子信仰は、そういう役割をもって誕生し、その後も発展したということである。

三　疫病流行と王権の変容

日本史上最大級の事件

聖徳太子信仰の成立が、天平七年から九年にかけて猛威を振るった疫病流行と密接な関係があることを述べてきたが、実は、この疫病流行が、それ以上に日本史上最大級の事件であったことも述べておきたい。

歴史上、たとえば古代なら、大化改新や白村江の戦いは決定的な大事件である。その後も、鎌倉幕府の成立、関ヶ原の戦いから徳川幕府の成立、その徳川幕府が倒れて明治政府が成立する明治維新、そして、昭和二十年の敗戦。これらは歴史上の大きな転換点であった。しかし、それらはすべ

官名	位階	人名	死亡年次
知太政官事	一品	舎人親王	天平七年十一月
	一品	新田部親王	天平七年 九月
右大臣	従二位	藤原武智麻呂	天平九年 七月
中納言	正三位	多治比縣守	天平九年 六月
参議	正三位	藤原房前	天平九年 四月
参議	正三位	藤原宇合	天平九年 八月
参議	従三位	藤原麻呂	天平九年 七月
参議	従三位	鈴鹿王	
参議	従三位	葛城王（橘諸兄）	
参議	正四位下	大伴道足	

て政治的事件である。これに対し、この天平の疫病流行は、日本の文化にはかりしれぬ影響を与えた事件であったと思う。

　それには、疫病流行の規模を確認する必要があるが、もちろん詳しい統計などはない。しかし、『続日本紀』などにより推測するに、疫病の蔓延した地域は、今日の九州地方から始まり、東は伊豆・駿河付近、つまり、今日の東海地方までと考えてよさそうである。その人的被害であるが、先にも述べたように、『続日本紀』天平七年十二月条には「是の歳、年《とし》頗る稔らず。夏より冬に至るまで、天下、豌豆瘡《わんとうそう》を患《や》む。夭《わか》くして死ぬる者多し」とあり、さらに、一年おいて同九年十二月条にも「是の年の春、疫瘡《えきそう》大きに発《おこ》る。初め筑紫より来《きた》りて夏を経て秋に渉《わた》る。公卿以下天下の百姓相継《あいつ》ぎて没死《し》ぬること、勝《あ》げて計《かぞ》ふべからず。近き代より以来《このかた》、これ有らず」とある。もちろん、八年条にも被害記事はあるから、多少の小康状態はあったものの、疫病の流行は天平七年から九年にかけての三年間に及んだものと思われる。

問題は、右の「公卿以下天下の百姓相継《あいつ》ぎて没《し》死ぬること、勝《あ》げて計《かぞ》ふべからず」という人的被害の規模であるが、参議以上の公卿の場合、疫病流行直前（天平七年）のメンバーとその疫病による死亡年次は前頁の表の通りである。

一見して明らかなように、政治的はたらきが見られない大伴道足《みちたり》を除くと、疫病を免れたのは鈴鹿王と葛城王だけで、武智麻呂以下の藤原四卿を中心とした政権は実質上壊滅したと言ってよい。被害の甚大さは明らかであろう。鈴鹿王は長屋王の弟であり、葛城王は光明皇后の異父兄という縁は大きいにしても藤原氏とは一線を画した人物である。その二人が、疫病が終息に向かった天平九年九月に、鈴鹿王が知太政官事、橘諸兄が台閣筆頭の大納言となるのである。生き残った光明皇后にとっては、国家的危機であると同時に、藤原一族の危機と映ったことであろう。

死者は人口の一四パーセント？

ところで、政権中枢の被害は明らかとして、より重要なのは、この疫病が、当時の社会全体にとってどの程度のものであったかである。その程度により、その後の政治や文化に及ぼした影響を考えねばならないからである。とは言え、それを具体的に判断することは難しい。しかし、私は、昔手がけた史料で、気になっているものがある。正倉院に残された古文書の一つで「天平十二年遠江国浜名郡輪租帳《ゆそちょう》」という史料である。輪租帳というのは、毎年、春、田の作づけ状況を記した青苗簿を受け、その作づけされた田の被害状況を調査し、その結果として田租の額を決定する帳簿のことである。当時の浜名郡というのは、今日の静岡県浜松市北区三ヶ日町・湖西市・新居町のことで、だいたい、静岡県西部で浜名湖の西側の地域である。

今、この輪租帳により必要な部分の統計を掲げておく。

口　数

男	2385
女	2945
奴	17
婢	24

口分田の田積

堪佃田	753町4段216歩
不堪佃田	127町　　60歩
合計	880町4段276歩

まず、ここに見える「口数《こうすう》」の意味であるが、この「口数」に対し、律令の規定により六歳以上の男子に二段、女子にその三分の二、奴婢《ぬひ》はそれぞれの三分の一の口分田《くぶんでん》が班給されたとすると、口分田の合計は八七一町あまりになる。ところが、この数字は、右の口分田積の合計額八八〇町あまりにほぼ等しい。それゆえ、右の二つの表の「口数」は受田口数を、口分田の合計田積は、その口数に班給された口分田の合計と考えてよさそうである。つまり、それが天平十二年段階での浜名郡の実態であったということになる。

ただし、班田は、六年に一度の造籍の結果にもとづいて行われることになっていた。天平十二年の輪租帳のもとになる造籍は天平五年（七三三）で、班田は天平七年のものであった。実は、本来は、天平十一年が造籍の年であったが、疫病のため延期されていたのである。だから、ここに見える口数（受田口数）と口分田積は天平七年段階に確定していたもので、その数字が天平十二年まで引き継がれていたことになる。つまり、基礎となる数字は、天平七年に始まる疫病流行の直前のものだったのである。

では、疫病が終息した天平十二年の様子はどうだったのか。それを示すのが、口分田のうちの不《ふ》堪佃田《かんでんでん》の存在である。この場合、堪佃田とは春に作づけした田、不堪佃田とは作づけできなかった田のことである。不堪佃田は荒廃田ともよばれるように、事実上、耕作を放棄された田のことである。そういう不堪佃田が一二七町あまり、口分田全体の一四パーセントもあったのである。これをどう考えるかである。過日、私は、その意味について、耕作できないような口分田が大量に存在する理由を階級対立に求め、下層階級には劣悪な口分田が班給され、その一部が耕作不能として放棄されたものと考えたが（大山誠一、一九七三年）、今日では、それは間違いであったと考えている。農村の共同体的関係から見ても、法のタテマエからしても、一部の農民にことさらに劣悪な田を班給するようなことは考えにくい。

実は、乗田《あまりだ》と言って、口分田を班給した残りの田が八六町あまりもあったのである。だから、ここは、むしろ、天平七〜九年の疫病流行の影響と考え、その間に死亡した農民の口分田が実際に放棄されたか、あるいは、田租の課税対象にならないように不堪佃田とされたと考えたほうがよいと思う。とすれば、実に、この浜名郡では、疫病により、人口（厳密には受田口数）の一四パーセントもが亡くなっていたことになる。約七分の一にあたる。これを全国的に拡大してよいか否かはわからない。しかし、たとえば第二次世界大戦でさえ、戦争全体での日本人の死者は三パーセント程度であった。それが少ないというのではない。疫病流行がとてつもなく巨大であったことを理解して欲しいのである。

疫病流行と揺らぐ王権

疫病流行は、日本の社会全体に巨大な被害を与えた。政府の中枢も崩壊した。では、その後どうなったのか。生き残った人々、なかんずく、光明皇后らはどうしたか。そして、その結果、日本の政治や文化がどうなったのか。重大な問題ではあるが、ここでは簡単に述べておくことにしたい。

一挙に藤原四卿が亡くなり、それまで盤石に見えた藤原氏の権力が揺らいだことは確かである。直後の天平九年九月に鈴鹿王と橘諸兄の政権が発足し、同時に、長屋王の遺児、安宿王・黄文王ら（藤原不比等の娘の長娥子の所生）が復権し、天平十年になると、長屋王の変は誣告《ぶこく》であったとされる。長屋王の無実が認められたのである。これらは、藤原一族にとって逆風を意味することは明らかであろう。これに対して、藤原氏の側も、天平十年正月には光明皇后が生んだ阿倍内親王の立太子を強行したが、なお反発も大きく、ついに、橘諸兄側近の玄昉《げんぼう》・吉備真備《きびのまきび》の排除を主張して藤原広嗣《ひろつぐ》が反乱を起こすにいたっている。その間、聖武天皇は、神仏に祈る一方、広嗣の乱を契機に平城京をあとにして伊勢へ行幸し、そのまま不破を経て近江の恭仁京《くに》への遷都《せんと》を宣言し、さらに、難波・紫香楽《しがらき》の離宮への行幸も繰り返している。あたかも、揺れ動く政治状況を象徴するような動きであった。

では、この間の動きをどのように理解するかであるが、私の考えでは、これまで、藤原不比等、そして武智麻呂以下四卿という絶大な権力のもとで陰に隠れていた天皇制というか、天皇を中心とする日本の政治システムの特徴が顕在化したのだと思う。その特徴は二つある。第一は、強大な権力が消え、政治が混迷すると、その中心にいつも天皇がいることである。どの局面でも、天皇を中心に人間関係が回っているように見える。混迷の中で、聖武の存在感は大きくなったように見えるのである。第二に、それでいて、天皇には、神仏に祈り、行幸と遷都を繰り返すだけで、局面を打開するリーダーシップというものは見られないことである。繰り返すと、政治の中心に天皇がいる。その天皇にリーダーシップ、すなわち実権はない。それが、日本の天皇制という独自の政治秩序の特徴なのである。そのことが顕在化した。日本の歴史を理解できるか否かは、こういう天皇制というシステムを理解できるかにかかっていると言ってよい。

本当の権力者は誰か

もう少し説明しよう。

日本の天皇制は、いちおう、中国の皇帝制度を模倣して成立したものである。しかし、模倣したのは形式だけで中身はまったく違う。中国の皇帝は絶対権力そのものであった。少なくとも、そういうタテマエで政治が動いている。ところが、日本の天皇は、形式上は中国と同じく至高の存在であるが、現実に権力を行使することはなく、藤原氏優勢の時代には長屋王の変を受け入れ、藤原氏が弱体となると長屋王の遺児の復権を喜んで認める。藤原広嗣が諸兄側近の玄昉・真備の排除を主張して挙兵したように、権力争いは天皇の外側で行われる。直接、権力争いに天皇を巻き込むことはないのである。

研究者の中には、中国を模倣したのだから、日本の天皇も中国の皇帝のような専制君主になったと短絡的に考える人もいる。しかし、日本の歴史のどこを見ても、天皇が専制君主であったことはない。学問以前の常識の問題であるが、その常識をもった古代史家が意外と少ないようである。

ここで、日本の天皇制をわかりやすい例えで説明しておこう。サッカーやラグビーのようなゲームを思い浮かべてもらいたい。ゲームの中心にあるのはボールである。ゲームはボールを中心に動いている。当然であろう。しかし、本当のゲームの主人公は、そのボールを支配しているプレーヤーである。もうおわかりと思う。天皇はそのボールのようなものなのである。常に中心にいて、注目を浴びている。しかし、自ら動いているのではなく、まわりの複雑な動きに反応しているに過ぎない。日本古代の天皇を中国の皇帝のような専制君主と措定し、その専制君主を中心に政治が動いていると錯覚してはならない。本当に自立した権力者は誰か、冷静に判断しなければならない。疫病流行の結果、それが露《あら》わになったのである。

日本人にとって仏教とは何か

無力にしろ、疫病流行という危機の中で天皇が行ったのが神仏に対する祈りであった。もちろん、神仏に祈るという行為は、それ自体では何の解決をもたらさないはずであるが、実は、この疫病流行の直後だけは違ったのである。神仏、なかんずく、仏教への傾斜。これが、その後の日本の文化の形成に決定的役割を果たしたからである。不比等、武智麻呂の分身として、絶大な権力を有した光明皇后の存在があったからでもあるが、それ以上に、疫病流行という危機の大きさが未曾有のものであったためである。これについて、簡単に見ておきたい。

もちろん、はっきり言えば、苦しいときの神頼みに過ぎない。まず、行信の手引きで光明皇后が、天平七年の十二月から八年の二月二十二日にかけて、法隆寺で聖徳太子を本尊として法華経講読の法会《ほうえ》を行った。これが、聖徳太子信仰の始まりである。そして、天平十一年には、廃墟となっていた斑鳩宮跡に東院（夢殿）も建立された。これが、聖徳太子信仰の成立であることはすでに述べた通りである。

しかし、それればかりではなかった。以下、とくに重要な事柄を二つだけ紹介しておくことにする。

まず第一は、天平八年九月に始まるいわゆる「五月一日経」の書写である。翌年の八月までに、武智麻呂以下の四卿はすべて亡くなっている。一人残った光明皇后が、父藤原不比等、母橘三千代の追善供養、あわせて聖武天皇の福寿、そして臣下すべての忠節を願って一切経を書写しようというものである。玄昉が唐から将来した『開元釈経録《かいげんしゃくきょうろく》』という一切経の目録にもとづいて、当時最高の一切経のセットを完成しようというものであった。その背後にあるのは、聖徳太子信仰の場合と同じく、光明皇后の孤独、焦燥、不安そのものと言ってよいだろう。しかし、この皇后の切実な危機感は、巨大な疫病流行のうねりの中で、天皇そして国家をも巻き込むことになる。

それが、次の、国分寺・国分尼寺（略して国分二寺という）の造営と、東大寺大仏の造立である。前者の国分寺・国分尼寺であるが、出発点は、まだ四卿が存命であった天平九年三月、諸国に釈迦像と脇侍《わきじ》の文殊《もんじゅ》・普賢《ふげん》菩薩の造立、それに大般若経一部の書写が命じられたことである。これを受けて、天平十二年六月、諸国に法華経十部の書写と七重塔の建立が、さらに同年九月には、国ごとに観世音《かんぜおん》菩薩像の造立と観世音経十部の書写が命じられ、これらを受けて天平十三年三月、諸国に七重塔の建立と金光明最勝王経と妙法蓮華経の書写を命じる詔《みことのり》が発せられた。これが、いわゆる国分寺・国分尼寺の造営の法的な手順であった。これに加えて、さらに、天平十五年十月に大仏造立の詔が発せられ、最初は十六年に紫香楽で工事が始まったが、翌年には奈良に移され、現東大寺の大仏として建立されることになる。これらが壮大な国家事業であったことは言うまでもあるまい。

この国分寺の建立と大仏造立のことは、誰でも知っていることであろうが、これらを、今改めて疫病流行の影響としてとらえ直すことが必要なのではないかと思う。もともと、聖武天皇や光明皇后の仏教信仰はあったのであろう。しかし、それにしても、信仰というものは、これほど大げさにしなければならないものだろうか。そして、その意味は天皇と皇后の篤信を讃えるだけでよいのだろうか。むしろ、当事者の二人が意図しなかったほどの大きな影響を日本の歴史と文化に与えた、そのことの評価こそ重要なのではなかろうか。

現象的に見れば、いちおう、日本の文化への仏教の浸透、そして国家仏教の成立と称することができる。しかし、問題は、その実質的な中身である。国家仏教の成立というと、従来は、仏教と国家機構との癒着という制度的側面に焦点があてられてきたように思う。しかし、それは単なる形式論である。重要なのは、それにより日本の文化あるいは精神風土がどのような変質を被ったのかということでなければなるまい。すると、日本人にとって仏教とは何かということを考えざるを得なくなる。

インド思想の中の仏教

仏教はインドに始まる宗教である。それは誰でも知っている。実は、私は、インドが好きで、過去、三回ほどインド各地の安ホテルを転々としながら旅をしたことがある。そのたびに思うのだが、日本に仏教徒と称する人は大勢いるが、仏教を理解している人はいないのではないか。逆に、インドには仏教徒はほとんどいないが、どこからでもシャカが現れてくるような気がする。なぜなのか。それは、仏教がインド人の死生観、宗教観の中から生まれた宗教だからであろう。言わば、仏教はインド思想の一部というか、インド人の死生観に対する一つの問題提起と言ってもよい。その仏教を理解するには、母体となったインドの社会とインドの思想をふまえなければならないのは当然であろう。だから、逆に、インド人の中にいると、なぜ仏教が生まれたのかが何とはなしにわかってくるのである。

そう言えば、釈迦は、仏教の創始者であると同時にヒンドゥー教の聖者の一人でもある。このことは、ちょうど、ユダヤ教とキリスト教との関係に似ている。キリスト教は、簡単に言えばユダヤ教の異端である。その異端であるキリストの教えは新約聖書に記されている。しかし、キリスト教を理解するには、母体となったユダヤ教をふまえなければならない。だからこそ、新約聖書は、ユダヤ教の聖典である旧約聖書と一体になって読まれてきたのである。

ところが、仏教の場合は、全部とは言えないが、母体となったインドの思想から切り離して、釈迦の教えだけを学ぼうとする傾向が強い。確かに、仏教はすぐれた哲学である。しかし、それだけ取り出しては、仏教がなぜ生まれたかわからないのではないか。

結局、仏教がインドの外側に広がった場合、その外側の人々は、第一に、仏教の抽象的な哲学だけで満足するか、第二に、インド人になりきってインド思想と仏教を学ぶか、第三に、自分たちの民族の思想・文化によって仏教をとらえ直す、あるいは解釈し直すしかない。そのうち、第一と第二のものは、特殊な人々に限られる。一般的に可能なのは最後のものだけであろう。その典型的な場合が、中国である。最初は、第一と第二の宗教家が活躍したが、中国人はしだいに仏教を自分たちの伝統的宗教観からとらえ直すようになる。中国人の伝統的宗教観とは道教のことで、結局、道教的世界観の中に、むりやり仏教の哲学を押し込んだのである。

極端な話、仏典を中国語に訳してしまうと、中国語としての漢字の意味に拘束されることになる。もともと、厳密な意味で翻訳などということは不可能だからである。その結果、大きな軋轢《あつれき》が生ずることは当然で、道教との違いを強調して対立することもあった。また、中国内でさまざまな考え方が生じ、それが仏教の多様な宗派にもなったのである。しかし、大局的には、仏教は中国人の伝統的世界観と融合した。その一部となったと言ってもよいと思う。

日本人の伝統的宗教観と仏教

その中国化した仏教が日本に伝わったのである。それを教学として抽象的な哲学として理解するのも重要である。そういう僧侶もいた。道慈もその一人かもしれない。しかし、宗教として、死生観として受け入れようとすると、やはり、基礎となる中国的死生観、つまり道教思想の理解度が問題となる。中国に留学してそれを積極的に学んだ人もいる。山上憶良《やまのうえのおくら》などはその典型と言ってよい。しかし、一般的には、日本の伝統的思想から中国仏教を理解するしかない。では、日本人の伝統的宗教観とは何か。やはり縄文時代に遡るような死生観、宗教観であろう。一種のアニミズムと言ってよい。森羅万象一木一草にカミが宿るという世界観。世界中にどこにでもありそうだが、日本の豊かな自然から生まれた生命観は、やはり特殊なものである。カミは、漢字が伝わってからは、神・霊・魂などと表現されるが、そのようなものが万物に宿っている、逆に言うと、すべてが神・霊・魂の作用と考える。とすれば、人間は、そのカミに祈るしかないだろう。だから、伝統的な日本の宗教は呪術であった。

さて、だいぶ遠回りをしてしまったが、古代人たちは、仏教が伝来して以来、しだいに仏教の呪術的な力に気づくようになっていた。実は、呪術といえども、その時代なりの科学技術に裏づけられていなければならない。仏教伝来以前といえば古墳時代である。その時代の技術といえば、古墳を作る土木技術、被葬者の武器・武具・馬具などを製造するための金属加工技術が中心であった。それに対し、仏教の背景にある技術は、瓦と礎石《そせき》による壮大にして堅固な建築技術、仏像・仏具のための金属鋳造と加工の技術、高度な医学、織物と染色、そして何よりも仏典という文字の神秘性である。その教理が、たとえ意外に単純なものであっても、中国語の漢字一字一字のもつ意味の深さと人間の内面を映す表現の神秘さ、加えて仏像の不可思議な魔力。それに打ちのめされた古代の豪族たちは、もう一世紀以上も前から、競って造寺造仏に邁進していたのである。

そして今、天皇と皇后が、疫病流行という未曾有の危機の克服を願って国分寺・国分尼寺の建立、大仏の造立を宣言したのであるが、それは取りも直さず、呪術の頂点という地位を仏教に与え、その威力の最大の支持者にして享受者となることを宣言したことを意味している。つまりは、天皇は仏教の呪力を利用し、仏教は天皇の権威を利用し、両者が融合する形で日本仏教が成立したということである。仏教の護国思想と天皇の神としての権威、両者が支え合って展開してゆく日本仏教の成立と言ってもよい。しかも、巧妙にも、仏教の外来性を薄めると同時に、皇室の正当性を確保するために聖徳太子信仰をも構想したのである。この結果として、天皇制＝国家＝仏教というイデオロギーが確立したと言ってよい。元来、〈聖徳太子〉という人物像は、中国の皇帝制度を日本に導入するための手段であった。ここにおいて、仏教を国教化するための手段としても利用されたのである。

藤原氏の一部としての皇室

ただし、ここまでは表向きの説明である。

もう少し子細に見ると、天皇制＝国家＝仏教と言ったが、それが成立した当時、つまり天平時代において、天皇も皇后も彼らを取り巻く女性たちも、すべて藤原不比等の子孫かその近親であった。天皇自身も含めて、皇位にかかわる人間は、実質上すべてが藤原一族であった。とすると、皇室と言っても、実質的には、藤原氏の一部に過ぎなかったことになる。この構造は、その後も長く変わらない。皇室は、天皇を中心とする血族集団ではなく、藤原氏という集団の一部として存在していたのである。

そうなったのは、明らかに長屋王の変以後である。長屋王という対抗軸が消滅した結果、皇室は藤原氏に吸収されてしまった。その後、疫病流行、武智麻呂以下四卿の死という困難はあったが、ほかの選択肢が失われていたため、結果として、光明皇后を中心とする藤原一族の覇権が確立することになったのである。その後の歴史において、天皇の権威は巨大化した藤原氏によって保証され、藤原氏は天皇を利用してさらに巨大化する。繰り返すが、皇室を天皇を中心とする血族集団と誤解してはいけない。天皇は、あくまでも藤原氏の一部として存続することになったのであり、藤原氏の血を引かない子孫は、容赦なく排除されることになったのである。

もう少しわかりやすく述べておこう。

長屋王の変以後、皇室は藤原氏の一部となった。もちろん、天智、天武あるいはもう少し以前の天皇にまで遡り、その子孫と称する人たちはいる。しかし、彼らは、完全に、天皇権力の外側に追いやられていた。内側にいたのが藤原氏である。天平時代、そういう皇室の中の男性は、実質上、聖武天皇一人であった。その聖武に、天皇としての権力を期待できるはずもない。普通、権力が自立して存在するためには、独自の人脈と軍事力をもたねばならないが、聖武の場合、それらはすべて藤原氏の丸抱えであった。だから、聖武は、実質上藤原氏の傀儡《かいらい》だったと言ってよい。

傀儡に対して実質的な権力が存在する。それを、日本的表現では黒幕という。黒幕が、身を隠し命令を発する場がある。これを談合という。上品に言えば合議である。古代では談合の場を正式には太政官《だいじょうかん》という。談合・黒幕・傀儡という役割分担。それが成立したのが、長屋王の変後である。

これは、決して、聖武に固有のものではなく、その後の日本の政治構造全体を象徴することになる。天皇という存在そのものが、藤原氏の中で純粋培養されていく。そのシステムこそが天皇制なのである。それを、可能にしたのは、七世紀以前の伝統的日本の王権が専制権力ではなく、合議制に支えられていたからであるが、その合議というシステムを利用し、その上でユニークな独裁政治を実現したのが藤原氏だったのである。そういう構造が、明確に姿を現したのである。

とすれば、天皇制＝国家＝仏教と言いながら、その実現を演出したのは藤原氏だったことになる。本当は、藤原氏＝天皇制＝国家＝仏教とせねばならなかったのである。ところが、藤原氏はそれを巧妙に隠蔽し、黒幕に徹し、あたかも天皇が国政の中心であるかのごとく演出した。日本史の複雑かつ微妙なところである。少なからぬ古代史家が、天皇を専制君主と誤解する原因はここにある。

この微妙なニュアンスに配慮しつつ、今は、いちおう、通説に妥協して、日本仏教は、天皇制＝国家＝仏教としておくことにしたい。なお、天皇制については、本書第Ⅱ部で詳しく扱うことになる。

ともかく、結果として、疫病の流行後まもなく、天皇制＝国家＝仏教というイデオロギーが確立し、その後の日本の文化を規定することになった。疫病流行がなければ、このようなドラスチックな変化はなかったであろう。その意味で、この天平時代の疫病流行は、日本史上最大級の事件だったのである。

第2章 『日本書紀』の虚構

一 仏教伝来記事の虚構

虚構の周辺

聖徳太子はいなかった。これはもう、間違いないだろう。思い返すと、この一〇年あまりの変化には我ながら驚かざるを得ない。一〇年程以前には、大学の講義でも、頼まれた講演でも、聖徳太子が実在しないと言うと、「そんなはずがあるわけない」「そんな話はやめて欲しい」「信じたくない」という人が必ずいた。しかし、最近では、誰もが「きっとそうだと思っていますよ」と言ってくれる。拍子抜けというか、張り合いがないくらいである。

もっとも、研究者の間では、誰もがそう言ってくれるわけではない。むしろ、大多数の研究者は賛否を明らかにしていない。私が推測するに、学問的根拠がない誤ったことを主張するのはみっともないが、そうかと言って、現在の日本の社会で、聖徳太子の存在を否定してもよいものか判断できないのだと思う。実は、さまざまな人間関係、あえて言えば利害関係がある。何しろ、千年を越えるマインドコントロールである。いろいろな立場があっても当然だろうと思う。

それはともかく、〈聖徳太子〉という人物像を創造したのは『日本書紀』の編者であった。明らかに、伝統的な「大王《おおきみ》」とは違う中国的皇帝を意識した新しい日本の「天皇」像を表現するためであった。

元来、『日本書紀』は、全体として、その天皇を頂点とする国家秩序の形成を描こうとした書である。とくに、当時の古代人自身が到達したばかりの中国的古代国家の成立過程に特別な注意を払ったであろうことは推測に難くないが、『日本書紀』を読む限り、具体的には次の二つを重視して記したように見える。一つは、仏教文化の受容である。具体的には、仏教の伝来とその後の軋轢《あつれき》、そして、その到達点としての聖徳太子の登場が描かれている。もう一つは、律令制の受容である。これは、主として、大化改新の一連の改革としてきわめて詳細に描かれている。だから、編者がもっとも重視して描いたのが、〈聖徳太子〉と大化改新であったと言ってよい。両者は、補い合って中国的古代国家の成立を表現している。

しかし、繰り返し述べてきたように、聖徳太子は虚構であった。また、大化改新は、史的事実ではあっても、実は『日本書紀』の記述には多くの虚構が張りめぐらされている。大化改新の詔《みことのり》を始め、改革の記述全体が七〇一年に成立した大宝令の知識で記されていたからである。昔、そういう虚構に踊らされて大化改新はなかった、などという論者もいたが、もちろん、壮大な前期難波宮の遺構、「白髪部五十戸」と記された木簡や『常陸国風土記』などによる国《くに》・評《こおり》・里《さと》という中央集権的人民編成の成立は確かであり、改革そのものの存在に疑問はない。とは言え、『日本書紀』の記事は虚構に満ちており、今日においても、本当にどのような改革があったのかは、必ずしも明確にはなっていないのである。結局、『日本書紀』は、怪しげで不可思議な謎に満ちた書ということになる。

では、どうすればよいのか。

ともかく、『日本書紀』がなくては、古代史研究は成り立たない。にもかかわらず、信用できないとすれば、臆せず、『日本書紀』の謎と正面から対決するしかないだろう。『日本書紀』の虚構の世界に屈することなく、しかし、このような書物を残してくれたことには敬意を表しつつ、『日本書紀』の謎と対決する。『日本書紀』という底なし沼への無謀な挑戦かもしれない。しかしそうだとしても、あせらず、じっくりと、愚直に、相手の正体を確かめながら前進することによって、日本古代史の真実も、日本文化の本質も見えてくるのではないか。時間をかけて、ひるむことなく進もうと思う。

仏教伝来記事の虚構を剝ぐ

重要なのは、『日本書紀』の編者が主観的に描こうとした歴史像、つまり、『日本書紀』に流れる虚構の論理を確認することである。次に、それを慎重に排除する。それを繰り返しながら、『日本書紀』に潜む真実の断片を発見し、その断片から全体像を復元する努力をする。困難な作業に違いない。

そういう『日本書紀』の虚構の論理の確認として、最近、注目すべき研究がある。仏教伝来記事に関する吉田一彦、北條勝貴両氏の研究である。以下、両氏の研究を紹介しつつ、『日本書紀』の虚構の意味を考えてみたい。

よく知られているように、『日本書紀』が仏教伝来の年とした五五二年は、隋唐の時代の中国仏教では末法元年とされていた年である。だから、その記述は、明らかに、隋唐の末法思想の影響を受けていると思われる。吉田氏は、この点に注目し以下のように論じている。

『日本書紀』の仏教伝来に関するストーリーは、次のようなものである。

①欽明十三年（五五二）十月、百済の聖明王《せいめい》から釈迦像・経論などが伝えられた。天皇は歓喜したが、群臣に礼仏の可否を問うたところ、蘇我稲目が受容を主張し、物部尾輿《おこし》と中臣鎌子《かまこ》が反対した。そこで、稲目一人の礼拝を許可した。稲目は仏像を小墾田《おわりだ》の家に安置し、さらに向原《むくはら》の家を寺とした。その後、国に疫病が起こったため、尾輿と鎌子の奏上により仏像が難波の堀江に捨てられ、伽藍が焼かれた。すると、風雲もないのに大殿（天皇の宮殿）が焼失した。

②敏達十三年（五八四）、蘇我馬子は司馬達等《しばたつと》の娘（善信尼《ぜんしんに》）ら三人を出家させ、鹿深臣《かふかのおみ》が百済からもたらした弥勒の石像を、家の東に仏殿を作って安置し、三人の尼を招いて設斎《せつさい》（食物を用意し

て僧を供養すること）した。そのとき、斎食（食事のこと）の上に仏舎利《ぶっしゃり》が出現したので、司馬達等らは、それを馬子に献上した。馬子が、その舎利を鉄の鎚《つち》で打っても壊れず、水に入れると思うままに浮き沈みした。そこで、馬子は、石川の宅にも仏殿を造ったが、これが仏法の初めという。

③敏達十四年（五八五）二月、蘇我馬子は塔を大野の丘の北に建て、舎利を塔頭《たっちゅう》におさめた。その後まもなく、馬子は病となった。卜者に問うたところ、父のときに祭った仏神の祟《たたり》と言うので、さらに石像を礼拝したところ、国に疫病が起こって、多くの民が死んだ。そこで、同年三月、物部守屋《もりや》と中臣勝海《かつみ》の奏上を受け、天皇は仏法の停止を宣言した。物部守屋は、仏像・仏殿を焼き、焼け残った仏像を難波の堀江に棄て、善信尼らをとらえて辱め、楚《むち》で打った。すると、天皇と守屋がにわかに瘡《かさ》の病となり、多くの民も病で死んだ。人々は、仏像を焼いた罪だと語らった。そこで、同年六月に、天皇は、三人の尼を馬子に還《かえ》したが、まもなく、天皇は病で亡くなった。

④用明二年（五八七）四月、天皇は病になり、三宝に帰依する意思を示すが、物部守屋と中臣勝海の反対で実現しないまま、瘡がますます悪化し、ついに天皇は亡くなった。そこで、ただちに皇位継承をめぐる対立が生じ、蘇我馬子は諸豪族を集めて物部守屋を滅ぼし、崇峻天皇を即位させた。その戦いにのぞんで、厩戸王は白膠木《ぬるで》で四天王の像を作って髪に挿し寺塔の建立を誓い、馬子も同様に誓った。それが、のちの四天王寺と飛鳥寺である。

⑤推古二年（五九四）二月、天皇は、皇太子（厩戸王・聖徳太子）と大臣（蘇我馬子）に三宝興隆の詔を発した。諸豪族は競って寺を造ったという。また、同十二年（六〇四）に皇太子が作った憲法十七条でも「篤く三宝を敬え」とされている。ここに、王権と仏教は一体化したことになる。

以上が、仏教伝来記事の概要であるが、吉田一彦氏によれば、この仏教伝来のストーリーには次の三点の特徴があるという（吉田一彦、二〇〇六年）。

中国を模倣する

第一は、全体の記述が仏法護持の立場から書かれていることである。たとえば、①・③に見るような、欽明や敏達の決断で、仏像が棄てられたり伽藍が焼かれるなど廃仏が行われると、大殿が火災にあったり、天皇自身も病を得て亡くなってしまう。これは報《ほう》の思想で、仏罰が下ったことを意味する。こうした記述は、明らかに熱心な仏法護持者か、僧侶のものである。

第二は、これら一連の記述が中国の仏教文献を参照、模倣していることで、中国では、北魏の太武帝（四〇八～四五二）や北周の武帝（五四三～五七八）による大規模な廃仏があり、その経緯は、唐代の道宣の『広弘明集《こうぐみょうしゅう》』『集古今仏道論衡《しゅうこきんぶつどうろんこう》』『続《ぞく》高僧伝』『集神州三宝感通録《しゅうしんしゅうさんぼうかんつうろく》』や道世（?～六六八?）の『法苑珠林《ほうおんじゅりん》』に詳しく書かれており、『日本書紀』の文章はこれらを利用して書かれている。とくに、①の百済の聖明王の上表文が義浄訳の『金光明最勝王経《こんこうみょうさいしょうおうきょう》』を利用していることは井上薫氏の研究などにより著名である（井上薫、一九六一年）。

また、②の仏舎利出現の話については、かつて津田左右吉により慧皎《えこう》の『高僧伝』康僧会伝《こうそうえ》が出典とされたが、吉田氏は、むしろ道宣の『集神州三宝感通録』や道世の『法苑珠林』に依拠して書かれたと指摘されている。そして、これらの中国文献を参照して『日本書紀』の文章を書いた人物についても、井上薫氏と同様、大宝二年（七〇二）に入唐し、養老二年（七一八）に帰国した道慈とされている。道慈は、六九五年にインドから帰国した義浄が『金光明最勝王経』を翻訳中の西明寺に入り、さらに、留学中、西明寺に縁の深い道宣の思想にも強い影響を受けた人物である。

そして第三に、個々の事象や表現だけではなく、『日本書紀』の一連の話の展開全体が中国の仏法興廃の歴史の模倣であるという。つまり、大きな廃仏を経験した隋唐の仏教界に流布していた末法思想は「末法→廃仏→廃仏との戦い→三宝興隆」という論理構成をもっており、『日本書紀』の記述は、まさしくこれをなぞっているという。

ここで言う末法思想とは、仏法が衰えるという悲観的な思想ではなく、廃仏が行われる末法の世だからこそ、仏法を信奉するものは全力を尽くして仏法再興に邁進しなければならないという、すなわち、仏法興隆のための士気高揚の思想なのである。とすれば、『日本書紀』は、こういう本場の中国仏教を熟知した人物の記述でなければならないが、長い留学経験をもつ道慈がふさわしいことはもちろんということになる。

このように、吉田氏によれば、仏教が末法元年にあたる五五二年に伝来したとする『日本書紀』の記事は、まったく隋唐の末法思想の論理によって書かれているということになる。だから、隋唐仏教に詳しい人物、具体的には道慈によって書かれた作り話である。それゆえ、結論として、伝来の年代も敏達の廃仏も、というより、いわゆる崇仏廃仏の争い全体が、すべて事実ではなかったということになる。

実は、吉田氏は、『日本書紀』の記事が、どの中国文献をどのように利用して作られたのかも詳しく論証しており、ほとんど疑問の余地のない学説と言える。とすれば、聖徳太子ばかりではない。『日本書紀』の記す仏教の伝来とその後の展開も事実ではなかったことになる。まさしく、『日本書紀』の虚構は底なし沼のようである。どこに真実の断片があるのか、ますます、慎重にならねばならないであろう。

崇仏論争記事というフィクション

右の吉田氏の研究をさらに決定的なものとしたのが、北條勝貴氏の研究である（北條勝貴、二〇〇五年）。

氏は、まず、『日本書紀』の仏教伝来以後の蘇我稲目・馬子の崇仏、物部守屋・中臣勝海の廃仏を軸とする崇仏論争記事の枠組みが、排仏（廃仏）・仏神の崇《たた》り・疫病流行の繰り返しであることを指摘する。その上で、二度目の排仏（先の③、『日本書紀』敏達十四年三月条）の契機となる蘇我馬子の罹患が卜占によって「仏神」の「祟」とされ、馬子をさらなる崇仏へと促すというのは日本の思想ではなく中国のものであること、また、仏教において病を悪報ととらえる視点も、中国において国家的廃仏への抵抗や他教との競合の手段として五~七世紀に成立したものであることを論じ、さらに、『日本書紀』の崇仏論争に見える排仏・仏神の祟り・疫病流行の物語の典拠として道世の『法苑珠林』十悪篇邪見部感応縁の魏崔浩《さいこう》条を指摘されたのである。この魏崔浩条とその類似を、北條氏自身の要約によって示すと以下のごとくになる（北條勝貴、二〇〇八年）。

> 北魏の太平真君七年（四四六）、太武帝に重用された宰相の崔浩は、道教の国教化を図って寇謙《こうけん》之《し》を天師とし、僧尼を迫害し、伽藍を破壊し、経典を廃棄するという大規模な廃仏を行った。この後、崔浩は後宮の庭から一体の金像を掘り出すが、これを汚したところ陰部に痛みを覚える。太史から「大神を犯したためです」との卜断を受け、広く名山・祀廟に祈願するが効験を得られず、宮人の助言で仏に祈請しようやく快癒に至る。そこで崔浩は仏に帰依するが、罹患して慚愧《ざんき》の心を起こした太武帝により寇謙之は酷刑に処せられ、崔浩自身も誅殺されてしまう。太武帝はそのまま崩御し、孫の文成帝が即位するに至って仏教が再興される。

病を得た崔浩が礼仏に傾くという件《くだり》は、③の敏達十四年条における蘇我馬子の行動に類似する。「祟」の字こそないが、卜官的存在により病の原因を知る流れは同じである。太武帝は、廃仏の悪報により病死したように書かれているが、敏達・用明も同じような崩御の仕方をしている。太武帝の病は、『弁正論』巻七、信毀交報篇第八などに「瘡」とあるが、敏達・用明も「瘡」による病死である。
④で用明は臨終に際して崇仏を決意するが、太武帝も罹患して初めて悔悟している。廃仏を誘引した寇謙之と張本人の崔浩が誅殺されているのは、物部守屋が仏敵として滅ぼされることに対応している。文成帝以降の仏教の復興と蘇我馬子による法興寺の創建のように、結末が仏法興隆に帰着する点も一致している。

まことに、驚くべき一致である。

以上での北條氏の指摘のごとく、『日本書紀』編者が、この『法苑珠林』の魏崔浩条を参照して、崇仏論争記事を執筆したことは間違いないであろう。しかも、この崔浩や寇謙之、太武帝の最期は、実は史実ではない。仏教側からの恣意的な歴史の歪曲なのである。しかし、これを『日本書紀』編者は参照して崇仏・廃仏論争記事を書いたのである。このことを、北條氏は次のように述べている。
「初唐の仏教界が儒教や道教、王権の廃仏的傾向に抵抗すべく作りあげた一種のフィクションなのである。隋唐の仏教を憧憬《しょうけい》する日本の仏教界も、同様の歴史観を共有するため、排（廃）仏から崇仏に至る物語を構築したのだろう」。まさしく、『日本書紀』の崇仏論争記事は、この『法苑珠林』の崔浩条を参照して創作したフィクションだったのである。

道慈の深謀

そして、その上で北條氏は、結論として「日本古代の律令国家が理想とした隋唐帝国の発展、とくにその仏教文化の繁栄は、多くは廃仏経験のうえに語られるものであった」のであり、「日本古代の仏教界もそれに倣おうとしたのではないか」とされ、また、そういう『日本書紀』の構想を立案した人物として「西明寺で修学したであろう道慈である可能性は高く、どのような形であれ、彼が『日本書紀』編纂に関与したことだけは否定できないと思われる」とも述べられたのであるが、これは、先の吉田氏の理解と大筋において一致していると言ってよいであろう。

以上、吉田、北條両氏の研究により、『日本書紀』の仏教伝来記事と崇仏論争記事を見てきたのであるが、そこに貫かれた思想は、大規模な廃仏を経験した隋唐仏教、とくに末法思想から学んだものであり、『日本書紀』の記述が歴史的事実にもとづくものではないことはもはや明白と思われる。また、それを述作した人物として、隋唐仏教を直接体験した道慈を考えるのも、すべてを彼一人に限定する必要はないにしろ、まずは妥当であろう。

さて、仏教伝来記事全体が虚構であったということであるが、次に、その意味についても考えておこう。

吉田、北條両氏の研究により、『日本書紀』の仏教伝来記事が歴史的事実とは無関係であり、隋唐仏教の論理によって書かれていることは間違いなさそうである。結局、末法元年に伝来した仏教は、一貫して隋唐の末法思想の論理によって、崇仏と廃仏との間を揺れながらも卜占と仏神の祟に導かれつつ推古と聖徳太子の三宝興隆に向かう。この間、『日本書紀』の論理としては、祟れば疫病流行となる仏法の霊威にたくみに取り入って、かろうじて王権の正当性を確立するという筋書きである。

このストーリーの中では、王権は、隋唐仏教の論理の中に呑み込まれていると言ってよい。王権が仏法を保護するのではなく、仏法によって王権が正当化されているのである。『日本書紀』編者は、仏教のもつ呪術性の強大さ、その背後にある中国文化の巨大さを強調しつつ、その思想をストーリーの上で推進した聖徳太子を賞賛している。とすると聖徳太子は、儒仏道の聖天子であると同時に、隋唐仏教の象徴としても描かれていることになる。これも道慈の深謀というべきであろうか。

『日本書紀』編者の作り話

ところで、仏教の伝来とその後の展開は、『日本書紀』の記述の中でもとくに詳細で、古代国家形成過程の重要な要素とされている。しかし、その仏教伝来記事が、隋唐の末法思想を借りた虚構であったということになると、歴史的事実はどこに行ってしまったのか。とくに、古来、問題とされている仏教伝来年次をどう考えるべきか、これについての私見を述べることにしたい。

周知のように、仏教伝来年次としては、『日本書紀』の五五二年説とは別に五三八年説もある。この年は、讖緯《しんい》説で言う戊午革運《ぼごかくうん》の年にあたること、ちょうど、日本に仏教を伝えた百済が熊津《ゆうしん》から泗沘《しひ》に遷都した年でもあることをいちおうの根拠に作られた説と思われるが、かつて詳しく論じたように、当時の国際関係を考えるとあり得ない説である（大山誠一、一九八〇年）。

というのは、その年の前後は、朝鮮半島南部の小国連合として独立を維持していた伽耶《かや》地域に対し、新羅と百済が東西から侵入し、洛東江を境として分割占領した時期である。これに対し、比較的有力な国が多かった洛東江西岸地域の諸国が連合して大和王権に援助を求め、大和王権もこれに応じて出兵し、洛東江西岸からの百済の撤兵を要求中であった。その間、ときに戦火をも交えるという状況にあった。つまり、伽耶に覇権を確立したい百済と、政治的影響力を維持したい大和王権とは、軍事的な対立関係にあったのである。

そういう状況で、百済から仏教が伝来するはずはあるまい。なぜなら、先にも述べた通り、仏教というのは単なる思想・宗教ではなく、建築・土木、金属の鋳造・加工、医学、織物・染色、それにもまして文字（経典）という魔術を有する巨大な高度かつ神秘的な技術の集大成なのである。だから最高の国家機密に属するものである。交戦中の相手にもたらすようなものではないのである。

また、この五三八年説を伝えた史料である『上宮聖徳法王帝説』と『元興寺《がんこうじ》伽藍《がらん》縁起《えんぎ》并《ならびに》流記《るき》資財帳《しざいちょう》』も、決して古い史料ではなく、平安時代以後の史料である（大山誠一、二〇〇三年、吉田一彦、二〇〇三年）。それよりも古く、根拠は不明ながら最澄の『顕戒《けんかい》論』にも見えるが、これとて奈良時代末期のものである（成立は平安初期）。『日本書紀』よりもはるかに新しく、史料的価値はほとんどないと言ってよい。

加えて、『日本書紀』に見える五五二年説も作り話だったのである。では、仏教伝来の年代は、何を基準として考えたらよいのだろうか。

厳密な意味で、仏教がいつ日本列島にもたらされたのかは、残念ながら、確かなことは言えない。

しかし、私の見るところでは、六世紀の段階で朝鮮半島から多くの渡来人が来日しているのであるから、彼らによる私的な伝来は十分あり得たと思う。その意味で、仏教に関する知識や情報は、かなり古くから、日本の諸豪族にもある程度流布していたであろう。粗末な草堂のような施設もあったかもしれない。

しかし、古代国家にとって、仏教とは何かといった場合、そういう知識や情報ではない。現在の我々にとっては、仏教と言えば、仏教的思惟を意味するであろう。無常観とか空《くう》とかの思想である。しかし、古代人にとっては、なかんずく、古代国家にとってはそうではなかった。仏教というのは単なる思想・宗教ではなく、前述したような神秘的な技術の集大成だったのである。インドに由来するが、この段階では中国文化の一部となっている。しかも、高度な技術とともに神秘的な呪術性を秘めている。少なくとも、高句麗、百済、新羅の朝鮮三国ではそのように認識されていた。それは、当然、重要な国家機密であった。そういうものが、いつ日本に伝わったのかである。

繰り返すが、五五二年説は、『日本書紀』編者の作り話である。五三八年説も奈良時代末期に出現した説で、何らの史料的根拠はない。では、どう考えるか。

こういうとき、残念ながら、やはり、七世紀以前の歴史は、怪しげではあるが『日本書紀』に戻るしかなさそうである。問題は扱い方である。編者の虚構を取り除き、その下に真実の断片を見つける。そして、全体像に迫る。それしかないだろう。

いつ仏教は伝来したのか

そこで、『日本書紀』を見直してみよう。吉田、北條両氏の研究により、仏教伝来とその後の崇仏廃仏論争記事は、隋唐の末法思想によって構築されたフィクションであることがわかった。だから、八五〜八七頁に記した①〜⑤のストーリーは、蘇我・物部戦争自体は仏教とは関係なく史実と思われるが、仏教受容にかかわる物語としては、すべて架空の話だったとすべきであろう。というより、②以後の話は、もともと、鹿深臣がもたらした弥勒の石像をめぐる話であり、仏教の伝来ではないのである。もちろん、推古の仏法興隆も聖徳太子の憲法十七条も史実と見る必要はないであろう。とすれば、仏教伝来年次の考察からは、『日本書紀』の①〜⑤の記事は、除外して考えねばならない。

そこで『日本書紀』に戻ると、それらしき記事としては、欽明十四年五月条に、茅渟海《ちぬのうみ》に梵音がするので、溝辺直《いけのべのあたひ》を派遣したところ、樟木《くすのき》を得たので、これで仏像二軀を造ったという記事があるが、史実性は薄く、また、仏教の伝来でもない。

次に、敏達六年十一月条に、大別王《おおわけ》が、百済から律師《りつし》・禅師《ぜんじ》・比丘尼《びくに》・呪禁師《じゅこむのはかせ》・造仏工・造寺工をもたらし、難波の大別王の寺に置いたという記事があるが、大別王と言い、難波の寺と言い、それに該当する人物も寺も知られていない。加えて、仏教の伝来さえ不確かな時代に、律師や禅師などというのも不自然である。おそらく、この二つの記事は、右の①〜⑤の仏教伝来記事をそれとなく補強するための作り話であったと考えるべきであろう。だから、これらも、史実ではないのである。考察から、除外せねばならない。

では、信頼できる記事はどこにあるのか。そう考えていると、真実の断片と言うべきか、ほぼ確実に史実と言える最初の記事が目に入る。崇峻元年（五八八）、百済から仏舎利、僧、寺工、露盤博士、瓦博士、画工らがもたらされたという記事である。

蘇我馬子によりただちに寺の造営が始まり、推古四年（五九六）に伽藍がいちおう完成したとされる。それが飛鳥寺である。考古学的にも確認されている。五八八年という年であるが、中国北朝の隋が強大化し、北の突厥《とっけつ》を討ち、さらに翌五八九年には、南朝の陳《ちん》を滅ぼし全国を統一するというときである。その巨大な影は朝鮮三国に重くのしかかろうとしていた。百済から仏教が伝えられたのはそういうときであった。その仏教は、当時においては、国家機密に属する技術や呪術を秘めていた。そういう生々しい現実があった。これこそが、本当の仏教伝来だったのではないか。これまで、『日本書紀』の虚構に惑わされていたのである。

本当の仏教伝来

その後、八世紀になり、『日本書紀』を編纂する過程で、中国・新羅との対抗上、古代国家の成立の端緒を大化改新より相当早める必要が生じた。儒仏道の聖人の聖徳太子も創作する必要が生じた。しかし、そのためには、中国文化の受容をできるだけ早めておかなければならない。そういう大局的必要性を背景に、道慈らは、隋唐の末法思想を借りて仏教の伝来を五五二年としたのであろう。さらに、奈良時代末期になり、仏教伝来をさらに早めて、五三八年説を考案した人物もいたのであろう。今日から見れば、誠に、安易かつ無責任な執筆態度であったと言わざるを得ないものであったが、『日本書紀』の編纂とは、そもそもそういう事業だったのであろう。

ところで、このように考えて、もう一度、『日本書紀』の仏教伝来記事に戻ってもらいたい。八五頁に示したように、①仏教の伝来は欽明十三年（五五二）とされている。蘇我稲目が向原の家を寺とし、仏像を礼拝したことになっている。問題は、次の②敏達十三年（五八四）の記事である。この年、鹿深臣が百済から弥勒の石像をもたらし、それを安置した設斎で仏舎利が出現した。そこで蘇我馬子が石川の宅に仏殿を作ったという。ところが、不思議なことに、これを『日本書紀』は「仏法の初め、茲《ここ》より作《おこ》れり」と記しているのである。これでは、仏法の初めが、①の稲目と②の馬子と二つあったことになる。

しかし、これらの記事は、次のように考えるべきである。欽明十三年というのは、もはや史実としては問題にならない。だから、仏教は、欽明とも稲目とも関係はない。ただし、六世紀を通じて渡来人たちにより、仏教に関する情報はさまざまに伝わっていたであろう。だから、日本の豪族たちもおおいに興味を示していたことであろう。鹿深臣が百済から仏像をもたらすというようなケースもなかったとは言えまい。そして、日本の権力者たちの間でも関心が高まってきたのであろう。その結果、敏達十三年（五八四）に蘇我馬子が石川の宅に仏殿を作ったのである。その意味は、馬子が礼拝の真似事をして、百済に仏教受容の意志を示したということではないか。これに応じて、その四年後の崇峻元年（五八八）に、百済は国際情勢が緊迫化する中で大量の僧侶と技術者を日本に送ってきたのである。

以上を結論的に言えば、本格的な仏教伝来は、五八八年、百済から渡来した僧侶や技術者たちによってである。日本側を代表したのは蘇我馬子であった。その成果であり象徴でもあるのが飛鳥寺である。だから、国家レベルでの仏教伝来は、従来考えられているより三〇年以上も新しかったのである。『日本書紀』は、それをフィクションによって古く遡らせたのである。

二 『隋書』の倭王は誰なのか

推古は大王ではなかった？

やはり、聖徳太子は実在の人物ではなく、仏教伝来とその後に続く崇仏論争記事も『日本書紀』編者の創作だった。先に、『日本書紀』という底なし沼への無謀な挑戦と言ったが、確かに、『日本書紀』の虚構の中に《真実》を見つけることは簡単ではなさそうである。

何しろ、聖徳太子と仏教伝来といえば、古代国家成立史の中心テーマであり、その根幹にかかわることと言ってよい。それが、作り話だったのである。編者の大胆さに驚くほかない。こういう大きな虚構は、とうてい、小心な小役人やどこにでもいる嘘つきの仕業《しわざ》ではない。哲学と政治理念と類《たぐ》いまれな学識をもった人物の用意周到な企みと考えねばなるまい。その人物は誰か。それを示すには、『日本書紀』の虚構ともう少し深く付き合う必要がありそうである。

その『日本書紀』の虚構であるが、聖徳太子が架空の人物であったとすると、その聖徳太子を皇太子・摂政とし、彼に「万機《ばんき》を以《も》ちて悉《ことごと》くに委《ゆだね》」た推古女帝の存在も危うくならないだろうか。推古の本名を額田部《ぬかたべ》王といった。そういう女性がいたことはたぶん間違いないだろう。しかし、本当に大王として即位したのだろうか。

『日本書紀』の成立は七二〇年である。七一二年に成立した『古事記』でも推古は天皇とされているが、なぜか『古事記』はこの推古で終わっている。実は、聖徳太子も「上宮之厩戸豊聰耳命」という名で『古事記』の末尾に登場している。本名の「厩戸」以外の「上宮」「豊聰耳」「命」という特殊な呼称は死後に贈られる和風諡号《しごう》と同じで、こういう呼称をもつのは、即位しなかった人物としては聖徳太子だけである。ともかく、この二人が登場したところで『古事記』は終わっている。西暦六〇〇年頃の人物であるから、『古事記』編纂の時点から約一世紀前のことである。以後の本格的展開を『日本書紀』に委ねたということであろうか。といっても、『古事記』の場合、継体天皇以後は、いわゆる帝紀部分だけである。天皇の呼称と后・宮・陵墓などに限られるから、具体的な歴史記述はすべて『日本書紀』を待たねばならない。

その『日本書紀』であるが、どこを読んでも推古が大王として実在したことを具体的に示す記事はない。推古天皇の治世ということになっているが、推古に固有の治績は何もない。政《まつりごと》のいっさいを聖徳太子に任せてしまったのだから当然ということなのだろうか。それでも従来は、法隆寺の薬師像の銘文に造立発願者として「小治田大宮治天下大王天皇及東宮聖王」と聖徳太子とならんで記され、同じく法隆寺に伝わった天寿国繡帳の銘文にも孫の多至波奈大女郎《たちばなのおおいらつめ》とともに登場しているから、その存在まで疑問視されることはなかった。

しかし、我々はすでに、これらが後世、聖徳太子信仰が展開する中で作られた偽物に過ぎないことを知っている。とすると、推古という存在は、きわめて軽いというか、限りなく無に近いことになる。結局、推古という女帝は、聖徳太子という存在を引き立てるために存在しているに過ぎないのではないか。

しかも、その聖徳太子も、皇太子・摂政とはいえ、儒仏道の聖人として描かれているから、現実の政治権力とは無縁で、まるで穏やかな宗教者のようである。その彼にいっさいを任せた推古女帝も、まるで空気のように存在感の薄い人物となっている。『日本書紀』には、多くの政変や血にまみれた事件が記されているが、推古女帝と聖徳太子の時代には、一件の殺人事件も記されていない。いったい、真実はどこにあるのだろうか。これまで「推古天皇と聖徳太子の時代」として語られてきた時代、それは、本当はどのような時代だったのだろうか。ここは、原点に返って考え直す必要がありそうである。

裴世清が会った倭王

これまで、繰り返し、『日本書紀』の記述が虚構に満ちていると述べてきた。しかし、実は、事実を記した部分もある。推古朝の場合、冠位十二階とか小野妹子《おののいもこ》の遣隋使など、中国の史書である『隋書』によって事実と確認できるものもある。また、飛鳥寺はもちろん、小墾田《おはりだ》宮や飛鳥岡本宮なども、存在自体は考古学により確認されている。もちろん、斑鳩《いかるが》宮と斑鳩寺（法隆寺）の建立も事実である。真実の断片は、決して少なくはないのである。

しかし、そうした中で、大きな謎がある。六〇八年に隋の皇帝煬帝《ようだい》が、裴世清《はいせいせい》を国使として遣わしたことはよく知られている。そこで裴世清が会った倭王は男性であったと書かれている。倭王は、裴世清のために饗宴を催してもいる。倭王には妻がおり、後宮もあったという。大勢の使者たちの見聞にもとづいた記事である。嘘ではあるまい。では、冠位十二階を制定し、遣隋使を派遣した倭王は誰だったのか。当時の倭王を『日本書紀』は推古としている。日本史の教科書にもそう書かれている。しかし、『隋書』の記述を信用すると、少なくとも女性の推古ではなさそうである。何しろ、妻と後宮があるのだから。これまでの研究者は、この問題を避けてきた。しかし、もはや、避けるわけにはゆかないだろう。

重要なのは、『隋書』という史料である。これをどのように扱うかによって、日本の古代史は一変するのである。

『隋書』の史料的性格については、最近、榎本淳一氏による詳細な研究があるので、その要点を紹介しておきたい（榎本淳一、二〇〇八年）。

『隋書』の信憑性

氏はまず、唐の太宗の時代の六三六年（貞観十）に、魏徴《ぎちょう》の総裁のもと、顔師古・孔穎達・許敬宗らの名臣の編纂により、『隋書』の帝紀五巻・列伝五十巻が完成したことを確認した上で、「『隋書』は隋滅亡から間もない唐初に作成されたため、編纂に利用できる史料にも比較的恵まれ、更に隋初から存命する者もおり、それらの人々からの取材も可能であった。魏徴ら名臣が筆を揮ったということもあって、概して史書としての評価は高い」という一般的評価を示す。隋の滅亡は六一八年であるから、そのわずか一八年後の成立だとすると、いまだ豊富な記録が残存しており、その上、当事者に直接取材することも可能な時期であり、しかも、魏徴らの名臣の筆になったのであるから、史書としての高い評価も当然と一般的には解されているわけである。

ただし、その『隋書』にも若干の欠点はあったとし、次の二点をあげる。第一は、何と言っても『隋書』は、隋朝を滅ぼした唐朝の立場で書かれたものであるから、「唐朝の正当性を主張するために曲筆とは言わないまでも脚色されている部分がある」とする。そして第二に、『隋書』編纂の依拠史料の点でも、「隋末の混乱により宮廷内の記録・文書が少なからず散佚《さんいつ》したが、特に大業年間（著者注：隋の煬帝治世の年号。六〇五〜六一八年）については編纂史料に不足・不備が生じたらしく、『隋書』の大業年間の記事には遺漏や過誤が存すると思われる」と指摘されている。『隋書』などに『大業起居注』が見えないから、唐初には失われていたのではないかとしている。

榎本氏は、『隋書』の史料性を右のように考察した上で、さらに『隋書』倭国伝の個々の記事について詳細な分析を試みておられるのであるが、ここではそれは省略し、史料性についてだけを確認しておくことにしたい。問題は、氏の指摘された若干の欠点であるが、その点を考慮しつつ、『日本書紀』との比較をする必要がある。

欠点の第一の唐朝の立場による曲筆ないし脚色は、「倭国伝」に関しては無関係としてよいであろう。「倭国伝」によって唐朝の立場が影響を受けるなど考えられないからである。

第二の大業年間の混乱による記録の散佚であるが、もちろん、一般論としては、それは認めねばならないと思う。しかし、この時代の記録は多様であり、「倭国伝」の場合、六〇七年（大業三）の遣隋使と煬帝との交渉記事、裴世清の倭国派遣記事などは、むしろきわめて詳細である。これは、榎本氏が推測されているように、外交を扱った鴻臚《こうろ》寺関係の史料、あるいは裴世清本人の報告によったものであろう。つまり、そういう記録ないし報告が存在したことは間違いないのである。だから『隋書』の記事は、実際の記録にもとづいていると考えてよい。もちろん、記録の作成者、裴世清の観察能力や主観をどのように解するかによって、記された内容に若干の誤差を考える必要はあろう。しかし、根本的に事実にもとづいているということは疑いないと言ってよい。

これに対して、『日本書紀』はどうだったか。そもそも、成立が『隋書』の八〇年以上もあとである。おまけに、推古朝当時の日本は、まだ記録社会ではなかった。その内容たるや、国家成立史の中心テーマというべき仏教伝来も聖徳太子も、これまでに論証してきたようにまったく事実ではなく、作り話に過ぎなかったのである。とすれば、我々が「推古天皇と聖徳太子の時代」と考えてきた時代を論ずる際、どちらの史料を基礎とすべきかは、おのずと明らかではなかろうか。

『隋書』の倭王は男性である

となると、『隋書』に登場する倭王は、推古ではあり得ないことになる。では、誰だったのか。直接、記事にあたってみよう。

まず、「開皇二十年、倭王、姓は阿毎《あめ》、字《あざな》は多利思比孤《たりしひこ》、号《ごう》は阿輩雞彌《おほきみ》、使を遣して闕《けつ》に詣らしむ」とある。開皇二十年は西暦六〇〇年。最初の遣隋使の派遣記事である。倭王は、中国的に姓・字・号を記されているが、日本側の使者の言葉を中国側がそう解釈したまでのことであろう。その意味であるが、「阿輩雞彌」は「オホキミ」すなわち「大王」でよいだろう。その前の「阿毎」と「多利思比孤」は、その大王を説明ないし修飾する語であろう。学説的には多々あるが、私自身は、『万葉集』の次の歌を参考にして考えている。

天の原　振り放《さ》け見れば　大君（大王）の　御寿《みいのち》は長く　天足《あまた》らしたり（二―一四七）

天智天皇が亡くなろうとしたとき、大后の倭姫《やまと》が歌ったとされている。その意味は、「大空を振り仰ぐと、大王の生命力は長《とこ》しえに、空に満ち溢れていますよ」というもので、病に倒れた天皇を倭姫が励ましたものである。注目すべきは末尾の「天足らしたり」で、これと、『隋書』の「姓は阿毎、字は多利思比孤」と共通している。「比孤」は男性を意味する。大空に生命力（霊力と言ってもよい）が満ち溢れている、という意味であるが、これこそ、「大王」を修飾する言葉としてふさわしいであろう。つまり、日本側の使者は、倭王を「生命力に溢れた偉大な大王」と称したのである。もちろん、倭王は男性であろう。

次に、その倭王について「王の妻は雞彌《きみ》と号し、後宮に女六七百人有り。太子を名づけて利歌彌多弗利と為す」と記されている。妻がいて後宮もあったことがわかる。女が六、七〇〇人というのは、どう考えても誇張であろうが、そう見えたのかもしれない。太子を「利歌彌多弗利」としたのは、長屋王家木簡で王子や王女を意味する「若翁」のことと思われる。これは「ワカミタフリ」と読まれており、「利」を「和」の誤りとすれば、「和歌彌多弗利」となるからである。ここでも、倭王は男性である。

次に、六〇七年（大業三）の遣隋使の有名な記事がある。

大業三年、その王多利思比孤、使を遣はし朝貢す。使者曰く「聞くならく、海西の菩薩天子、重ねて仏法を興すと。故に遣して朝拝せしめ、兼ねて沙門数十人、来たりて仏法を学ぶ」と。その国書に曰く「日出ずる処の天子、書を日没する処の天子に致す、恙《つつが》なきや、云々」と。帝之を見て悦ばず。鴻臚卿に謂ひて曰く「蛮夷《ばんい》の書無礼なる者あり。復聞することなかれ」と。

この記事は、榎本氏の推測のごとく鴻臚寺関係の記録によったと考えられるが、日本側にも何らかの記録があったようで、『日本書紀』の推古十五年七月条に照応し、使者が小野妹子、鞍作福利《くらつくりのふくり》が通事（通訳のこと）であったことは明白である。このときの皇帝は煬帝で、国書が、彼を「海西の菩薩天子」と称したのは、仏法興隆に熱心であったためであろう。その前に「仏法を敬い、百済に仏経を求め得て、始めて文字あり」ともあり、先に述べた五八八年の仏教伝来を指していると考えてよい。煬帝に関する情報も百済経由だったのであろう。

『隋書』の倭王は誰なのか

問題は、その翌年の六〇八年（大業四）の裴世清の派遣記事である。「明年、上、文林郎裴（世）清を遣わし、倭国に使いせしむ」と見える。続けて、日本側が裴世清を歓迎する記事が比較的詳しく記されている。

倭王、小徳阿輩臺《あわた》を遣わし、数百人を従へ、儀仗《ぎじょう》を設け、鼓角を鳴らし来迎《らいごう》す。十日の後、また大礼哥多毗《かたひ》を遣わし、二百余騎を従へ郊労す。既に彼の都に至る。その王、清と相見え、大いに悦びて曰く「我聞くならく、海西に大隋有り。礼儀の国なりと。故に遣わして朝貢す。我は夷人にして、海隅に僻在して礼儀を聞かず。是を以て境内に稽留して即ち相見えず。今、故に道を清め、館を飾り、以て大使を待ちつ。願わくは大国維新の化を聞かむことを」と。清、答へて曰く「皇帝の徳は二儀に並び、沢は四海に流る。王の化を慕ふを以て、故に行人を遣わし、ここに宣諭せしむ」と。既に清を引きて館に就かしむ。その後、清、人を遣わし、その王に謂ひて曰く「朝命既に達す。請う、即ち、塗《みち》を戒めよ」と。是に於いて宴亭を設け、以て清を遣わしむ。復《ま》た、使者をして清に随《したが》はしめ、来たりて方物を貢ず。この後、遂に絶ゆ。

だいたいの内容は、倭王が、裴世清を迎えるために、小徳阿輩臺（粟田臣？）や大礼哥多毗（額田部連比羅夫？）を派遣し、都に案内したこと。そこで、倭王が裴世清と会うが、隋のことを「礼儀の国」と讃え、自分を「夷人」と卑下し、「大国維新の化を聞きたい」と述べたとされている。「大国維新の化」とは、隋の政治改革のことである。これに対して、裴世清が応えて、皇帝の偉大さを述べている。その後、裴世清が帰国するに際し、倭王は饗宴を催し、再度、使者を隋に派遣した、というものである。

さて、この部分の記事が、裴世清の報告にもとづくものであることは明らかである。その場合、榎本氏が指摘されるように「当事者しか知り得ない情報であるため、それ以外の者には検証できないものであり、当事者（報告者）及び聞き取り者の主観・個性が反映しやすい史料である」ことは確かである。正確な事実と言うより、裴世清が、隋の外交官として、立派に任務を果たしたことを誇示するための内容であることは推測に難くあるまい。とりわけ、倭王の「我は夷人にして」というような卑屈な表現は、いくら当時の倭国が後進国であったとしても、とうてい事実ではないだろう。
しかし、ここで記事の片言隻句《へんげんせっく》にこだわる必要はなかろう。重要なのは、倭王と裴世清が、饗宴を含めて複数回会見したことである。日本側の使者が倭王を男性として紹介し、それを裴世清が直接会って確認している。そのことである。では、その倭王は誰だったのか。

『日本書紀』の倭王は……

先に、遣隋使に関しては、日本側にも何らかの記録があったと述べた。不確かな『日本書紀』の記事の中で、遣隋使や裴世清の記事は、おおむね『隋書』と一致している。渡来人の中に、外交記録を掌《つかさど》った家柄があったのかもしれない。

そこで、今度は、裴世清に関する『日本書紀』の記事を見ておこう。歓迎行事の中で、倭王がどのように記されているかを確認する必要があるからである。

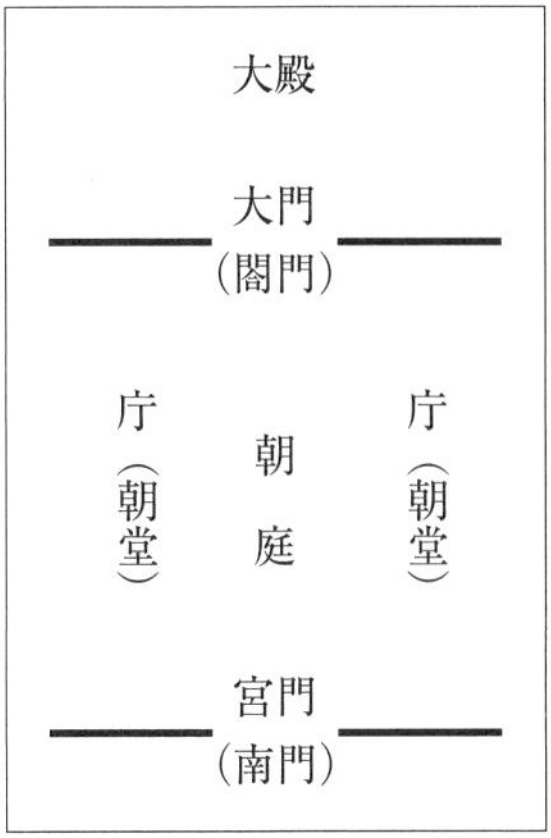

小墾田宮の図（岸俊男氏作成）

推古十六年（六〇八）八月壬子条に、その様子が記されている。まず、裴世清が朝庭に召され、日本側の役人が使者の趣を奏上する。阿倍鳥《とり》臣と物部依網連抱《いだき》とが導者《みちびきひと》となって国信物《くにつかいのもの》を庭中に置く。次に、裴世清が自ら国書を読み上げる。それが終わると、阿倍臣がその国書を受け取り、さらにその国書を大伴囓連《くひ》が受け取って、大門《みかど》の前の机の上に置き、その旨を奏上する、というものである。ここで、終わっている。要するに、国書をたらい回しして大門の前の机の上に置いたまま終わっているのである。ここで、天皇制という迷信にどっぷり浸かっている人は、天皇を神と考え、使者の前には姿を現さなかったと解釈する。天皇はシャーマンのような神秘的な存在で、邪馬台国の卑弥呼も人々の前には姿を現さなかったではないかというわけである。

しかし、そうではない。ここは、『隋書』によるべきである。倭王は、間違いなく、裴世清と言葉を交わしている。卑弥呼の例をもち出すなど時代錯誤もはなはだしい。倭王が登場しないのは、『日本書紀』が都合が悪かったので書かなかったためと考えるべきである。

しかし、実は、『日本書紀』には、このときの倭王が誰かを推測できる記事がある。新羅と任那《みまな》の使者に対する歓迎行事の記事である。

推古十八年（六一〇）十月丁酉条に、その記事がある。

まず、隋の使者の場合と同様に、秦造河勝と土部《はじべ》連菟《うさぎ》が新羅の導者、間人連塩蓋《しほふた》と阿閉《あへ》臣大籠《おほこ》が任那の導者となり、両国の使者を案内して南門より朝庭に入る。そのとき、大伴咋連《くひ》・蘇我豊浦蝦夷臣・坂本糠手《ぬかで》臣・阿倍鳥子臣の四人の大夫が席を起《た》って、庭に伏す。両国の使者が、再拝して使の趣旨を言上する。そして、ここからである。先の四人の大夫が起って進んで大臣《おおおみ》に奏上し、大臣は、席から起って、庁の前でこれを聞く。その後、使者たちに禄を与えて終わるのであるが、実質上、大臣の登場が儀式の最後と言ってよい。使者たちは、導者と四人の大夫に導かれて、最後に大臣と接見したのである。この大臣こそ、この儀式の主役だったと言ってよい。もちろん、ここで言う大臣とは蘇我馬子のことである。

先の裴世清の場合と比較するに、導者に導かれて朝庭に詣《まい》り、大夫を介して国書を贈呈するという手順は同じである。同じ外交儀礼である。そして、使者が、最後に謁見した相手が、『隋書』の場合は倭王、『日本書紀』に記された新羅の使者の場合は大臣すなわち蘇我馬子であった。また、『隋書』の倭王は男性であった。この間、推古天皇も聖徳太子もまったく登場していない。気配すら感じない。とすれば、『隋書』の倭王と『日本書紀』の大臣は同一人物で蘇我馬子だったと考えるしかあるまい……。

しかし、ここは、誤解を受けやすいテーマだから念には念を入れることにしたい。

第3章　実在した蘇我王朝

一　虚構の王権

歴代大王の信憑性を疑う

ともかく、聖徳太子は実在せず、推古も大王ではなかった。ここまでは間違いなさそうである。では、蘇我馬子が大王だったのか……と性急に結論を出す前に、もう少し、『日本書紀』の正体を見ておいたほうがよいだろう。

歴代大王として疑問なのは、推古だけではない。実は、用明も崇峻も、大王としては疑問なのである。言うまでもなく、用明は聖徳太子の父、崇峻は蘇我馬子に殺された天皇、推古の摂政が聖徳太子であった、とされている。しかし、私は、この三人は、大王ではなかったと思う。以下、これについて述べたいのだが、その前に、基礎的な事柄を二つばかり確認しておきたい。

大王の呼称

一つは、大王の呼称である。『古事記』と『日本書紀』では、すべて天皇と称しているが、もちろん、飛鳥浄御原令で唐の天皇号を導入した結果である。だから、大王とよぶのが正しいのだが、個々の大王の呼称が問題である。たとえば、推古の場合、吉川弘文館の『歴代天皇年号事典』によると「推古天皇。和風諡号《わふうしごう》は豊御食炊屋姫尊《とよみけかしきやひめのみこと》。諱《いみな》は額田部《ぬかたべ》」と記されている。ここで、諱と言っているのは実名のことで、これはいちおう、即位とは関係なく幼児から名乗っていた呼称と思われる。

問題は、「推古」と「豊御食炊屋姫尊」である。ともに死後に贈られた呼称で、諡《おくりな》とか諡号《しごう》という。「推古」のように漢字二字で表記されている呼称は漢風《かんぷう》諡号とよばれ、便利でわかりよいので天皇の通称として使われているが、成立は奈良時代末で、淡海三船《おうみのみふね》らが一括して命名したものである。だから、本来の『記紀』にはなかったものである。重要なのは和風諡号で、これが、歴代大王の死後に贈られたとされているものである。大王位を象徴する呼称と言ってもよい。問題は、その和風諡号がいつ成立したかである。

実は、従来、『記紀』以前に、こういう和風諡号の存在を示す唯一の史料とされていたのが天寿国繡帳であった。そこには、欽明（阿米久爾意斯波留支比里爾波乃弥己等《あめくにおしはるきひろにはのみこと》）・敏達（蕤奈久羅乃布等多麻斯支乃弥己等《ぬなくらのふとたましきのみこと》）・用明（多至波奈等已比乃弥己等《たちばなとよひのみこと》）・推古（等已弥居加斯支移比弥乃弥己等《とよみけかしきやひめのみこと》）、それに聖徳太子（等已刀弥弥乃弥己等《とよとみみのみこと》）まで諡号が記されている。本書三六－三七頁の原文を参照していただきたい。この場合、表記は一字一音の漢字で記されているが、これは古韓音とよばれ、古い時代に朝鮮半島で使われていた漢字表記が日本にもたらされたものとされている。この史料が本物であれば、ここに見える歴代天皇の実在が証明されることになるのだが、もちろん、そうではない。

天寿国繡帳の和風諡号に使われた古韓音について、瀬間正之氏は、その中には七世紀末頃に半島系渡来人がもたらしたものがあり、天寿国繡帳の表記を六世紀末から七世紀初頭の推古朝まで遡らせることはできないとされている（瀬間正之、二〇〇三年）。つまり、漢字表記の面からも、天寿国繡帳は推古朝のものではないのである。また、森博達氏によると、天寿国繡帳などの推古朝遺文に見える古韓音のうち、原音声調と平安アクセントが対応するのは、欽明の「アメクニオシハラキ」の部分だけだとされている（森博達、二〇〇三年）。

原音声調とは、漢字の中国での声調のことで、平安アクセントというのは平安時代の山城（京都）方言のことである。最近の研究では、五、六世紀のヤマト方言は、奈良時代の大和方言や平安時代の山城方言とアクセントが類似していたことがわかっている。そこで、天寿国繡帳などの古韓音と平安アクセントが一致しないということは、その古韓音の表記が声調を意識して作られたものではないことを示していると思われる。いまだ記録社会に入っていなかった時代のものとしては不自然ということになる。

結局、瀬間、森両氏の指摘を参考にすれば、欽明の「アメクニオシハラキ」を除いて、古韓音で表記された和風諡号は、すべて七世紀末以後、つまりは記紀編纂過程での成立ということになる。『日本書紀』の歴代天皇の和風諡号は、その古韓音を別の漢字にあてはめたものである。だから、和風諡号によって、その大王の実在を直接証明することはできないのである。

ただし、欽明の場合だけは、別に考える必要がある。六世紀に和風諡号が存在したと考えることは無理としても、「アメクニオシハラキ（天国排開）」という呼称が欽明に即したものであるとすれば、大王としての実在は確かであろう。「アメクニ（天国）」は、中国語の天地の和訓である「アメツチ」より古い表現で、その「アメクニ」を「オシハラキ（排開）」というのは、天地開闢《かいびゃく》を思わせる神話的表現と考えるべきで、そのような表現がある時期に欽明に即して成立したのだと考えられるが、その意味については、後述することにしたい。

大王の系譜

さて、もう一つは、系譜観念の問題である。

『記紀』は、明らかに、大王家の系譜を父系の出自系譜として伝えている。しかし、日本の古代は父系原理ではなく、母系を含めた双系制とするのが妥当とされている。正確には、父系と母系のどちらでもなかったとするのが適当ではないかと思う。

では、いつから父系になったのかといえば、最近の篠川賢氏の研究によると、父系原理をもった律令制下の戸籍の作成によるところが大きかったのではないかとされている（篠川賢、二〇〇二年）。つまり、父系原理の中国律令制の導入以後ということである。とすれば、六七〇年の庚午年籍《こうごねんじゃく》が重要な画期ということになる。おそらく、日本の社会全体としてはその通りであろう。ただ、大王家の場合など支配階級の場合は、外交や渡来人の影響も考える必要がありそうであるが、それでも六世紀以前の親族関係を父系原理だけでとらえることは正しくないであろう。男女両系によるフレキシブルな系譜観念を想定しておかないと、歴史認識を誤ることになるのではないか。『記紀』によると、和風諡号を有する歴代大王が、父系の出自集団、すなわち大王家を形成しているかのように見えるが、それは、記紀編者による虚構だったのではないか。少なくとも、その可能性を考えながら『日本書紀』を読まねばならないのである。

用明も大王ではなかった

さて、用明と崇峻は本当に大王だったのか。まず、用明から考えてみよう。聖徳太子の父とされている人物である。『日本書紀』の記すところから検討してみる。

用明が『日本書紀』に登場するのは、敏達の死によってである。敏達十四年（五八五）八月、敏達が亡くなると、ただちに殯《もがり》が行われることになった。殯とは、遺体を安置し、その霊を慰める行事である。しかし、なぜかそれが延々と続き、埋葬されるのは六年後のことである。その陵墓は、生母の石姫の陵ということであるから、新しく作られたわけでもなく、不可解である。

実は、殯は、厳密には死とは考えられていなかった。だから、次の大王は、殯が終わり先王の埋葬がすんでから即位するのが原則であった。ところが、用明と崇峻は、敏達の殯の間に相次いで即位したことになっている。本来は、あり得ないことである。

用明は、敏達没の翌月の九月に即位したことになっているが、在位中、彼に施策らしいものは皆無であり、二年後の四月に、病により没している。『日本書紀』によると、用明即位の翌年に物部守屋に擁せられた穴穂部皇子が、敏達の殯宮にある炊屋姫《かしきやひめ》（推古）を奸《おか》そうとする。炊屋姫は、敏達の皇后であった。穴穂部皇子は、ひそかに天下に王たらんとして殯宮に入ろうとしたという。また、その直後には、用明の宮と思われる磐余《いわれ》の池辺《いけのべ》を囲んだとも記されている。

用明に、大王としての存在感はまったく見られない。それどころか、敏達七年条には、池辺皇子が、伊勢の祠《まつり》に侍《はべ》る菟道《うじ》皇女を奸したという記事がある。池辺皇子という名は、池辺宮を居所とした用明のほかに想定できない。この当時、伊勢に祠が存在したのかどうかにも疑問があるが、このような記事が存在すること自体、用明は、元来、大王に想定されるような人物ではなかったのではないか。それが、のちに、『日本書紀』編纂の過程で、息子の厩戸王が聖徳太子として皇太子に擬されることになり、急遽、大王とされたのであろう。

『日本書紀』にあった〈系図一巻〉

加えて、「上宮記下巻注云」という史料がある。『上宮記』という平安初期に作られた歴史書の下巻に書き込まれた注という意味であるが、聖徳太子の子孫を詳細に記した系譜である。これとは別に「上宮記一云」という類似の史料もあり、こちらは継体天皇の出自を記した詳細な系譜である。参考までにその系譜をここに示しておく。

聖徳太子系図（「上宮記下巻注云」より）

「上宮記下巻注云」

『法大王

娶二食部加多夫古臣女子名菩支々弥女郎一生児

春米女王
己乃斯重王　宇長谷部大王
久波修《クハタ》女王
波等利女王
三枝《サイクサ》王
兄伊等斯古王
弟麻里古王
次馬屋女王　合七（八）王也、

娶二巷宜汙麻古大臣女子名刀自古郎女一生児

山尻王　山背大兄王歟（朱）
財《タカラ》　王
俾支《ヒキ》王
片岡王　四王也、

娶乎波利王女名韋那部橘王一生児

白髪部《シラカへ》王
手嶋《テシマノ》　女王　二王也、

尻大王――娶二其妹春米王一生児

難波王
麻里古王
弓削王
作《サ》々女王
加布加王
乎波利王　合六王也、

弟俾文《ヒキ》—娶二巷宜大野君名多利支弥女子名伊斯売支弥一生児—一男二女　合三王也、
(傍)「父ハ用明、母ハ蘇我女也、　父天皇崩後」

多米王—娶二庶母間人孔部王一生児—佐富女王　一也、

長谷部王
├娶二姨佐富女王一生児
│├葛城王
│└多智奴女王　二王也、
└娶二大伴奴加之古連女子名古氏古郎女一生児
　├波知乃古王
　└錦代王　二王也、

久米王 (傍)「父ハ用明 母ハ孔穂部」
├娶下他田宮治二天下一大王女子名由波利王上生児
│├男王
│├星河女王
│└佐富王　三王也、
└又娶二食菩支々弥女郎弟比里古女郎一生児　高椅王也　一也、』文

已上御子孫等、惣三十人也、以レ之為二本説一、可レ勘二同異一、凡上宮記三巻者、太子御作也、尤可二秘蔵一レ之、
仁和寺殿平等院経蔵有レ之、以二関白御本一書了、云云、但注後人撰、云云、

継体天皇系図（「上宮記一云」より）

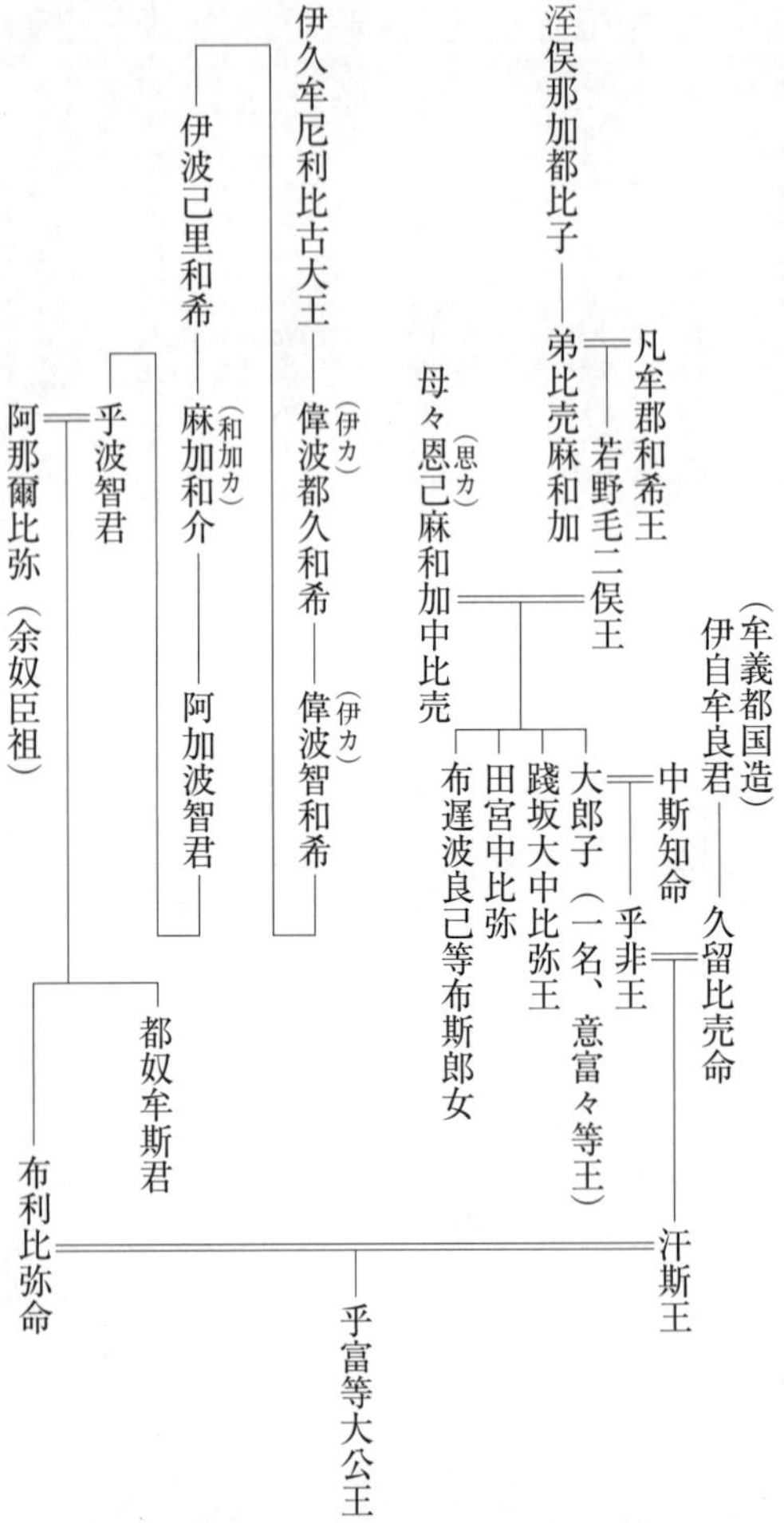

継体天皇と聖徳太子といえば、『日本書紀』の中できわめて重要な人物である。そういう特別な人物の系譜が残っていることに驚くが、では、これらの史料は、いつ、誰が、何のために作ったのか。諸説あるが、私の理解を示しておきたい。

今日には伝わっていないが、『日本書紀』には、系図一巻が付属していた。当然、歴代天皇を中心とし、諸豪族の先祖も含めた壮大な系図であったと思われる。この『日本書紀』の系図一巻が成立して以後、中央、地方の諸豪族は、自分の家柄を示す系図を盛んに作るようになった。そういう系図の作り方であるが、その大部分は、『日本書紀』の系図のどこかにある歴代天皇の誰か、ないしはそれを遡った神々のうちのどれかの下に自分の先祖を書き込んで、そこから延々と書き継ぐものであった。つまり、日本人の系譜観念は、この『日本書紀』の系図一巻によって成立したのである。もちろん、それも天皇制というものである。

では、その『日本書紀』の系図はどのように作られたのか。『日本書紀』の編者が、いろいろ工夫して作ったものであることは明らかである。多くの人々が、複雑な利害を主張したに違いない。『日本書紀』の編纂は、天武十年（六八一）に始まり、養老四年（七二〇）に完成したとされているから、ちょうど四〇年かかったことになる。それほどの大事業だったのである。

その際、系譜の作成は、中心となる縦横の軸の確定から始めねばならない。作り方としては、『日本書紀』編纂当時の天皇（持統・文武・元明・元正など）が息長《おきなが》氏に属しており、それを万世一系の原理で遡らせたのが天皇系譜であるから、天皇系譜全体が息長氏とされる。その息長氏に属する歴代天皇が年代を追って確定され、その后妃として有力な豪族の娘が配される。葛城氏、和珥《わに》氏、蘇我氏などの女性を中心として、さまざまな中央・地方の豪族の娘が妃とされ、系図は大きく横に広がることになる。その作業は、記録にもとづくものではないから、とうてい史実とは言えないものであるが、このことについては別の機会に述べることにしたい。

こうして、『日本書紀』の系図一巻が成立する。その際、縦横の軸の交差するところに重要人物が設定される。実在は疑問だが、日子坐王《ひこいますおう》とかヤマトタケル、天之日矛《あめのひぼこ》・武内宿禰《たけしうちのすくね》、葛城襲津彦《かつらぎのそつひこ》などは著名である。六世紀以後の人物としては、継体、欽明、それに天皇ではないが押坂彦人大兄王《おしさか》なども重要である。こういう主要な人物をつなぎ合わせて全体としての天皇系譜が作成されるのである。

そういう人物を構想するにあたって、多くの準備ノートが必要となったことは想像に難くあるまい。メモとか草稿と言ってもよい。『日本書紀』を完成させるための下書きである。まったく新たに創造する場合もあったし、実在が確かな人物の場合は、事実を正確に調べることもあったはずである。実は、先に示した『上宮記』逸文のうち、継体の場合は、捏造部分が多かったと思われるが、聖徳太子の場合は、厩戸王についてできる限りの事実を調べたのではないかと思う。そういう史料が、『日本書紀』成立以後も残されていて、それが参考として『上宮記』という書物の余白に書き込まれていたのである。それが「上宮記下巻注云」と「上宮記一云」だったわけである。

都合の悪い歴史

さて、その「上宮記下巻注云」に都合の悪いことが記されていた。厩戸王の異母兄弟に多米《ため》王という人物がいた。母は、蘇我稲目の娘の石寸名《いしきな》と思われる。厩戸王の母、穴穂部間人王が、夫の用明の没後、この義理の息子にあたる多米王と結婚して佐富《さほ》女王を生んでいるのである。彼女は、『日本書紀』では皇后とされている。恋愛は自由だとも言えるが、聖徳太子を聖人として描く場合、その母の所業としてはやはり具合が悪かったはずである。それもあって『日本書紀』は、先の「上宮記下巻注云」の内容をいっさい無視することにした。

たとえば、我々は、山背大兄《やましろのおおえ》王が聖徳太子の息子であることを自明としているが、『日本書紀』だけでは両者の関係は不明なのである。「上宮記下巻注云」に「尻大王」とあり、これを受けて『上宮聖徳法王帝説』が「山代大兄王」と書いているからわかるだけなのである。それどころか、推古と聖徳太子とは、本来は系譜上何の関係もなかったのであるが、推古の皇太子にする必要から、推古の娘に菟道貝鮹《うぢのかいだこ》皇女という女性を捏造し、聖徳太子と結婚させてもいる。

実は、『古事記』には、敏達と息長真手王の娘の比呂比売との間に宇遲《うぢ》王があり、敏達と推古との間に静貝《しつかい》王（亦名貝鮹《かいだこ》王）がある。この宇遲王と静貝王（貝鮹王）の名をあわせれば、当然、宇遲静貝王あるいは宇遲貝鮹王となることは自明である。また、『日本書紀』にも、敏達と息長真手王の娘の広姫との間に、まったく同様に『古事記』から合成した菟道磯津貝《うぢのしつかい》皇女の名が見える。思うに『日本書紀』編者は、『古事記』の静貝王（貝蛸王）と宇遲王とを合成して菟道磯津貝王（菟道貝鮹王）という人名を創作したが、誤って広姫と推古の両方の娘に同じ名前を書き込んでしまったのではないか。もちろん、菟道貝鮹皇女は「上宮記下巻注云」の系譜には登場しない。

つまり、一般に、聖徳太子という人物像は、厩戸王をモデルにとか、厩戸王に仮託してとか言っているが、現実には、厩戸王という人物を消して、そこに聖徳太子を書き込んだと言ったほうが正確なのである。第1章で、聖徳太子関係の史料としては、『日本書紀』と法隆寺系があり、両者はまったく一致しないと述べたが、その原因は『日本書紀』が厩戸王を抹消したからである。そのため、のちに、法隆寺は新たに太子関係史料を創作するしかなかったのである。両者は、別々の事情で作られたから一致しようがなかったのである。以上の内容は、すでに論文として発表しているので参照していただければ幸いである（大山誠一、二〇〇三年）。

話を用明に戻すと、もともと彼の素行に問題があった。即位後の治績は皆無で、一年あまりで病没している。加えて、皇后はふしだらであった。そんな大王がいたはずはあるまい。聖徳太子が実在しなかったばかりでなく、用明も大王ではなかったのである。

崇峻も大王ではなかった

では、次の崇峻はどうなのか。

『日本書紀』によれば、五八七年四月に用明が亡くなると、蘇我馬子と物部守屋が、崇仏廃仏をめぐって争ったことになっている。もちろん、今日では、崇仏廃仏の論争自体がフィクションとされており、単純に蘇我・物部の権力闘争だったと考えられている。その蘇我・物部戦争に勝利したのが蘇我馬子で、彼が同年の八月に崇峻を擁立したことになっている。翌年が元年で、その在位五年（五九二）に、崇峻は当の蘇我馬子によって殺されたとされている。やはり、この間に、崇峻の大王としての施策は見あたらない。系譜なども定かではなかったらしい。

『日本書紀』には、大伴糠手《ぬかで》連の娘小手子《こてこ》を妃とし、蜂子《はちこ》皇子と錦代《にしきて》皇女を生んだとあるが、事実ではない。先の「上宮記下巻注云」の系譜を見てもらいたい。聖徳太子の子に長谷部王がおり、その妻が「大伴奴加之古《ぬかのこ》連女子名古氏古郎女《こてこのいらつめ》」という女性で、「波知乃古王」と「錦代王」を生んだとされている。つまり、『日本書紀』の崇峻は、同じ名前の長谷部王の系譜をそっくり借りているのである。本当は、崇峻には妻子がなかったのではないか。また、延喜式によると、「倉梯岡陵《くらはしのおかのみささぎ》。在大和国十市郡。無陵地幷陵戸」とある。陵地も陵戸もないというのだから、陵墓すら定かではなかったのであろう。

その在位中の事件としては、物部守屋を滅ぼした蘇我馬子の覇権が確立し、崇峻元年（五八八）、百済から僧侶・技術者が来日している。これが、本当の仏教伝来であったことは先に述べておいた通りである。このとき、日本に仏教が伝来したのである。しかし、その結果建立された寺は蘇我馬子の氏寺の飛鳥寺であった。飛鳥は、蘇我氏の本拠地である。これにより、飛鳥時代が始まったのである。そして、崇峻四年に、ようやく、敏達が磯長《しなが》陵に埋葬されると、翌年、崇峻は殺される。『日本書紀』を読んでいて、この人物がどうして大王なのか、ほとんど理解に苦しむところである。

結局、用明にしろ崇峻にしろ、『日本書紀』の中で、大王としての資質も役割も与えられていない。新しい大陸の文化を象徴する飛鳥寺は蘇我馬子の権力を象徴している。そういう現実の政治状況と、大王とされた用明・崇峻という存在が、まったくかみ合っていない。王権の歴史を描くはずの『日本書紀』の自己矛盾と言わねばならない。

ここで、読者のみなさんの中には、私が、古代の天皇を冒瀆《ぼうとく》していると感じる人がいるかもしれない。そうではない。冒瀆しているのは、『日本書紀』の編者が真実に対してである。まるで、天地がひっくり返っているではないか。

とは言え、『日本書紀』の編者は偉大である。これだけ事実を歪曲し、歴史を偽造しながら千年以上もの間、日本人を洗脳しているのだから。だまされるほうが悪いのかもしれないが、だまし方が上手だったこともあろう。しかし、ようやく、『日本書紀』編者の手のうちが読めてきたような気がする。これから、『日本書紀』の構想をじっくり検討し、その正体を明らかにし、その上で、『日本書紀』に代わる新たな歴史像を構築したいと思う。

二　蘇我王朝

蘇我馬子の権力

さて、用明も崇峻も大王ではなかった。この二人を排除した上で『日本書紀』に戻ると、この間、なぜか延々と敏達の殯《もがり》が続いていたことになる。蘇我・物部戦争が事実とすれば、政治的空白が続いていたのではないか。大王も空位だったのではないか。しかし、五九一年に敏達が磯長陵に埋葬されたのだとすると、『日本書紀』の論理としても、次の大王が必要となる。『日本書紀』は、それを推古としているが、すでに明らかなように、『隋書』の記述と矛盾する。では、真実は……。

ともかく、この時代、飛鳥に都があったことは確かである。飛鳥寺があり、小墾田宮も確認されている。その飛鳥に、大王として君臨していたのは誰だったのか。

大王という地位にこだわらなければ、この時代の最大の権力者は明白である。もちろん、蘇我馬子である。では、彼は、大王だったのではないか。それは、飛鳥における彼の権力の中身を確認すれば明らかとなる。

陵墓から検討する

論点は、多々ありうるが、私はここで、墓を重視してみたい。

その第一は、墓の位置である。『日本書紀』によると、推古以前の人物の多くが河内の磯長に埋葬されている。改葬の場合も含めて、次に列挙しておく。

敏達　崇峻四年条。河内磯長陵。生母の石姫と合葬。
用明　用明二年条。磐余池上陵。推古元年に河内磯長陵に改葬。
来目王　推古十一年条。河内埴生山岡上に葬る。

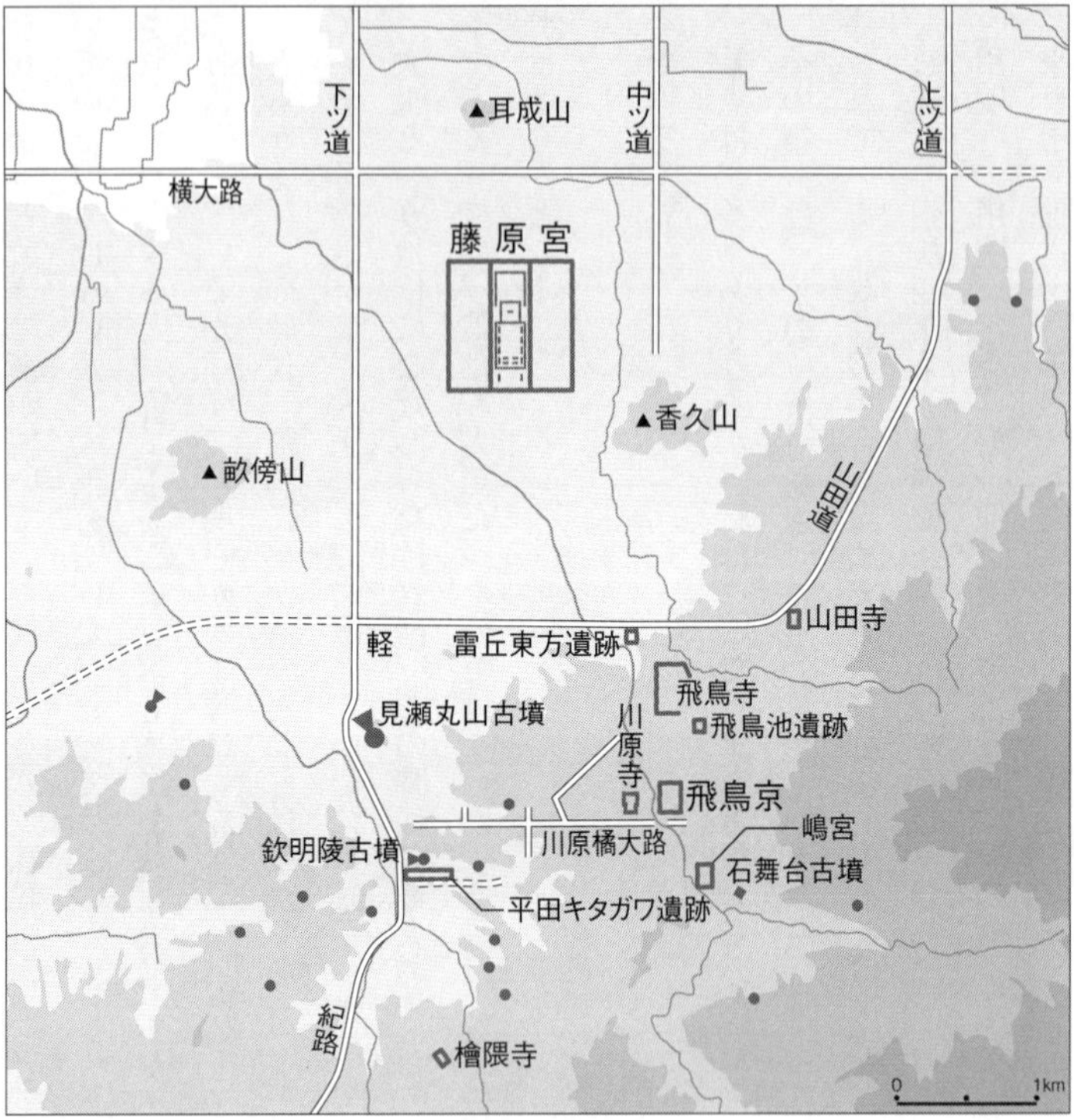

飛鳥の概要地図

厩戸王　推古二十九年条。
河内磯長陵。

推古　推古三十六年条。
竹田皇子陵（大野岡上・植山古墳）に合葬。のちに、河内磯長山田陵に改葬。

これらの人物が活躍していたのは飛鳥を中心とする大和のはずである。にもかかわらず、西の方、山を越えた河内の磯長に葬られたとされる。今日の大阪府南河内郡太子町である。では、飛鳥周辺には墓は作られなかったのかというと、そうではない。飛鳥のすぐ西に大和最大の前方後円墳の見瀬丸山古墳(五条野丸山古墳)がある。全長は約三一〇メートル。被葬者には諸説あるが、小澤毅氏が言われるように蘇我稲目《いなめ》で間違いないであろう(小澤毅、二〇〇三年)。その南にある梅山古墳は、欽明の檜隈坂合陵《ひのくまのさかあいのみささぎ》でよく、推古二十年(六一二)に堅塩媛《きたしひめ》が合葬されることになる。また、さらに有名なのは石舞台古墳で、これが蘇我馬子の桃原墓であることも確実であろう。蘇我蝦夷《えみし》・入鹿《いるか》の今来の双墓《ならびのはか》も五条野の宮ヶ原一・二号墳が有力であるという(竹田政敬、二〇〇一年)。

この関係を系図で示すと、次頁のごとくである。

一目瞭然である。飛鳥周辺に埋葬されたのは、蘇我稲目から始まり、馬子・蝦夷・入鹿と続く蘇我氏四代で、蘇我氏でないのは、堅塩媛と合葬されることになる欽明だけである。『日本書紀』が大王とする敏達・用明・推古など、ほかはみな河内の磯長に葬られている。

なぜ、河内なのか。実は、磯長は本来、蘇我氏の本拠地であった。飛鳥の地名も残っている。大和の飛鳥のほうが新しいのである。蘇我稲目・馬子の時代、その大和の飛鳥に蘇我氏の権力が確立し、一族の主要な人物の墓はそこに作られた。しかし、マイナーな人物の墓は、古い河内の飛鳥に葬られたのではないか。おそらく、敏達や用明ばかりでなく、多数の人たちの棺が遠く運ばれていくのを、飛鳥の人々は目にしたことだろう。しかも、『日本書紀』によると用明と推古は、いったん大和に葬られたあと、磯長に改葬されているのである。磯長には数多くの小古墳があり、今日では被葬者を特定するのは難しい。しかし、そのいずれにしろ王者の風格のある墓はないのである。

蘇我王朝系図

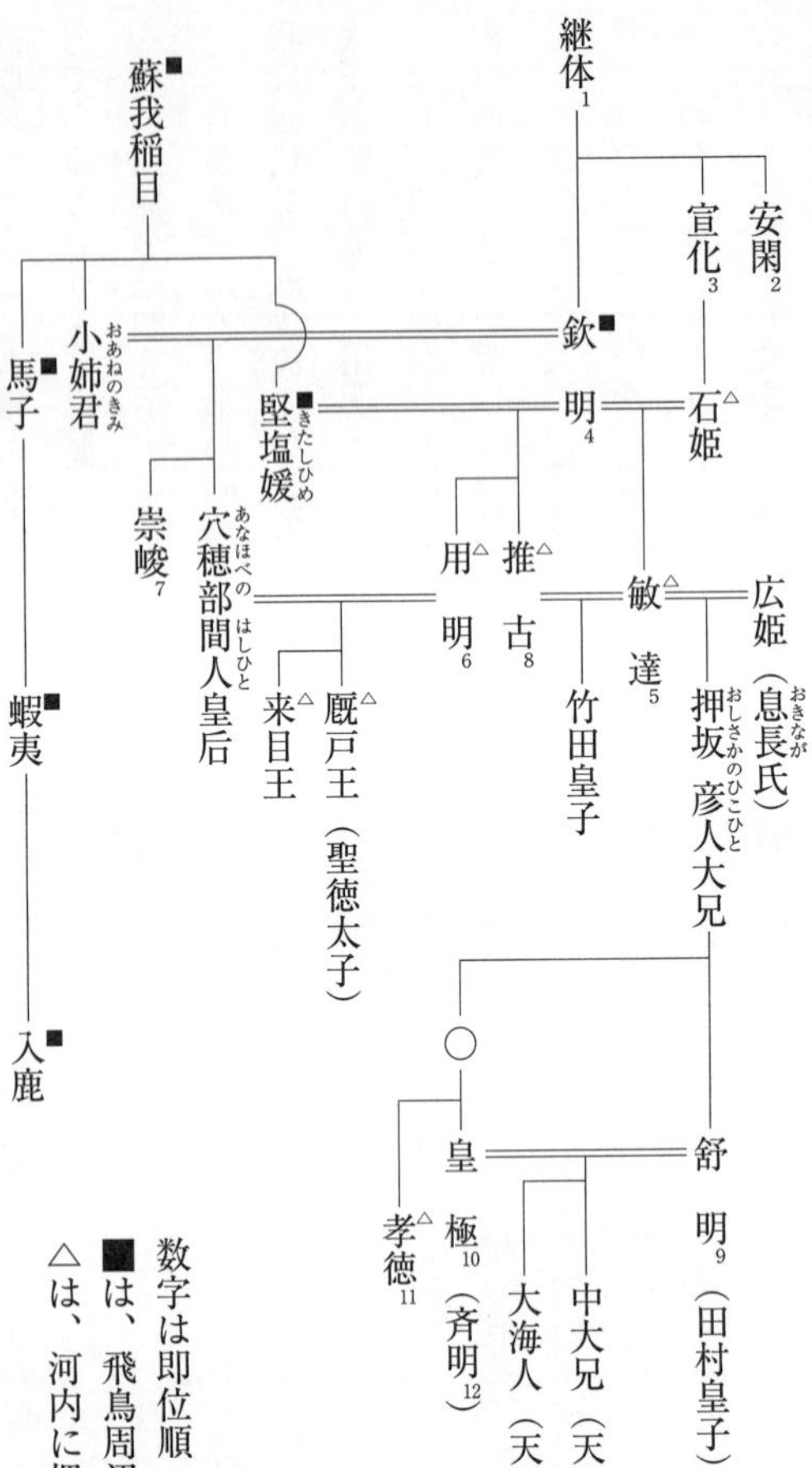

それに引き替え、蘇我稲目を葬った巨大な見瀬丸山古墳はコンパクトな飛鳥の地を圧するがごとくに君臨している。墓ばかりではない。丸山古墳の東方には、馬子が建立した飛鳥寺の塔が、空高くそびえている。その南には馬子の邸宅である嶋宮がある。のちには、飛鳥川を挟んだ甘樫《あまかし》の丘に、蘇我蝦夷、入鹿の邸宅も作られることになる。現実の権力者のあり処は、誰の目にも明らかだった

石舞台古墳（提供：明日香村教育委員会）

見瀬丸山古墳
（『日本の古代遺跡 7　奈良飛鳥』より）

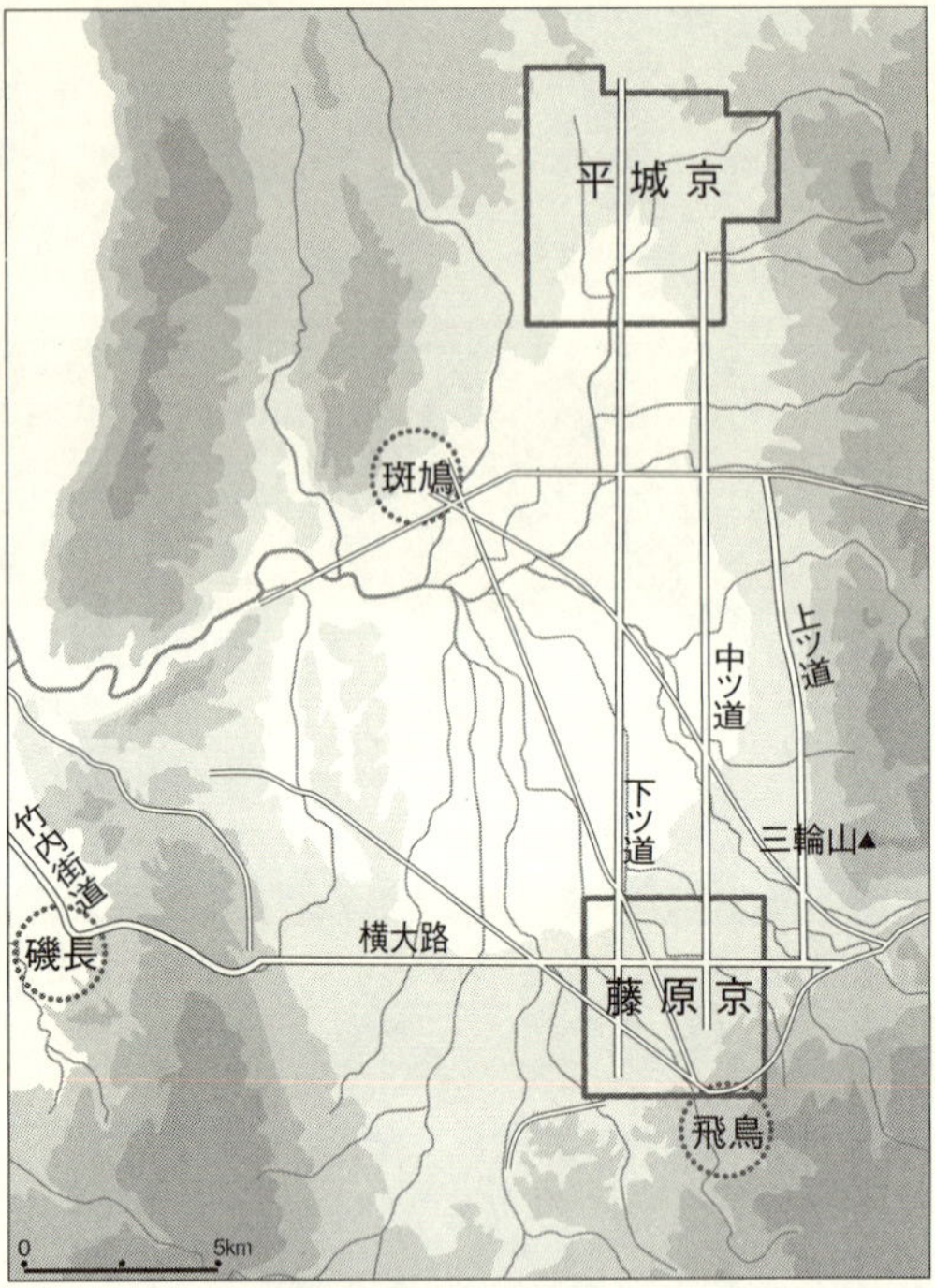

大和盆地の概要地図

であろう。

　飛鳥だけではない。『日本書紀』推古二十一年（六一三）十一月条に「難波より京に至る大道を置く」とあるが、これは、難波から竹内峠を越え、横大路を東行して飛鳥にいたる道である。それが大道として完成したというのであるが、その横大路と直交し、奈良盆地の中央を南北に貫く下ツ道の完成も、この頃と考えられている。この下ツ道を基準として、さらに東に中ツ道と上ツ道が整備され、これにより、奈良盆地に飛鳥を中心とする道路網が成立することになる。実は、その下ツ道の基点が、見瀬丸山古墳の前方部正面中央であるという（岸俊男、一九七〇年）。つまり、馬子は、父稲目の墓を起点として、大和の方位を決定したのである。

　これではどう見ても、飛鳥の支配者として君臨していたのは蘇我氏としか言いようがない。とすれば、裴世清が会った倭王も蘇我馬子だということなのではないか。一説としては、古来有力な説である。私もそう考えるほかないと思う。

その場合、気になるのは、倭王の後宮に女が六、七〇〇人いたとする『隋書』の記事である。これを荒唐無稽として『隋書』の史料的価値を疑う人がいる。しかし、そうだろうか。倭王を推古とする『日本書紀』の記述と齟齬《そご》するのは当然であるが、実は、必ずしも荒唐無稽とは言えない。というのは、『日本書紀』の欽明二十三年八月条に、大伴狭手彦《さでひこ》が高麗を伐《う》って、多くの財宝をもたらしたが、そのとき、高麗王の宮殿にいた美女媛《をみなひめ》とその従女の吾田子《あたこ》を蘇我稲目大臣に献上し、大臣は、この二人の女を軽の曲殿《まがりどの》に住まわせたという記事がある。一種の後宮であろう。稲目は馬子の父である。馬子の権勢は父稲目をはるかにしのぐ。とすれば、馬子にも後宮のようなものがあったとしても不思議ではあるまい。もちろん、六、七〇〇人という『隋書』の記事に誇張はあるだろうが。

ここまで述べてくれば、『隋書』の倭王が蘇我馬子であることに障害はなくなったと言ってよいであろう。聖徳太子と推古女帝の虚、蘇我馬子の実。もはや明らかであろう。

交錯する二つの現実

ところが、『日本書紀』編者は、蘇我馬子という現実を排除して、聖徳太子と推古女帝という虚構を記した。それはなぜか。もちろん、そういう虚構を『日本書紀』編者が必要としたからである。

編者は、編者の立場からあり得べき王権の姿を描いたのである。そこに『日本書紀』の論理がある。そのことを、もう少し詳しく述べておこう。

二つの現実がある。一つは、飛鳥に君臨した「蘇我馬子」という現実。そして、もう一つは、『日本書紀』編者が「聖徳太子と推古女帝」を必要としたという現実である。この二つの現実が交錯する意味を考えればよい。

『日本書紀』を読んでいると、交錯する二つの現実が二重写しになっていることに気づく。仏教伝来記事の場合、史的事実としては、崇峻元年（五八八）条の、百済から僧侶や技術者が送られてきたことと、蘇我馬子によって飛鳥寺が建立されたことである。ところが、『日本書紀』は、これを末法元年にあたる欽明十三年（五五二）に移し、吉田一彦氏の言う「末法→廃仏→廃仏との戦い→三宝興隆」という隋唐仏教の論理を展開する。蘇我氏の権力を否定はできないから、一貫して蘇我稲目と馬子の父子の功績として語る。その内容は、欽明十三年条の仏教受容と崇仏と廃仏のドラマ、そして最後に、即位したばかりの推古女帝が蘇我馬子と聖徳太子に三宝興隆を詔《みことのり》して決着するというものである。

つまり、本来、仏教伝来と興隆の功績は蘇我氏のものであった。それを知らない人はいない。だから、『日本書紀』の大化元年八月癸卯条でも、仏教伝来の歴史は稲目と馬子の功績として語らざるを得なかった。しかし、そのまま語ることはしなかった。『日本書紀』編者は、聖徳太子を捏造して蘇我馬子の事績のほとんどを聖徳太子との共同事業とし、最後に推古を登場させ、蘇我馬子の功績を横取りしたのである。言わば、蘇我馬子の功績の上に、聖徳太子と推古の名を上塗りしたのである。ちょうど行信が、輸入品の『法華義疏』の上に「大委国上宮王私集」と書いた紙を貼付したように。このことを、まず確認しておこう。

そのような上塗りをしたのはいつか。仏教伝来記事に養老二年帰国の道慈が関与したとすれば、『日本書紀』編纂の最終段階と考えねばならない。ところが『日本書紀』の上塗りは必ずしも濃厚とは言えない。聖徳太子という上塗りは薄く、推古女帝という上塗りは不自然である。その下で、蘇我王権という現実がなお輝きを失っていない。やはり、最終段階かそれに近い時期に不十分なまま上塗り作業を行ったと考えてよいと思う。では、なぜ『日本書紀』は不自然な上塗り、つまり不自然な虚構をあえてする必要があったのか。

その答えは本書全体の趣旨にかかわることだが、ここでは『日本書紀』編者の論理の内実について簡単に述べておきたい。

『日本書紀』の論理

一般的には、乙巳の変で、中大兄と中臣鎌足らが、蘇我本宗家を滅ぼして大化改新を始めた。『日本書紀』編者は、その正当性を確保するために蘇我氏の歴史を矮小化する必要があった、と考えられている。確かに、そういう記述は随所に見える。政権が変わったのだから、新しい政権が古い政権を抹殺する。よくある話であろう。しかし、そういう理解は、先にあげた仏教伝来を稲目・馬子

持統から首の簡単な系図

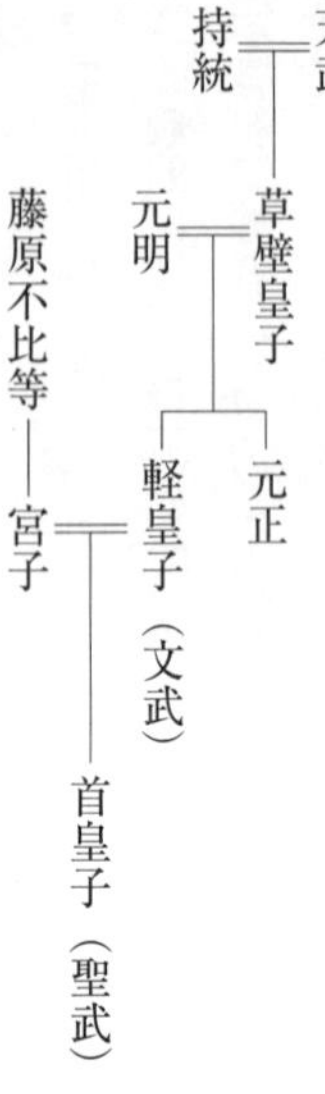

の功績とした大化元年八月条の記事に矛盾するし、蘇我氏が悪者というが、敏達天皇だって仏罰を受けて亡くなっているではないか。だから、そういうレベルの議論ではないと考えるべきである。

これは『日本書紀』編纂の段階での王権のあり方にかかわる問題であろう。論点は二つある。一つは、蘇我馬子の王権という現実を排除あるいは抹殺する必要。もう一つは、世俗的権力からほど遠い童話の主人公のような聖徳太子と推古女帝こそが王権として望ましいという、『日本書紀』編者にとっての現実である。

そこで、話を八世紀初頭の『日本書紀』編纂の時代に移してみよう。

まず気づくのは、その全過程を通じて、一貫して実権を掌握していたのが藤原不比等だったことである。不比等の政治的遍歴の最初は、二一歳となった天武八年（六七九）頃、持統が生んだ草壁皇子の舎人となり、天武の没後、その擁立を策すことに始まる。しかし、草壁は、即位を待たず、六八九年にわずか二八歳で亡くなってしまう。その後、持統を中継《なかつ》ぎとして擁立し、六九七年、一五歳となった草壁の遺児の軽皇子（文武）の即位を実現し、その後宮に娘の宮子を入れ、首《おびと》皇子を得る。のちの聖武天皇である。しかし、せっかくの文武も、わずか二五歳で早世してしまう。不比等にとっては困難の連続であった。その後は、遺児の首皇子を擁して、元明・元正の女帝を中継ぎとして擁立する。

　ともかく、この間の不比等の行動は一貫していた。草壁の血を引き、不比等の娘が生んだ皇子の即位にこだわっている。草壁と不比等の交点に成立した一系の血筋。草壁、軽、首の血筋を、父系をたどって遠く神代まで遡らせていくと高天原・天孫降臨に始まる万世一系の神話にいたる。こうして不比等が作った神話こそ、『日本書紀』の論理の中核になる。しかし、この父系の血筋は、蘇我馬子とは交わらない。それゆえに、過去の歴史に、蘇我王朝が存在してはならなかったのである。

　以上は、蘇我馬子の王権を排除する論理である。次に、なぜ推古という女帝を捏造する必要があったのかについても述べておきたい。

　再び、『日本書紀』の編纂の時代を考えてもらいたい。その時代、女帝の存在は顕著であった。文武を挟んで、持統と元明・元正。『日本書紀』が完成したのは元正の時代である。その時代の実質的権力は藤原不比等にあった。長屋王というライバルはいたが、娘婿でもあり、両者は系図（六〇頁）に見るようにミウチの関係であった。ともかく、実権は不比等にあったと見てよい。

　本来、その不比等の権力を保証するのは、娘の宮子が生んだ皇太子首（のちの聖武）の即位のはずであった。しかし、幼少のため代わって元明・元正が即位している。これは、いわゆる中継ぎである。不比等にとって、中継ぎの女帝の役割は、無事、皇位を皇太子に伝えることだけであった。それにより、万世一系の神話を維持し、同時に、皇位を不比等自身の子孫で独占できるからである。女帝と皇太子という組み合わせ、これこそ、不比等にとって宿命的な現実であった。

それでは、中継ぎの女帝が無事役割を果たすためには何が必要か。まず、第一に、やはり、皇太子に将来の天皇にふさわしい人格と学識がなくてはならないだろう。次には、女帝が、その皇太子に将来を託すという細やかな愛情と強い意志をもっていなければならない。この二つを、不比等は、眼前の女帝と皇太子に望んだのではなかろうか。そして、それを説話的に作成し、『日本書紀』の中に描いたのが、推古女帝と聖徳太子の物語だったのではないか。その際、眼前にいる皇太子首のためにも、皇太子という存在をできる限り強く表現したい。そのためにも、皇太子すなわち聖徳太子を超えるような人物の存在は抹消しなければならない。やはり、「蘇我馬子」という現実は書き直されねばならなかったのである。

欽明陵（梅山古墳）をめぐって

再度、話を蘇我馬子に戻したい。なお、彼が大王であったことに疑問をもつ人がいるのではないかと思うからである。

先に、父系の出自系譜にとらわれてはいけないと述べておいた。蘇我馬子が大王か否かを考える場合、このことが重要である。父系原理を前提とすれば、欽明や敏達から馬子には大王位は伝わらないが、父系を絶対視しなければ、別の考え方もありうるからである。とは言え、現実に、稲目から入鹿までの四代は、父系であるし、すでに、五世紀の倭《わ》の五王の系譜にも、男系的要素が濃厚である。だから、王権を考える場合、父系の要素は無視すべきではない。要は、父系を重んじつつ、それを越えた原理の存在を提示できるかであろう。

それを解く鍵は、欽明の墓にある。欽明は、蘇我氏以外では例外的に飛鳥周辺に葬られている。欽明に対する蘇我氏の特別の配慮があったからであろう。この場合、問題なのは、欽明の生存中のことではない。死後の扱いである。

まず、その陵墓とされる檜隈坂合陵であるが、それが、見瀬丸山古墳の南にある梅山古墳であることは間違いなさそうである。ところが、その築造年代は、見瀬丸山古墳より新しいという。稲目の死は五七〇年、欽明の死は五七一年で、ほぼ同時である。また、欽明の宮は磯城島金刺《しきしまのかなさし》であり、飛鳥とは無縁である。ということは、欽明は、いったん、別の場所に埋葬され、のちに、この檜隈に改葬されたのであろう。

では、この檜隈坂合陵（梅山古墳）は、誰が、いつ築造したのであろうか。

見瀬丸山古墳の全長は、約三一〇メートルと巨大であるが、それは自然地形を利用したからであり、この梅山古墳は、全長一四〇メートルに過ぎないが、自然丘陵を大規模に削平《さくへい》しており、築造に要した労働力という点では丸山古墳を上回るという。しかも、梅山古墳には、南側に平田キタガワ遺跡が存在し、そこには、古墳の外堤の外側に苑池《えんち》・敷石遺構や猿石などの饗宴施設が設けられており、それは、紀路から飛鳥に入る入り口として整備されたものという（関川尚功、一九九八年）。

つまり、梅山古墳すなわち欽明陵は、見瀬丸山古墳以上の技術と労力により、おそらくは、半島からの外交使節を迎えるために整備されたものだったのである。見瀬丸山古墳が、奈良盆地をまっすぐに北上する下ツ道の起点であったとすれば、この梅山古墳は、紀路を経て、遠く海のかなたへ通じる起点だったのである。

だから、この檜隈坂合陵（梅山古墳）は、決して欽明のためだけに築造されたのではない。飛鳥に君臨する蘇我馬子の権力構想の一環として築造されたと考えねばならない。その時期はいつだろうか。この古墳の存在を確認できるのは、推古二十年（六一二）に堅塩媛をここに改葬した記事であるから、それ以前であるが、見てきたように、飛鳥を起点とする空間構造を意識したものなら、下ツ道や難波への大道の完成と近い時期と考えることができるのではないか。とすれば、難波への大道の完成が推古二十一年（六一三）のことであるから、ほぼ、それと同じ頃と考えてよいであろう。そうすると、推古二十年の堅塩媛との合葬も、古墳の完成から、そう遠くない時期だったことになる。

堅塩媛の改葬は何のためか

七世紀初頭、飛鳥の入り口を飾るモニュメントとして周到な趣向を凝らした梅山古墳が完成する。その北側の見瀬丸山古墳からは下ツ道がまっすぐに北上する。ほど近く、飛鳥寺の塔は、天に向かってそびえている。あたかも、この地が、日本の中心となったかのごとくである。その梅山古墳に欽明が葬られた。それを待って、新たなイベントが始まることになる。

その最初は、推古二十年（六一二）の堅塩媛の改葬記事である。先の小澤氏の見解によると、堅塩媛は、最初、父稲目の見瀬丸山古墳に葬られたという。丸山古墳の石室には二つの石棺があり、前棺が六世紀後半、奥棺が七世紀初めの頃のもので、前棺が稲目、奥棺が堅塩媛のものという。その堅塩媛が、目と鼻の先に夫の欽明陵が完成したため、改葬されることになったのである。改葬された二月庚午の日に、軽の街《ちまた》で誄《しのびごと》がたてまつられた。軽は今日の橿原市大軽町付近で、大和盆地を南北に貫く下ツ道と東に飛鳥を経て磐余方面に通じる山田道との交点にあたり、古代には市《いち》も開かれた交通の要地であった。そこで、多くの人々の眼前で堅塩媛の葬儀が行われたのである。誄とは、故人をしのび、その功績を讃える行事である。その『日本書紀』の記事がどの程度事実を伝えているか、判断は難しい。しかし、その四番目に、境部摩理勢《さかいべのまりせ》が、「氏姓之本《うじかばねのもと》」を誄したという記述は無視しがたい。「氏姓之本」とは、もちろん『日本書紀』編者の表現であるが、堅塩媛の出自した蘇我氏の由来と系譜のことであろう。もちろん、境部摩理勢は蘇我一族である。一世代前に亡くなっている欽明のために陵を作り、そこに堅塩媛を改葬し、そのときの誄に「氏姓之本」が強調された。それは、何を意味するのか。

今日の常識によって考えると、稲目の墓から欽明の墓に遺体が移されたというのは、父のもとから夫のもとに嫁したというように理解できなくはない。しかし、そうではあるまい。元来、この地は、蘇我氏の権力の中枢である。この地に、必ずしも出自が明確ではない欽明の陵墓が営まれたということは、むしろ、欽明を蘇我氏の勢力圏に迎え入れる、さらに言えば、欽明を蘇我一族に包摂する意図があったと考えるべきであろう。

堅塩媛の改葬は、そのことを、欽明との墓の合体という視覚的な行為によって示そうとしたものではないだろうか。つまり、堅塩媛と一体になった欽明を稲目の子と認知することにより、欽明の霊を蘇我氏の祖に合流させようとしたのである。先の「氏姓之本」とは、欽明の王権を蘇我氏が、具体的には馬子が継承したことを宣言したものだったのではないか。とすれば、この誄は、周到に、馬子の大王位を正当化するためのものであったに違いない。

次のイベントとして、推古二十八年（六二〇）十月には、砂礫《されき》を檜隈陵（欽明陵）の上に葺《ふ》き、周囲に土を積んで山を作り、氏《うじ》ごとに命じて、その上に大柱を建てさせたという。倭漢坂上直《やまとのあやのさかのうへのあたひ》の建てた柱がとくに高く、そのため大柱直と言われたという。いったい、これは何を意味しているのだろうか。

原始社会では、樹木に鈴や鼓をかけて天（中国的な天ではなく、霊が浮遊する大空）を祭り鬼神に祈るのは一般的な風習であり、日本や朝鮮諸国も例外ではなかった。たとえば、『魏志』韓伝などにそういう記事がある。ここで、倭漢氏が活躍しているところをみると、直接には朝鮮半島からの影響であったかもしれない。ともかく、欽明陵を舞台にして、空高く天を祭る宗教行事が行われたと考えてよいであろう。

蘇我一族としての欽明

とすれば、ここで、想起すべきは、欽明の諡号の一部と解される「アメクニオシハラキ」の語である。私は、六世紀の段階では諡号は成立していなかったと考えているが、正確な声調をもった古韓音とすれば、その表記自体の成立は、この時代に遡って考えねばなるまい。おそらく、天を祭る宗教行事と「アメクニオシハラキ」の語とは無関係ではあるまい。先に、この語を、天地開闢《かいびゃく》を思わせる神話的表現と述べておいたが、それは、欽明が「アメクニ」を押し開いた英雄とされたことを意味しているのではないだろうか。

飛鳥に葬られたこと自体、欽明が蘇我一族の一員とされたことを意味している。その欽明が天地開闢の英雄とされたのである。それはまさしく、蘇我王朝の始祖として位置づけられたことを意味していると言えよう。ここに蘇我王朝が誕生し、馬子は正式に大王になったのである。

その「アメクニオシハラキ」が、今日に伝わった理由がある。大柱を建てた行事が行われた『日本書紀』推古二十八年の是歳条に、皇太子と嶋大臣が「天皇記《てんのうき》・国記《こくき》」を録したという有名な記事がある。従来、これを推古朝の修史事業と解してきたが、蘇我馬子の修史事業として改めて評価すべきではないか。元来、歴史書の編纂は、時間と空間を支配する王権固有の行為である。この年、蘇我馬子が、大王として、それを実現したのである。

のちに、皇極四年六月の乙巳の変の際、滅亡寸前の蘇我蝦夷が天皇記・国記を焼こうとしたとき、船史恵尺《ふねのふびとえさか》が素早く国記を取り出し、中大兄にたてまつったという記事が『日本書紀』に載っている。そのまま信じるわけにはいかないが、ともかく、国記が残ったとすれば、そこに、欽明に即して「アメクニオシハラキ」の語が記されていたに違いなく、『日本書紀』編者が、それを採用したのである。ここに、天皇記が見えないのは、さすがに蘇我王朝の天皇記の存在を記すわけにはいかなかったからであろう。

真相はなお不明な点が多いが、その時代に渡来系の人たちからなるフミヒト集団が活躍していたことは、加藤謙吉氏によってしだいに明らかにされている（加藤謙吉、二〇〇二年）。彼らの役割を考えれば、蘇我王朝の時代に、当然、修史事業があったと考えてよい。今日、虚構のかたまりのような『日本書紀』が、なお一定の史料的役割を果たしているのは、おそらくは彼らの手になる「天皇記・国記」が伝わっており、それが『日本書紀』編者に利用されたからであろう。

ところで、蘇我馬子を大王と考える人は、世上、必ずしも少なくないようであるが、アカデミズムの世界では、これをタブー視してきた感がある。その中にあって注目すべきは、太田晶二郎氏が『摂津国風土記』の逸文に「土人云、不㆑知㆓時世之号名㆒。但知㆓嶋大臣（蘇我馬子）時㆒耳」とあることにより、「皇室を軸とした歴史体系に対し、蘇我氏を軸とする体系も有った」（太田晶二郎、一九六〇年）とされたことである。私自身も、蘇我馬子が、事実上、大王であったことは否定できないと考えるようになったが、では、蘇我氏を軸としてどのような歴史像を描きうるかということになると、なお心許ない気がする。次章では、さらに踏み込んでそのことを考えてみたい。

第4章　王権の諸問題

一　王権の成立と展開

解明された真実

ここまでに明らかになったことを整理しておきたい。

①聖徳太子は『日本書紀』が作った架空の人物である。実在の人物ではない。

②『隋書』によれば裴世清が会った倭王は男性であった。推古は女性であり、『日本書紀』においても大王としての存在感はない。推古は大王ではなかった。

③『日本書紀』の記述自体から、用明と崇峻の即位も否定される。彼らは大王ではなかった。

④欽明十三年（五五二）の仏教伝来とその後の崇仏論争記事は、隋唐の末法思想にもとづく創作で

あり、事実ではなかった。作者は、唐に留学した道慈と思われる。

⑤本当の仏教伝来は、国家レベルのものとしては、崇峻元年（五八八）条の百済から僧侶や技術者が渡来した記事である。その後、蘇我馬子により飛鳥寺が建立され、日本の仏教が始まる。

⑥『日本書紀』の中では、蘇我馬子の存在感は絶大である。『隋書』の倭王の記述と矛盾するところもない。だから、現実に飛鳥に君臨した大王は蘇我馬子であったに違いない。『日本書紀』編者は、この馬子の権力を執拗に否定しようとしているが成功していない。

以上であるが、右の諸点を要約すれば、『日本書紀』の編者は、当時における近代文明の象徴と言うべき仏教の伝来を隋唐の末法思想によって描きつつ、たくみに、蘇我馬子という現実を否定し、その代わりに聖徳太子と用明・崇峻・推古の歴代大王を捏造した、ということになる。仏教伝来の話は、道慈らの手になるとしても、右のストーリーというか論理を構想したのは藤原不比等であったと思われる。多数の人々が『日本書紀』の編纂にかかわったとしても、その指導的理念を構想したのは不比等だったからである。

繰り返しになるが、その『日本書紀』の論理も確認しておこう。

不比等が自らに課した政治的使命は、草壁、軽（文武）、首（聖武）の三人の皇子の擁立であった。擁立と言って即位と言えないのは、草壁は即位前に二八歳で亡くなっており、軽（文武）も即位はしたもののわずか二五歳で亡くなり、首（聖武）の場合は、その即位を待つことなく不比等自身が没したからである。天の与えた試練であろうか。不比等にとっての現実は、常に幼い皇太子と中継ぎの女帝であった。いつか、この幼い皇太子が立派に成人し、即位して欲しい。それを頼りなげな中継ぎの女帝に託さねばならない。その祈るような気持ちを文字にしたのが『日本書紀』の推古女帝と聖徳太子だったのではないか。

同時に、蘇我馬子という現実を排除し、遠く高天原にいたる万世一系の論理を構築する。これにより、歴代天皇の神性を確保する。そして何よりも、これからのち万世一系の未来は、藤原氏の娘たちの生むことになる子孫である。昔は、よく、「腹は借り物」と言った。今は、そんな言葉は死語かもしれない。しかし、不比等の場合は、何とも表現しづらいが、男親こそ借り物なのである。藤原氏の娘が天皇の子を生む。やがて、その子が天皇になる。これを繰り返せば、天皇は完全に藤原氏の一部になる。その論理を『日本書紀』において確立する。そこで確立した価値観を未来永劫につなげる。恐ろしいというか、なんとも壮大な不比等の野望である。

史料としての『日本書紀』の難しさ

と、このように述べてきたのであるが、ここまでくると、さすがに、読者のみなさんの中には、ちょっと待ってくれ、と言いたくなる人がいるのではないかと思う。これでは、従来の教科書や歴史書に書かれていることと、あまりに違いすぎるではないか。いい加減にしてくれ。歴代天皇の存在はでたらめだったのか。今まで信じてきた日本の文化は何だったのか、ということであろう。

しかし、ここは冷静に考えて欲しい。まず、これまで日本人が教えられてきた古代史は、すべて『日本書紀』を鵜呑みにしたものであった。『日本書紀』を批判的に論ずる研究者はほとんどいなかったし、いても、政治の力で異端視され押さえ込まれてきたからである。しかし、見てきた通り、『日本書紀』の記事は虚構に満ちている。その虚構を剝ぎ取ると、その下に蘇我馬子という真実が隠されている。どちらにしろ、これまでの常識とはまったく異なるものである。そういう史料としての『日本書紀』の難しさ、これを、まず直視しなければならない。

だが、それだけではいけない。確かに、本書で論じているように、『日本書紀』の虚実を技術的に分析し、地道に真実の歴史を復元する作業は必要である。けれども、そういう作業によって個々に実績を積んでも、常に、虚偽にもとづく根強い常識（これを迷信という）による批判にさらされ、不当な扱いを受けるのが通常である。日本の歴史は万世一系の天皇の歴史であるという先入観から、異端視され否定されてしまうのである。とすれば、必要なのは、むしろこの誤った先入観ないし迷信を根底からくつがえし、新たな方向性を示すことではないか。

そこで、ここでは、はなはだ迂遠《うえん》ながら、いったん、『日本書紀』の記事を個々に論ずるのはやめ、日本の古代史の核心にある王権について、その成立と展開の基本的枠組みを論じておきたいと思う。たとえば、王権はどのように成立したのか。なぜ大和に成立したのか。また、その性格はどのようなものであったか。さらに、その王権の歴史の中で、蘇我氏はどのような存在だったのか。このような問題について、私の基本認識を述べてみたいと思う。

日本文化の基層としての縄文時代

王権以前に、日本人が、いつ頃民族性をもち始めたのかを確認しておきたい。渡辺誠氏によると、約一万二千年前に始まり、一万年も続いた縄文時代においてであったらしい（渡辺誠、一九九六年）。とくに、今から六千年前頃の縄文海進《かいしん》（地球の温暖化現象）により、それまで朝鮮半島やサハリンとつながっていた日本列島が大陸から離れ、朝鮮海峡から日本海にとうとうと暖流が流れ込み、その暖流がシベリア寒気団とぶつかり、日本の脊梁《せきりょう》山脈に豪雪をもたらすようになった。雪は春に融け、さらに梅雨があり、秋には台風も来る。こうして年間を通して豊かで清らかな水に恵まれ、温暖化した豊かな森林が生長する。巨大な黒潮の流れのお陰で、外敵もなく、疫病さえ到達できない。そういう平和で豊かな島国が奇跡的に成立したのである。

そういう風土と季節感、そこに成立した自然観、それが日本文化であると思う。同時に、その自然の中で食生活の基本も成立している。渡辺氏によると、日本人の食生活は、植物性の炭水化物が主食で動物性のタンパク質が副食であることは一貫している。主食は、縄文時代はドングリやトチの実、弥生時代からコメなどの穀類になる。ドングリのアク抜きのために発達したのが縄文土器であるが、むしろ、それを支えたのは豊かな水資源である。

日本文化というと、弥生以後の稲作を決定的に重視する人も多いが、稲作といっても中国や朝鮮、東南アジアのそれとは同じではない。日本独特の米俵にみるような藁《わら》の加工など、縄文時代のすぐれた技術を背景にしているという。もちろん、極端なほど稲作に偏ることになったのは、やはり、温暖な気候と豊かな水資源のお陰であろう。何といっても、豊かで清らかな水こそ日本文化の原点と言えそうである。なお、弥生以後、ドングリなどは放棄されたのではなく、繰り返される飢饉の際の非常食として、その後も常に意識されていたという（渡辺誠、二〇〇八年）。

副食の動物性タンパク質は、縄文時代以来、一貫して漁業によるものであった。縄文というと有名なのは貝塚だが、釣り針・銛《もり》・網による漁獲は、すでに縄文時代に高度に発展しており、魚類中心の食生活は、つい最近まで続いていたのである。お陰で、日本民族は森林を破壊し、草原を砂漠化する牧畜とは無縁だった。その意味でも、食生活の基本は縄文時代に成立したと言えるのである。さらに特筆すべきは、人体に欠かせない塩分の確保であるが、海から塩をとる技術がすでに縄文時代に開発されていたのである。ちなみに、ほかの諸民族は岩塩を利用したらしい。

以上、渡辺誠氏の研究に依拠しながら述べてきたのであるが、一万年続いた縄文時代に、日本の文化、民族性が成立したと考えてよいと思う。では、これにより何を言いたいのかと言うと、その縄文時代の文化は東西に大きな格差があり、圧倒的に東日本が優勢だったということである。小山修三氏によると、最盛期の縄文中期の全人口約二六万のうち、近畿以西の西日本はわずか二万人に過ぎず、大部分は東北・関東・中部地方内陸部に居住していたという（小山修三、一九八四年）。このことは、自然環境の面で、東日本が西日本に劣ってはいなかったことを示している。実は、そのことが重要なのである。

〈ヤマト王権〉の成立

縄文時代に成立した日本の基層文化に対し、西の中国・朝鮮から稲作を中心とする農耕、続いて金属器をもった文化が伝来する。それが弥生文化であるが、その始まりは、最近では相当古く遡るとされ、その期間も千年に及ぶと考えられるようになっている。その千年の間に、農耕を中心としつつ、それを補完する漁業・林業・手工業・運送業などと有機的に結合した地域集団が出現し、そういう集団同士の交流・対立の中から新しい政治秩序の形成が始まった。とくに重要なのは、やはり水稲耕作で、米は食料としてばかりでなく、備蓄と交換が可能なため実質的に貨幣の役割を果たすことになった。こうして、地域集団を越えた政治的、経済的秩序の形成が進み、ついに、弥生時代千年の結果としてヤマト王権が成立することになる。では、なぜ、王権は大和に成立したのか。

大化改新以前の王権は、西暦五〇〇年頃に即位したとされる継体（ヲホド王）を境に性格が異なっている。そこで、ここでは仮に、五〇〇年頃以前の前期王権をヤマト王権、継体以後の後期王権を大和王権とよぶことにする。

そのヤマト王権であるが、厳密には三世紀の中頃、三輪山の麓の纒向《まきむく》に巨大な集落が出現し、そこに最初の巨大前方後円墳である箸墓《はしはか》古墳が築造され、これをもって初代の大王墓と考えるというのが通説的理解である。つまり、ヤマト王権は三輪山山麓の纒向に成立したのである。では、なぜ、纒向だったのか。

箸墓古墳（手前）と三輪山（右奥）（提供：ユニフォトプレス）

これについての説明は多様であり得ると思うが、以前詳細に論じた通り、私は、日本列島の地理的条件によるところが大きいと考えている（大山誠一、一九八八年）。その特徴として、ここでは、次の二点を指摘しておきたい。

第一に、弥生以後の文化は西から来る。朝鮮半島から北九州に上陸し、瀬戸内海・日本海を東へ向かうと考えてよい。そこで、地図帳を開き、西日本を見てもらいたい。何といっても大動脈の瀬戸内海が目につくが、子細に見ると西日本全体に平野がきわめて少ないことに気づく。通常の地図帳には各地に平野の名称が記されているが、これらは中世以後の干拓によるもので、古代はまだ海だったのである。

それに対して大和盆地の安定した広さは特徴的である。隣接して山背の盆地も河内の平野もある。のちに、この大和と山背と河内をあわせて王権の根拠地という意味で畿内とよぶようになる。ほかの地域と比べて平野の規模が違うのである。それゆえ、西から来た文化は、瀬戸内海と日本海を東に進んで、途中の吉備や出雲《いずも》などの地に多様で個性的な文化を形成しつつも、本格的には畿内、とくに大和盆地にいたってようやく定着し、そこで、西日本各地の個性的な文化が統合され、さらに熟成されることになったと考えることができる。このことが、大和盆地に王権が成立した一つの理由である。

東西を分かつ壁

第二に、では、西から来た文化はさらに東に進まなかったのか。これが、最大の問題である。次頁の地図を見てもらいたい。太い線が日本列島を南北に貫いているのに気がつくと思う。私は、これを日本列島を東西に分かつ壁とよんでいる。北は、親不知《おやしらず》から始まり、飛騨山脈・立山・白山の山地を経て伊吹《いぶき》山へ。さらに鈴鹿山地を経て、伊賀を取り巻く山脈が続き、そのまま深い紀伊山地にいたっている。この長く高い山並みを壁と称したいのである。途中、部分的に太線が途切れているところがあるが、これは谷間や峠を示しており、言わば壁の隙間のようなものである。それが関ヶ原付近と、伊賀・伊勢と大和を結ぶ初瀬川やいくつかの峠なのであるが、こういう隙間があるにしろ、この壁が巨大な障壁となり、長く日本列島の東西の交流を妨げてきたことは、今日においても関ヶ原付近を境にして日本語のアクセントが異なること、お正月のお餅も東は四角で西は丸く、雛祭りのお雛様の位置も男女が逆であるというように明らかである。

日本列島を東西に分かつ壁

とすると、西から来た文化がさらに東に進むには時間がかかると考えねばならないであろう。その結果、弥生時代の千年間に、東日本は後進地域と化したのである。

ともかく、西から来た文化は大和盆地で熟成される。その文化を、後進地域となった東日本は渇望している。そういう関係が生じたのである。問題は交通路であるが、大和から見て、三輪山の麓から初瀬川を遡上し、伊賀を経て伊勢湾に達する道があることに気づく。周

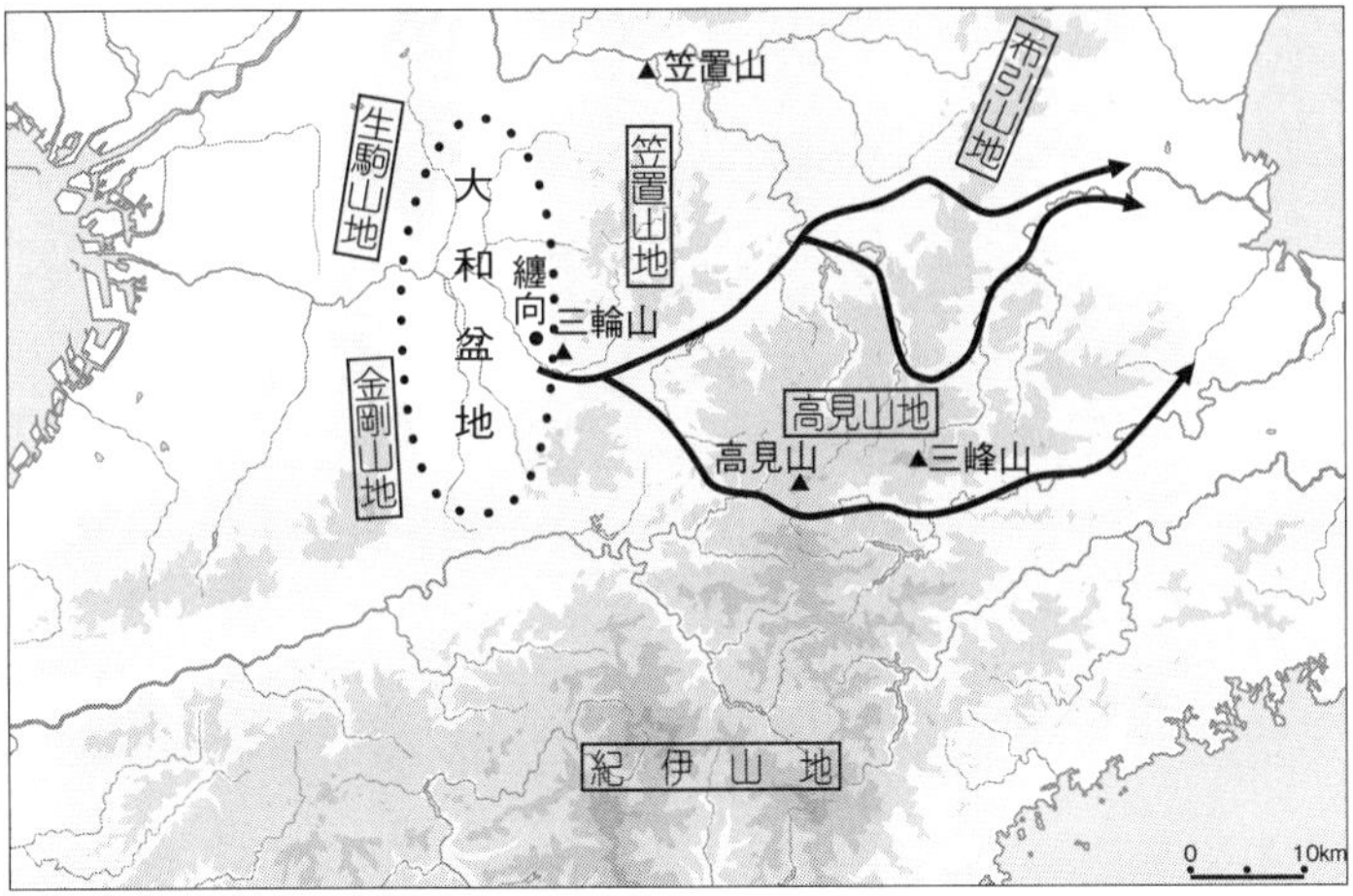

纏向から東へ向かう道

辺に幾筋もの脇道もある。これを東側から見た場合、まず伊勢湾沿岸から伊賀の名張にいたり、そこから初瀬川沿いを大和に向かうことになるが、その到達地が三輪山の麓の纏向だったのである。つまり、纏向は、東から見ると大和盆地の入口にあたり、大和盆地から見れば東への出発点ということになる。日本列島全体を視野に入れれば、西日本と東日本の接点と言ってもよいだろう。

日本列島の壁を横断する隙間があったのである。この道を通って、東日本の人々が次々と大和を訪れることになった。そして、東西日本の接点たる纏向の地に巨大な交流センターが出現する。それが纏向遺跡だったのである。交流といっても、圧倒的に大和の側が有利であった。東日本にとっては、服属という表現に近かったかもしれない。しかし、先にも述べたように、元来、東日本は大きな平野に恵まれ人口も多く、潜在的には豊かな地であった。という

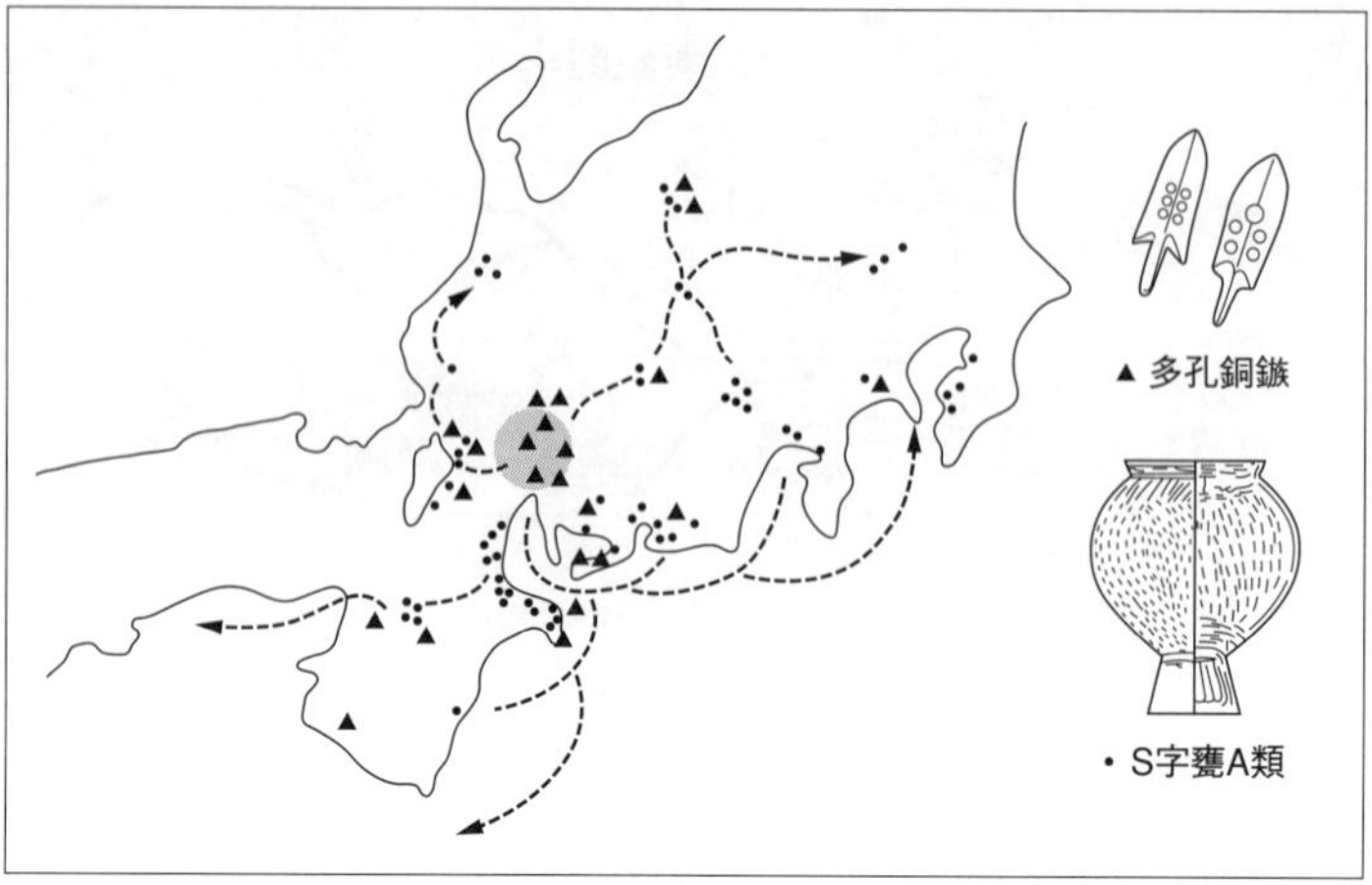

東海系土器の分散（赤塚次郎「前方後方墳の定着」『考古学研究』43-2 より）

ことは、大和は、東日本から多くの労働力と軍事力を手に入れることになったことになる。だからこそ、ここに強大な権力が出現することになったのである。その象徴が、三世紀後半に築造された箸墓古墳である。全長約二八〇メートルの前方後円墳。これを初代の大王墓と考える人が多い。とすれば、多少短絡的な言い方ではあるが、日本列島を東西に分かつ壁が、ヤマト王権を成立させたと言えなくもない。

なお、東日本といっても広大で、それを一括してよいかは問題であるが、大和から伊勢湾沿岸に伝わった文化は、海路、太平洋を東へ向かう場合もあったし、いったん、尾張に定着したあと、陸路、東海・東山、さらには北陸道に伝わるルートもあったようである。弥生後期の東海系土器の分布がそれを示している。その場合、東日本全体の起点となった尾張の役割は特別なものとなるが、これについては別の機会に述べたい。

ヤマト王権の構造

日本列島は、奇跡的に成立した豊かで平和な島国であった。大陸文化の影響を受けて、三世紀中葉、大和盆地に安定した権力が出現した。日本地図を広げていると、なるほど大和盆地が日本列島の要にあることがわかる。東日本に育った人間から見ると、瀬戸内海も不思議な海であるが、大阪湾と若狭湾と伊勢湾に囲まれ、中央に琵琶湖と大和盆地がある近畿地方の地形に何か神懸かり的なものを感じる。ここにいれば、日本列島のどこにでも通じ、居ながらにして情報を管理できる、天の配剤と言うべきであろうか。そういう天の配剤によってヤマト王権が成立したのであろう。

天の配剤の中でも、もっとも重要なのは、やはり東西を分かつ壁であったと思う。このお陰で東日本は後進地域に甘んじるしかなく、その結果、ヤマト王権に服属することになったのである。ヤマト王権は、東日本から徴発した労働力と軍事力を利用して、大和盆地や河内平野、山背盆地の開発を進め、西日本諸勢力を威圧し、日本列島の盟主としての地位を固めることができた。

しかし、もし、この壁がなかったとしたらどうだろう。東日本は、潜在的には豊かであった。広大な平野に恵まれ、人口も西日本よりもずっと多かった。だから、西からの文化がスムーズに伝わっていたら、源頼朝の鎌倉幕府や織田信長のような存在が、もっと早く出現していたような気がするのである。それに引き換え、現実の畿内は、この壁を利用して、日本列島の西と東を分断して支配した。Divide and rule というイギリスの植民地支配の鉄則を先天的に心得ていたようである。

また、西と東のバランスの上に君臨するという発想は、のちに成立する天皇制にも通じるものがあるかもしれない。

ともかく、このようにしてヤマト王権は成立した。しかし、それだけではいけない。権力は、いったん成立したとしても、それを維持するのが難しいからである。

ヤマト王権の権力の源泉は東日本に対する支配にある。それを可能にしたのは西から得た先進文化であった。とすれば、その文化の源泉たる大陸・朝鮮との外交こそ王権の生命線だったことになる。しかし、それは必ずしも簡単なことではなかった。なぜなら、朝鮮半島との航路に関して言えば、対馬・壱岐、博多湾を結ぶ弥生時代以来のメインルートは筑紫の勢力に握られているし、狭いとは言え西日本各地にも拠点となる平野があり、吉備を始めとする諸勢力も存在し、それらの勢力が朝鮮半島の勢力と結びつく危険もあったからである。しかも、瀬戸内海は複雑な海で、無数の島が入り組んでいて、ここを安定的に掌握することは至難の業であった。

そういう環境の中で、ヤマト王権は西から入ってくる情報を待つのではなく、外交そのものを管理下に置く必要に迫られていた。しかし、それは、纏向のような大和盆地の内陸奥深くの勢力がなし得ることではない。その結果、大和盆地のもう一つの勢力である葛城の勢力が登場することになる。

大和盆地の西南部を葛城とよぶが、この地にも、全長二三八メートルの宮山古墳を筆頭に二〇〇メートルを超える古墳が少なくない。実は、王権を象徴するような巨大古墳の築造は、ヤマト王権のものとしては、三世紀から四世紀にかけて纏向周辺、四世紀後半になると大和盆地北部の佐紀《さき》・盾列《たてなみ》古墳群へ、そして五世紀には河内平野の古市・百舌鳥《もず》古墳群へと移動している。これは、王権主導の開発が、大和盆地中央部から北部へ、そして河内平野へと進行したためである。この間、歴代大王の宮都は一貫して纏向周辺にあるのだから、王権そのものが移動したわけではない。

これに対して、葛城の地に巨大古墳が出現するのは四世紀末頃からであるが、以後、いくつかの古墳群に分かれながらも連綿と築造が続いている。これは、この地の勢力が四・五世紀を通じて活躍していたからにほかならない。また、古墳から出土する副葬品に大陸・朝鮮系のものが多く見られることも知られており、『日本書紀』においても朝鮮半島で活躍した武将として葛城襲津彦《そつひこ》の名が見えることもあり、この地の勢力が外交で活躍したことは確かと思われる。

葛城氏というパートナー

では、この葛城の勢力をどのように理解するかであるが、この勢力の出現を四世紀中葉以後とした場合、それは、ヤマト王権と百済・新羅など朝鮮半島との外交が本格化した時期であることを重視すべきと考える。まさしく、『日本書紀』において先の葛城襲津彦が活躍したとされるのは神功紀から仁徳紀で、それは、四世紀末から五世紀初頭の時期にあたる。ちょうど、高句麗に好太王が登場した時期である。つまり、一般に葛城氏とよばれる勢力は、高句麗好太王に対抗するヤマト王権の外交担当として登場したのである。その際、留意すべき点として次の二点をあげておく必要がある。

第一は、ヤマト王権との関係で、この地の最初期の古墳とされる新山古墳から三角縁神獣鏡《さんかくぶちしんじゅうきょう》や直弧文鏡《ちょっこもんきょう》を含む三四面もの鏡が出土しており、同じく佐味田宝塚古墳からも三六面もの鏡が出土している。これは鏡の全国的な分布から見ても、ヤマト王権から分与されたものと考えてよい。とすれば、葛城の勢力は、その出発点において、王権から特別の配慮を得ていたということになる。おそらく、外交担当のエキスパートとして、王権による特別の保護を受け、その成長を期待された勢力であったと思われる。

第二は、この葛城の勢力が外交で活躍できた理由であるが、協力者として紀伊《きい》と宗像《むなかた》の二つの勢力を考えることができる。葛城の地は、なだらかな風の森峠を越えて南に向かうとすぐに紀ノ川（上流は吉野川）がある。この川は水運に適し、多くの物資を運ぶことができる。その下流を支配するのが紀氏といわれる勢力である。紀ノ川下流域とその北側の大阪南部の淡輪《たんのわ》地区を支配し、讃岐・伊予・周防など瀬戸内海の南岸航路に多くの同族をもっている。北岸は吉備の勢力が強かったからである。葛城氏はこの紀氏と結び、遠く朝鮮へと進出し、ヤマト王権の期待に応えようとしたのである。また、朝鮮海峡を越える航路も問題だった。先にも述べたように、メインルートというべき対馬・壱岐・博多湾は筑紫君の勢力が支配していたからである。しかし、北九州には沖ノ島を有する宗像の勢力があった。これを味方につけ、沖ノ島経由で朝鮮を目指したのである。沖ノ島には、四世紀後半から五世紀にかけて、ヤマト王権が祭った祭祀遺跡が多数残されており、海の正倉院と言われている。実質的には、紀氏や葛城氏が祭ったものだったのではないか。

結局、完成したヤマト王権の構造は、次のようなものである。まず、東日本との関係で、本拠地は纏向に置いた。ただし、王権の拡大とともに、東へ向かう道は多様になるから、その道筋ごとに担当の豪族が出現することになったと思われる。また、ヤマト王権から東へ派遣された人物は、支配者のごとく行動したと思われるが、そのとき名乗った名前が埼玉県稲荷山古墳出土の鉄剣銘に見える「オオビコ（大彦）」だったのではないかと思う。偉大な男と称し、王権を代表したのであろう。

一方、王権のもう一つの柱である外交を担当したのが葛城・紀氏である。彼らは、王権の権威を背景に、北九州の宗像氏の協力を得て、朝鮮・大陸まで進出したのであるが、そのとき名乗ったのが「ソツヒコ（襲津彦）」だったのであろう。この場合、ソツヒコのソは朝鮮語の金で、黄金の男の意味だったのではないか。ヤマト王権は、オオビコとソツヒコの名において全国を支配しようとしたのである。

ヤマト王権の発展と崩壊

葛城氏というパートナーを得たヤマト王権は、順調に発展した。その契機は、四世紀末頃から朝鮮半島が激動期に入ったことであった。高句麗の好太王（在位三九一～四一二）は、即位するや南の百済と新羅を激しく攻め、その結果、百済・新羅、とくに百済が、軍事援助を求め倭国との交流を求めてきたからである。百済の阿莘王《あしん》（阿華王）の時代、太子腆子《てんし》（直支）が人質として渡来したが、このとき楽浪《らくろう》漢人を含む多くの技術者や学者を伴ったようであり、彼らの子孫が東漢《やまとのあや》氏や西文《かわらのふみ》氏、あるいは秦《はた》氏となり、その後の日本文化の最大の担い手となった。ヤマト王権は、好太王の活躍のお陰で多くの技術を手に入れたといってもよい。史実か否かは難しいが、葛城襲津彦の華々しい活躍はこの時代のことであった。ともかく、この時期にヤマト王権は名実ともに日本列島の盟主となった。

しかし、好太王が没すると、ヤマト王権の出番はなくなる。日本の援助を必要としなくなった百済は親密さを失い、新羅はむしろ敵対的となった。

そこで、五世紀の中葉、ヤマト王権は新たに高度な文化と大きな権威を求めて、中国南朝（宋朝）に朝貢することになった。いわゆる倭の五王の外交である。倭王の朝貢は、四二一年から四七八年にかけて約一〇回ほど行われたらしい。これにより、南朝の権威を背景にしたヤマト王権の最盛期が現出したと考えてよい。河内平野に誉田山《こんだやま》古墳（伝応神陵）、大山古墳（伝仁徳陵）など巨大な前方後円墳が次々と築造されたのが、この時期である。

しかし、このようにヤマト王権が中国南朝の権威に頼っている間に、国内外の政治・社会状況は大きく変わろうとしていた。そして、時代は一変することになる。その間の変化につき、以下、三つの側面から述べておくことにしたい。

第一は、朝鮮半島との交流についてである。五世紀中葉以後、ヤマト王権と朝鮮半島との関係は冷却化したように見えるが、実は、その間も、朝鮮半島の情勢は流動的であった。高句麗の南下は止まっても、元来、半島南部は東西に百済と新羅が対峙し、その間には数十の小国からなる伽耶《かや》とよばれる地域があり、彼らの関係は必ずしも安定していなかったからである。

そういう朝鮮半島に向けて、筑紫・吉備などの西日本勢力、本来はヤマト王権を構成していたはずの葛城・紀伊などの諸勢力までもが、ヤマト王権の意向とは関係なく、積極的に活躍の場を求めて進出するようになった。とくに、伽耶地域に対する進出は顕著であった。その結果、朝鮮半島から大量の技術がもたらされ、多くの渡来人が移住してくるようになったのである。

まず、そのこと自体が問題であった。本来、外交を掌握し、西からの文化を独占することがヤマト王権の権力の源泉であったはずであるが、それが事実上解体しつつあったからである。王権の基盤は失われつつあった。

第二に、朝鮮半島から西日本にもたらされた先進技術であるが、この頃になると、日本列島の東西の諸勢力の間に、ヤマト王権を介さない交流が生じていた。たとえば、百済・九州・関東の古墳から同型鏡が出土することは珍しくないが、これはこれらの地域間の密接な交流を示すものと思われる。西日本に入ってきた技術はたちまちのうちに東日本に伝えられるようになったといってよい。とすれば、日本列島の壁の効力が薄れ始めたことになる。ここでも、王権の基盤は解体しつつあったのである。

そのようなとき、決定的な事態が生じた。四七五年、それまで疎遠だったとはいえ、ヤマト王権の南朝朝貢を保障していた百済が、突然、高句麗の大軍に襲われ、もろくも王都漢城《かんじょう》が陥落し、国王以下が滅ぼされてしまったのである。百済王家そのものは、数年後に南方の熊津《ゆうしん》を新たな都として再建されたが、その弱体化は明らかであった。しかも、その直後、倭王武が最後の朝貢をした四七八年の翌年、朝貢の相手の宋朝も滅亡する。ここに、ヤマト王権の朝貢外交は事実上崩壊したことになる。

ヤマト王権が期待していたのは中国南朝の権威であったから、それが消滅すれば、王権そのものの存続も困難にならざるを得ない。事実、倭の五王の最後の武＝ワカタケル＝雄略を最後に、大王という存在そのものが消滅に向かっている。その後、『日本書紀』は、清寧・顕宗・仁賢・武烈の即位を記しているが、この四人は人物としての実在性はあるかもしれないが、大王としての実質は無に近いからである。そして、しばらくの王権の空白ののち、新しい王朝が出現する。それが、継体新王朝であった。

ヤマト王権から大和王権へ

ただ、その前に、この時期の社会の変化についてもう少し述べておきたい。

変化の第三として、五世紀を通じて新しい技術が浸透していった結果、農村の生産力が向上し、全国的に大きな社会変動が生じていたことである。それを端的に示すのが古墳文化のあり方で、五世紀頃までは、各地の有力な首長たちのみが、巨大な前方後円墳を築造していた。ところが、五世紀末頃になると、そういう巨大古墳が姿を消すようになり、代わって、村落単位の小首長や有力家父長たちが小さな古墳を大量に作るようになったのである。もちろん、地域によって事情は異なるし、例外的なものもある。たとえば、先に述べた蘇我稲目の見瀬丸山古墳や欽明陵などは例外中の例外である。しかし、大勢は右に述べたようなものだったのである。

しかも、消滅したのはヤマト王権だけではなかった。葛城も吉備もその点は同じであった。時代が大きく変わろうとしていたのである。有力な大首長の権力が解体し、その下から村落を基盤とする新しい勢力が出現しようとしていた。そして、その新しい波は畿内から周辺へ、そして全国に広がりつつあった。一種の下剋上が起こっていたのである。

そういう新しい勢力は、だいたいにおいて、国ではなく、郡とか里とかそれ以下の地名を名乗っている。蘇我も巨勢《こせ》も平群《へぐり》も『記紀』に見える氏族のほとんどがそうである。それに引き換え、葛城襲津彦の葛城氏というような氏は消滅している。こういう新しい村落を基盤とする豪族たちにより、新しい国家秩序が再建されることになる。そうして成立するのが継体新王朝である。ちなみに、そこに再建された後期の王権、これを五世紀までのヤマト王権と区別して、ここからの王権を大和王権と称しておく。なお、この新しい王権が、一定の目的のために、中小豪族たちを組織したり編成したりする場合もあった。たいていは手工業などの技術集団であったが、むしろ王権に密着する重要な役割を任される集団もあった。それが、のちの物部・大伴氏の起源ではないかと思う。どちらにしろ、蘇我とか巨勢・平群・春日とか、物部・大伴などという氏族の存在を五世紀以前に遡らせて考えるべきではない。六世紀以後の変動の中から生まれてきた氏族だからである。

拠点としての近江

五世紀末から六世紀にかけて、列島の盟主はおろか畿内を束ねる存在もいなくなった。その頃、朝鮮半島では新羅が急速に台頭し、半島は激動期を迎えようとしていた。押され気味の百済や伽耶諸国は、新羅を牽制するためにも強力な日本の王権を求めていた。また、朝鮮半島に進出している西日本諸勢力も、情報を集積し的確に判断する権力中枢の存在を必要としていた。さらに、日本列島全体においても、スムーズな交通の確保のためには安定した権力の存在が必要とされていた。

そこで、大和の王権の再建が求められることになる。その場合も、やはり、五世紀以前の前期王権の場合と条件は同じであった。何といっても、外交を制御し、朝鮮半島から安定的に技術を移入する能力がなければならない。さらに、五世紀には多くの渡来人が日本にやって来ているから、彼らを組織し、王権のもとに再編する能力も必要であった。そのような役割は本来は葛城氏のものであったが、葛城氏という首長権力はすでに解体していたと思われる。しかし、その葛城氏の下から台頭したのが蘇我氏であった。蘇我氏は、葛城氏の遺産である外交権を継承するとともに、葛城氏のもとに定住していた渡来人集団を掌握して大和盆地の指導者としての地位を確立することになったのである。なお、この間の蘇我氏の動向については、加藤謙吉氏のすぐれた研究がある（加藤謙吉、二〇〇二年）。

しかし、王権の真の条件は東西を分かつ壁の意味を再構築し、東日本を支配下におくことである。といっても、三世紀の段階とは基礎的条件が変わっている。三世紀の段階では、大和盆地を起点として東を考えればよかった。しかし、六世紀となると、交通の発達と開発の進行により、王権の基盤は畿内の周辺に拡大している。とくに注目すべきは近江であった。のちに、三関《さんげん》と言って、北陸道に愛発《あらち》・東山道に不破《ふわ》・東海道に鈴鹿の三つの関所が設けられることになるが、これらはいずれも近江国に接している。つまり、近江が、東国への起点になっていたのである。だから、その近江出身の人物が登場することは、言わば権力論の定石と言うべきものであった。

継体新王朝の出現

その人物がオホド王、すなわち継体である。『日本書紀』によれば、継体は、父彦主人王《ひこうしおう》の三尾《みお》の別業《なりどころ》で生まれたとされている。三尾は、近江国高島郡である。母は越前の三国出身、先の「上宮記一云」によると父方の祖母は美濃の牟義都国造《むげつのくにのみやつこ》の娘、妻は八人ほどで、三尾（二人）・坂田・息長という琵琶湖の沿岸の豪族の娘がもっとも多く、ほかに淀川流域の茨田《まんだ》、大和盆地東北部の和珥《わに》、そして尾張連の娘がいる。こういう婚姻関係で見る限り、継体という人物の勢力基盤が近江を中心として越前・美濃・尾張にあったことは明らかであろう。広大な面積と多くの人口をもつ東日本を掌握することが王権の最大の根拠であるが、継体は、十分、その条件を満たしていると言ってよいであろう。しかも、近江の三尾付近に鴨稲荷山《かもいなりやま》古墳がある。築造年代は六世紀前半頃であるから、継体の近親者の墓と考えてよさそうである。そこからは、南朝系の環頭大刀《かんとうたち》、金製の耳飾や金銅製の冠・沓・双魚珮《そうぎょはい》など大量の半島渡来の装身具が出土しているのである。単に、東国だけではなく、

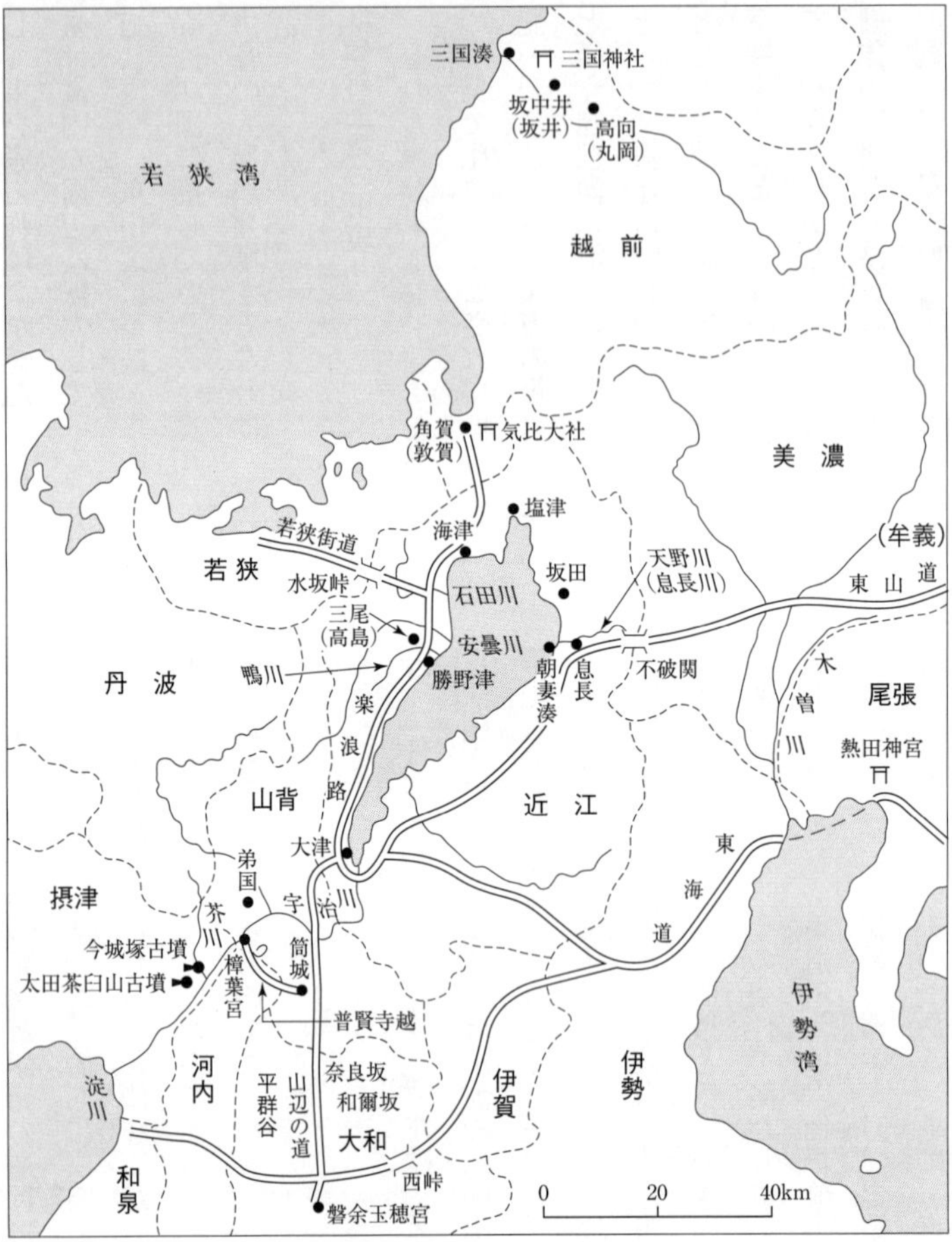

継体関係地図（大橋信弥氏作成）

継体の后妃と出身氏族（大橋信弥氏作成）

	『古事記』	『日本書紀』
(1)	三尾君《みをのきみ》等祖、若比売《わかひめ》	皇后手白香皇女《たしらかのひめみこ》
(2)	尾張連《をわりのむらじ》等之祖、凡連《おおしのむらじ》之妹、目子郎女《めのこのいらつめ》	元妃《はじめのみめ》、尾張連草香《をわりのむらじくさか》女、目子媛《めのこひめ》更名色部
(3)	意祁《おけ》天皇（仁賢）之御子、手白髪命《たしらかのみこと》是大后	三尾角折君《みをのつのおりのきみ》妹、稚子媛《わかこひめ》
(4)	息長真手《おきながまて》王之女、麻組郎女《おくみのいらつめ》	坂田大跨《さかたのおおまた》王女、広媛《ひろひめ》
(5)	坂田大俣《さかたのおおまた》王之女、黒比売《くろひめ》	息長真手《おきながのまて》王女、麻績郎子《おみのいらつめ》
(6)	三尾君加多夫《みをのきみかたぶ》之妹、倭比売《やまとひめ》	茨田連小望《まむたのむらじおもち》女或曰妹、関媛《せきひめ》
(7)	阿部之波延比売《あべのはえひめ》	三尾君堅楲《みをのきみかたひ》女、倭媛《やまとひめ》
(8)		和珥臣河内《わにのおみかわち》女、荑媛《はえひめ》
(9)		根《ね》王女、広媛《ひろひめ》

淀川から瀬戸内海を経て朝鮮半島にまで人脈を広げていたと考えてよいであろう。

オホド王が、王権を掌握するにふさわしい能力をもっていたことは確かと言ってよい。では、彼は、どのようにして大王となったのか。もちろん、個人的能力と数々の偶然に支えられてはいるだろうが、やはり、外交と東日本の支配が王権の二本の柱である。これがうまく嚙み合っているときに強力な王権が成立する。五世紀のヤマト王権について、『日本書紀』は、雄略が葛城円《つぶら》大臣を攻めて滅ぼしたと記している。これをそのまま事実とする必要はないが、本来、纏向《まきむく》にある大王（雄略の宮都の初瀬は纏向に隣接している）と葛城氏は相互依存関係にあったはずである。それが対立し、一方が他方を滅ぼすというのは自殺行為に等しい。その結果、まもなく、ヤマト王権全体が解体したことは先に見た通りである。

これとは逆に、六世紀の場合、東国に強力な人脈を有するオホド王と、葛城氏の後継者であった蘇我氏が手を結べば、強力な王権が成立することは容易に想像されたであろう。そこで、現実的に言うと、蘇我氏がオホド王を招いたのではないか。『日本書紀』は五〇七年にオホド王が即位したとする。今日、継体天皇と称されている人物である。継体は、大和盆地に入ってから磐余《いわれ》を宮都とするが、この地は三輪山山麓に近い。やはり、初瀬川を利用した東国支配を念頭に置いた地と考えてよいであろう。

なお、『日本書紀』には、継体を擁立した人物として大伴金村《かなむら》とか、当時の有力者として物部麁《あら》鹿火《かい》などが登場するが、私は、大伴氏とか物部氏とかは、この段階ではまだ存在していなかったのではないかと考えている。この両氏は、地名を氏名とせず、トモとか部《べ》とか称しているが、これは王権の側から編成されたことを示している。五世紀の杖刀人《じょうとうじん》（埼玉県稲荷山古墳出土鉄剣銘）とか典曹《てんそう》人《じん》（熊本県江田船山古墳出土太刀銘）などの呼称と原理的に異なっており、継体朝以後の王権の権力基盤として、一定の目的遂行のための集団として上から組織された氏族と考えるべきである。

継体の人物像

継体が率いてきた勢力は、主に近江と淀川流域、さらには尾張・美濃・越前などの諸豪族であった。全体として畿内の東側である。厳密には、近江を中心に、山背・河内北部・大和盆地東北部、それに尾張・美濃・越前である。本拠は磐余とされた。これに対し、パートナーの蘇我氏は葛城氏の遺産を継承し、大和盆地西南部の葛城を本拠とし、紀伊、河内南部（のちに和泉となる）を支配する。磐余と葛城の中間が飛鳥で、のちに、ここが政権所在地となる。

しかし、これだけでは、継体の人物像は何とも漠然としているし、彼が大王になった経緯も定かではない。そこで、これについて、もう少し具体的に述べておこう。

まず、本当の出身地はどこかであるが、私見は『日本書紀』によって近江国高島郡の三尾でよいと考えている。三尾で生まれたという『日本書紀』の記事や鴨稲荷山古墳の存在が大きな根拠であるが、日本の豪族たちの婚姻関係を見ると、最初は身近な女性と結婚し、しだいに有力となると政略結婚で遠方の女性と結婚する場合が多い。継体の八人の妻のうち四人が近江で、そのうち二人が三尾である。ほかに尾張と茨田、それに和珥である。これによれば、まず、近江国内で有力となり、それを根拠に尾張と茨田に人脈をもち、さらに和珥氏を介して大和に通じ、その過程で蘇我氏とも接触したとするのが自然の解釈ではなかろうか。

ところが、従来、継体の出身氏族を息長氏とか和珥氏とする理解がある。そこで、これについての私見を述べておく。

まず、息長《おきなが》氏出身とする説は岡田精司氏に始まるようであるが（岡田精司、一九七二年）、息長氏の本拠地は坂田郡南部で現在の米原付近である。もし、継体が息長氏であるなら、継体擁立の母体となるような勢力が存在しなければならない。しかし、この地域の古墳等の遺跡を見ると、五世紀末頃までは目立ったものはなく、六世紀以後、急に有力化するという（大橋信弥、一九八四、一九九六、二〇〇七年）。とすれば、それは、むしろ継体の即位以後ということになり、擁立母体とはみなしがたくなる。実際に、息長氏が史実として確認できるのは、後述する通り敏達の妃に息長真手王の娘の広媛《ひろひめ》が登場してからなのである。

次の和珥氏という説は、大橋信弥氏の説である。和珥氏は、五世紀代に、大和盆地東北部を拠点とし、広く淀川流域から近江にまで勢力を広げ、葛城氏とならぶ有力な氏族であったとされている（岸俊男、一九六〇年）。事実なら、継体擁立勢力の分布とほとんど同じである。継体の墓は、淀川北岸の今城塚《いましろづか》古墳（大阪府高槻市）とされているし、継体は、大和に入る前に河内の樟葉宮《くすばのみや》（大阪府枚方市交野付近）、山背の筒城宮《つつきのみや》（京都府京田辺市付近）、同じく山背の弟国《おとくに》（京都府長岡京市付近）を転々としたとされている。これらは、広い意味で和珥氏の勢力圏である。しかも、有力な和珥氏を介さねば大和に入ることはできなかっただろうというわけである。

しかし、この説も成立しないと思う。そもそも、五世紀代に葛城氏とならぶ和珥氏という大氏族が存在したという根拠がない。和珥という地名は今日の天理市の北部にあるが、そこに巨大な豪族がいた形跡はない。岸氏は、佐紀・盾列古墳群を、和珥氏の墓と考えているようであるが、これは、先にも述べた通り、纏向から始まる王権自体の陵墓である。和珥氏という一氏族のものではない。だから、右に見た諸豪族の広域的連携は、むしろ、継体の擁立の過程で成立したものと考えるべきである。結論を先取りして言えば、のちに、敏達の妃の広媛が生んだ押坂彦人大兄王の子孫である天智・天武の時代に大王系図が作成されるとき、息長氏の出身母体を示す後背氏族として構想されたのが和珥氏という存在だったのではないかと思う。

とすれば、継体の人物像としては、やはり三尾出身の人物でよいと思う。ただし、三尾の豪族が有力だったということではなく、そこ出身のオホド王が、時代の転換期にすぐれた手腕を発揮して、一躍近隣の国々の支持を得て、ついには大和に迎えられることになったと考えるのである。

その後の継体朝であるが、西は筑紫君磐井《いわい》と戦い、これを倒したことが最大の事件であろう。これにより、糟屋屯倉《かすやみやけ》を得たとされているが、この屯倉は博多湾周辺にあり、対馬・壱岐を経て朝鮮半島に通じる『魏志倭人伝』以来の筑紫君の拠点であった。これまでの大和王権は、この地を自由に使うことができず、宗像氏の協力を得て困難な沖ノ島経由の航路に頼っていたのであるが、ここに、安定した航路を確保することになった。このことが、その後の朝鮮外交に重要な意味をもつことになり、その結果として所謂《いわゆる》「任那日本府」という歴史的存在が成立するのであるが、これについては、以前に詳しく述べたことがあるのでここでは割愛する（大山誠一、一九八〇年）。

また、次の安閑朝の時代のことと伝えられているが、東国の武蔵を舞台とした戦乱で、上毛野君《かみつけぬのきみ》小熊《おくま》に勝利したというのも、同様に重要な事件であったはずである。これにより、日本列島全体の盟主というか、軍事的支配者としての地位を固めたからである。

欽明は蘇我系

継体の人物像は、なお謎に満ちているが、その権力の構造はむしろ、その後の推移をたどったほうが理解しやすい。

継体朝の構造は次の系図を見れば明らかである。

『記紀』は、継体の跡を継いだのが尾張連目子媛《めのこひめ》所生の安閑・宣化とする。いちおう、事実とすれば、継体の支持母体の中で、尾張の存在感が大きかったことを示している。やはり、重要なのは東国なのである。

問題は、その次に即位したとされる欽明の存在である。『記紀』ともに、継体が即位したのち、仁賢と雄略の娘の春日大女郎《かすがのおおいらつめ》との間に生まれた手白香《たしらか》皇女と結婚し、欽明を生んだとしている。手白香皇女は、旧王朝の血を引いていることになる。しかし、『日本書紀』によれば、継体が即位したのは五八歳である。おまけに、旧王朝はすでに崩壊しており、その生き残りの皇女に政治力はなかったであろう。いずれにしろ、手白香という女性に実在感は認められない。明らかに、万世一系という『日本書紀』の論理を実現するために捏造された女性であったに違いない。

では、欽明とは何ものかということになる。ここで、彼の婚姻関係がヒントとなる。

当時の豪族は、身近な女性から始まり、有力になるにつれて政略結婚により遠方の女性と結ばれるようになることは先に述べた。欽明の場合、蘇我稲目の二人の娘、堅塩媛と小姉君との間に合計一八人の子をもうけている。ほかに、宣化の娘三人を妻としているが、もうけた子は四人にすぎない。そのほか、春日臣の娘もいるが、欽明が実質上蘇我氏とともにあったことは明らかと思われる。

継体系図

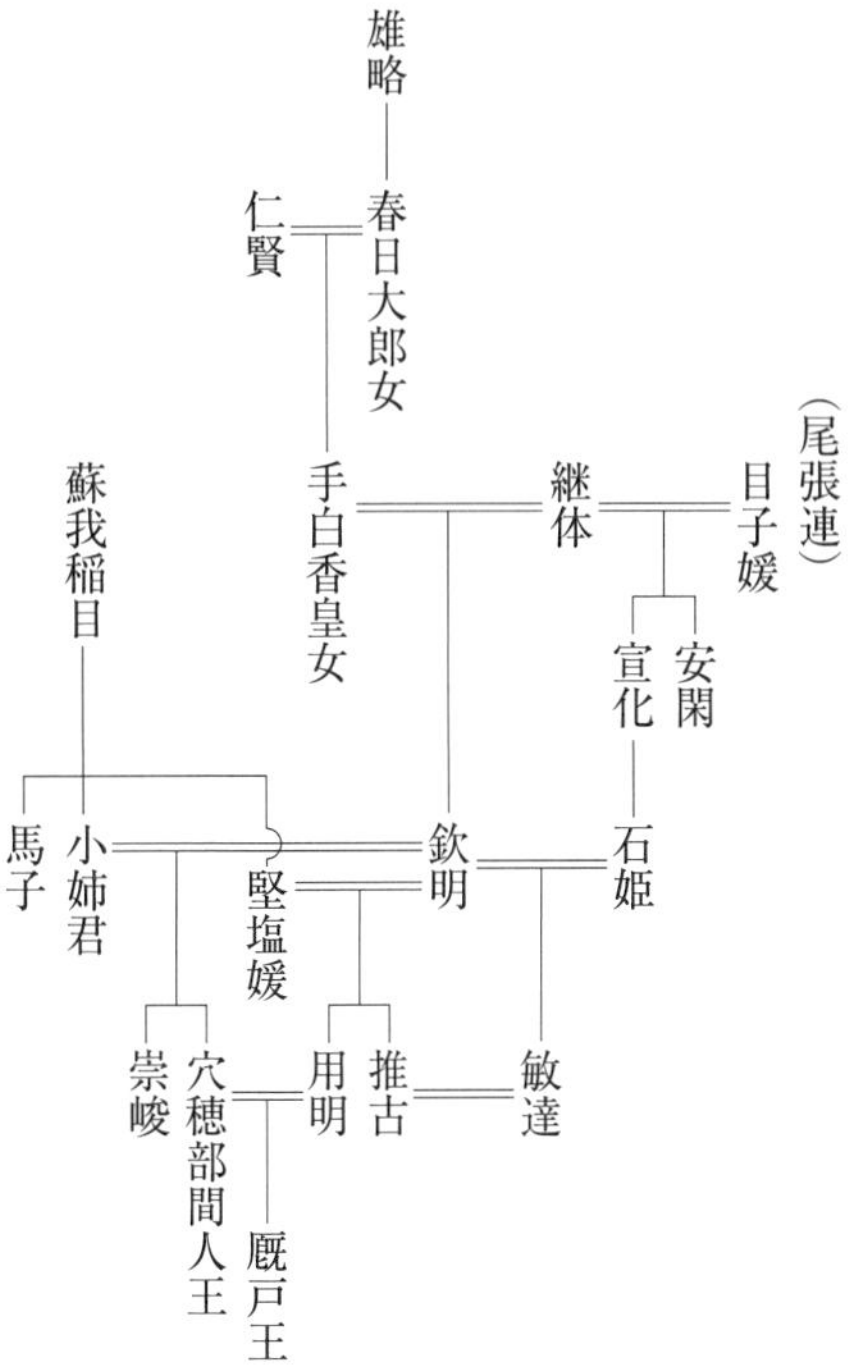

おそらく、彼は、蘇我氏ときわめて近い人物であったか、蘇我氏そのものであったと考えてよいであろう。先に、堅塩媛と合葬された欽明陵は、当時の蘇我氏以外の人物としては例外的に飛鳥にあると指摘しておいたが、あるいは、もともと蘇我氏だったのかもしれない。その場合、大王位は、継体直系から蘇我氏に移ったことになるが、本来、継体支持勢力と蘇我氏は協力ないし補完関係にあったの

であるから異とするには足らないのである。

敏達と息長氏

欽明の次の王位は敏達と伝えられている。敏達は、欽明と宣化の娘の石姫との間に生まれた人物である。この場合、欽明は蘇我氏で、宣化は継体直系と見てよい。とすれば、この敏達即位の意味は、厳密な意味での継体勢力と蘇我氏との合流と考えてよいであろう。『日本書紀』によれば、敏達の即位は五七二年とされている。ここに初めて、継体と蘇我氏の両方の血を引く人物が即位したことになる。

この敏達朝というのは、画期的な時代であった。まず、婚姻関係としては、欽明と堅塩媛の間に生まれた額田部皇女（推古のこと）を妻としている。若干問題はあるが七人の子が生まれたとされている。蘇我氏との協力関係を象徴している。また、政策面では、蘇我氏の協力を得て、大和盆地に残されていた未開地である広瀬郡一帯の開発に乗り出しており、ここに多くの渡来人を配して、連立政権の基盤を固めようとしていたことがあげられる。広瀬郡は、蘇我氏が本拠としつつあった飛鳥と盆地西北の斑鳩の中間地帯である。この広瀬郡の開発については、平林章仁氏が詳しく研究されている（平林章仁、二〇〇二年）。ただ、氏が、蘇我氏と敏達の王権とを対立的にとらえているのには賛成できない。ここまで述べてきたことからしても、両者は協力関係にあったと考えるべきである。

この敏達朝に関し、もう一つ重視すべきことがある。それは、彼により、東国支配がより強化されたことである。敏達の妻は、額田部以外に三人いる。その三人が、きわめて重要な意味をもっているのである。順に説明したい。

第一は、息長真手王の娘の広媛である。王族ではなかったはずだが、ここは便宜上『日本書紀』に従っておこう。ここに、史実として息長氏が初めて登場したのである。そこに生まれたのが押坂彦人大兄王で、彼の子孫の系譜を息長系と称するのである。舒明・宝皇女（皇極のこと）、そして天智・天武を経て持統・草壁・軽へと推移するが、これらすべてが息長系である。こういう息長系王族の成立は、将来の記紀編纂時に大きな意味をもつことになるが、当時においても重要なことがあった。彼らが本拠地とした押坂（忍阪）という地である。三輪山の南にあたり雄略の初瀬朝倉宮に接している。ということは、初瀬川を眼前にし、東国に通じる地である。まさしく、その喉元を押さえており、東国に対する関心の深さを示している。

第二は、伊勢大鹿首小熊《いせのおおかのおびとおぐま》の娘の菟名子《うなこ》である。大鹿は伊勢国多気郡相可、櫛田川流域の地である。のちに成立する伊勢神宮にも近い。と言うより、その勢力圏である。だから、伊勢湾の入口を押さえ、東国への水陸の交通を支配し得る地である。しかも、そこに生まれた糠手姫《あらてひめ》が押坂彦人大兄王と結婚して舒明を生むのである。さらに、この糠手姫は蘇我氏とも密接であったが、これについては後述する。ともかく、ここでは東国との関係に注目しておこう。

そして第三は、春日臣仲君の娘の老女子《おみなご》であるが、彼女の子孫ものちの息長系王族を支えることになる。たとえば、大派王《おおまた》は舒明朝の有力者であったし、栗隈王《くるくま》は壬申の乱に際して筑紫率の地位にあり大海人側に通じている。また、その子の三野《みの》（美努）王は県犬養《あがたいぬかい》三千代の最初の夫で葛城王（橘諸兄）らの父である。

以上、敏達の時代に王家の中に息長系という勢力が成立したこと。これが、押坂を拠点として、東日本を支配する継体人脈の主流となったこと、それを背景に結果的に最終的勝利者となったことを強調しておきたい。のちに、天智が近江に遷都するのも、壬申の乱に際して大海人皇子が伊勢に向かったのも、また、文武朝に伊勢神宮が置かれ、アマテラスが祀られることになるのも、継体以来の息長系王家の宿命であったと言えるのである。

その敏達の没後、『日本書紀』は用明・崇峻・推古の即位を記しているが、それが事実ではなかったことは先に詳しく述べた通りである。敏達のあと、実際に大王となったのは蘇我馬子であった。この馬子の時代に、朝鮮半島との交流は飛躍的に発展し、仏教が伝来し、遣隋使も派遣された。では、馬子の没後の王権はどのように推移したのだろうか。

二　馬子以後

誰が蘇我馬子を継ぐのか

『日本書紀』によると、蘇我馬子は、推古三十四年（六二六）五月に亡くなっている。その後、王権はどうなったのか。『日本書紀』は、同三十六年（六二八）に推古が亡くなり、その推古の遺詔をめぐって田村皇子と聖徳太子の息子の山背大兄王が争い、結果として田村皇子が即位したとする。これが天智、天武の父の舒明天皇である。

しかし、推古などという天皇がいなかったのだから遺詔などあるはずもなく、聖徳太子も架空の人物だったのだから、山背大兄王の即位など問題にならない。元来、山背大兄王というのは間違いで、大兄ではなく、山背王であったはずである。先の「上宮記下巻注云」では尻大王とされていた。

では、田村皇子の即位は事実だったのだろうか。

まず、蘇我馬子が大王であったことは間違いない。そして、六四五年に乙巳の変が起こり、中大兄や中臣鎌足らによって蘇我入鹿が暗殺され、そこに大化の新政権が成立したことも確かであろう。その間、わずか二〇年に満たない。そこに、どのような歴史が展開したのかである。

と言って、この課題を論ずるのは簡単ではない。聖徳太子や推古を論じたときには『隋書』という切り札があったから、これを根拠に『日本書紀』の断片的真実を割り出すことができた。しかし、馬子以後の時代には確たる史料が存在しないのである。だから、どうしても間接的な論拠によらざるを得ず、なかなか責任ある歴史像を提示できないのである。しかし、いちおうの考え方を示しておかねばなるまい。

最大の問題は、先に、蘇我馬子の権力の偉大さを述べたのであるから、普通の論理では、その権力は、その子孫に継承されるということになるだろう。蝦夷、そして入鹿である。ところが、なぜか、『日本書紀』は舒明の即位を記している。そんなことがありうるかということである。

実は、私は、あり得たと思う。その論拠を次に示すことにする。

蘇我氏と息長氏

今日の日本人は、天皇というとただちに万世一系と考えやすい。しかし、現実には、王権はより流動的に運営されていたのである。この時代もそうであった。

第一に考えるべきは、当時の王権は、もともと継体の血を引く息長氏と蘇我氏との協力関係によって成立していたことである。息長氏は東国を支配し、蘇我氏は外交と渡来人を管理している。両者は、協力というより補完関係と言ったほうがよいかもしれない。運命共同体のようなものだったのである。とすれば、大王の地位は、両者の合議によらねばならなかったであろう。それは、大王としての蘇我馬子の存在自体が示している。必ずしも、どちらかが排他的に継承するものではなかったのである。とすれば、馬子の没後に、逆のことがあっても不思議はないであろう。

第二に、蘇我氏と息長氏との関係であるが、彼らの現実の人間関係は、きわめて密接であり、ほとんど融合していた可能性がある。次の系図を見ていただきたい。この中に、馬子の邸宅である嶋宮の嶋を名乗る女性が二人いる。糠手姫と吉備姫王である。ともに、嶋皇祖母《しまのすめみおや》を名乗っている。吉備姫王の母親が不明であるが、どちらにしろ、敏達系、すなわち息長系に属する人物でありながら、馬子の邸宅に居住していたものと思われる。その内実は、系譜のみではわからないが、両者の密接な関係を物語るものであろう。

第三に、『日本書紀』の記すところによれば、即位後の舒明の王宮は、飛鳥寺と嶋宮の中間の地の飛鳥岡本宮である。飛鳥寺と嶋宮は、ともに蘇我馬子の権力を象徴する建造物である。このように伝えられていること自体、蘇我氏と舒明が密接な関係にあったことを示しているのではなかろうか。さらに、この時期に舒明の手で百済大寺が建立されたとして、これを最初の天皇（大王）発願の寺院と称することが多い。近時、吉備池廃寺の発掘により、その巨大さが確認されている。しか

蘇我氏・息長氏関係系図

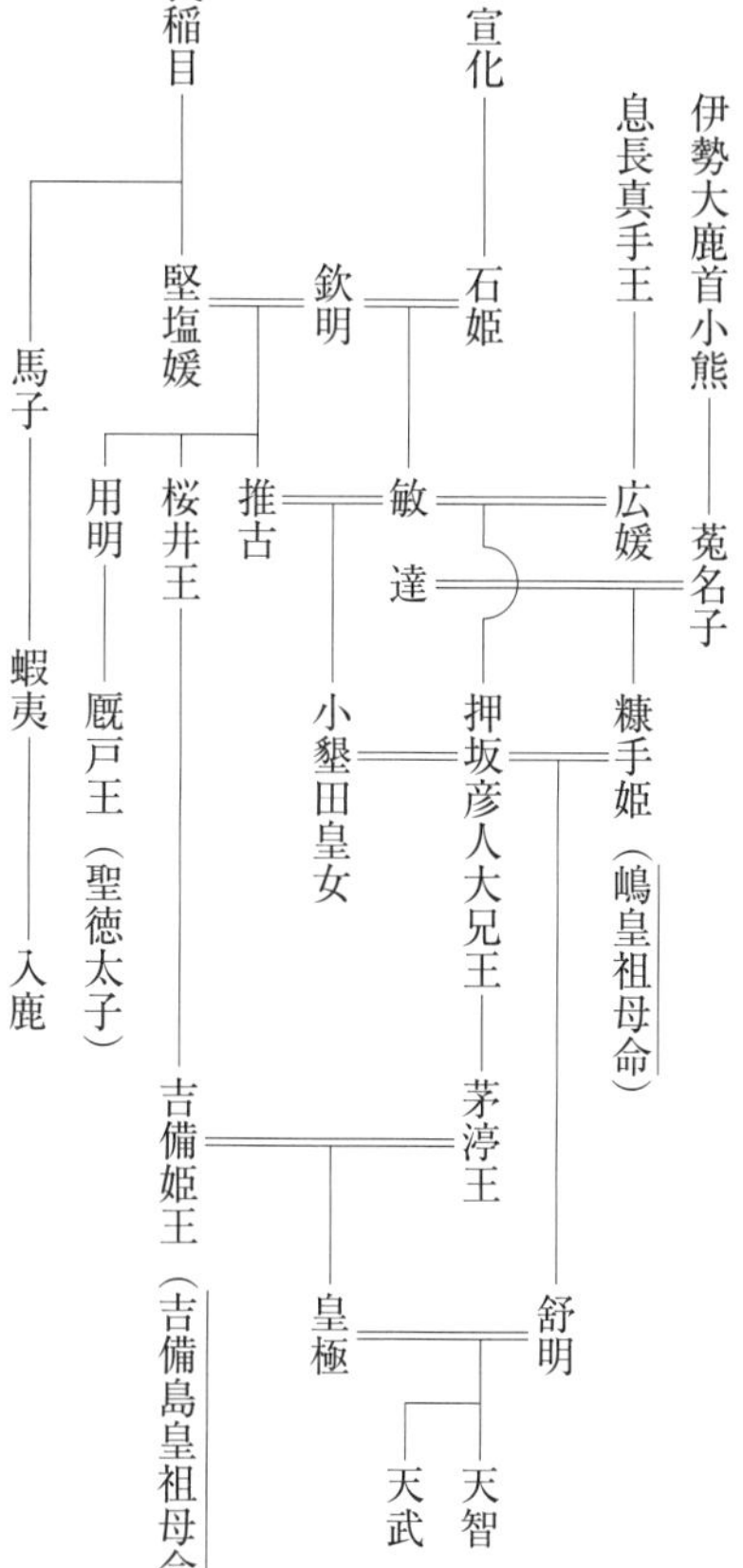

し、蘇我氏が巨大な権力をもっており、舒明がそれと対立していたら、そのような寺院の建立が可能であっただろうか。これもまた、結果論として、蘇我系と息長系の密接な協力関係の存在を示すものではないだろうか。

以上、三点にわたって、蘇我系と息長系との協力関係ないし補完関係を述べてきた。このような関係を背景にすれば、馬子のあと、舒明の即位があっても何らおかしなことではないのではなかろうか。両系とも、多くの支持母体を有していたはずであるから、全体の平和のためにも、王位はときに交替するほうが望ましかったのである。

舒明から蝦夷・入鹿へ

では、舒明が亡くなってから、どうなったと考えるべきか。『日本書紀』によると、舒明は同十三年（六四一）に亡くなり、翌年、皇后の宝（財）皇女（皇極）が即位したことになっている。しかし、同時に『日本書紀』は、蘇我蝦夷が、祖廟を葛城の高宮に立てて、八佾《やつら》の儛《まい》をし、双墓《ならびのはか》を今来《いまき》に造り、蝦夷のを大陵《おおみささぎ》、入鹿のを小陵《をみささぎ》と称したと記している。八佾の儛は、天子のみに許された舞という。また、甘樫の丘に家をならべ建て、蝦夷の家を上《うえ》の宮門《みかど》といい、入鹿の家を谷《はさま》の宮門といい、子息を王子《みこ》とよんだという。祖廟とか八佾の儛とかの中国的表記に真実味はないが、この場合、『日本書紀』の文章にこだわらずに考えねばならない。

『日本書紀』から読み取れることを整理すれば、次のようになる。

第一に、編者の立場は、皇極を大王とする。推古が大王でなかったとすれば、最初の女帝となるが、それ自体不自然である。加えて、舒明の殯《もがり》で一六歳の東宮開別《ひらかすわけ》皇子が誄したとするが、これが中大兄王で、以後も皇太子と記されている。つまり、ここでも、推古と聖徳太子と同様、女帝と皇太子のセットで登場していることになる。これを、『日本書紀』編者の作為とするのは容易であろう。とすれば、皇極の即位は事実ではなかったのではないか。

次に、蘇我蝦夷と入鹿に関する中国的表記に疑問はあっても、女帝と皇太子のセットを編者の曲筆として退けることができれば、蝦夷・入鹿の王権を認めるしかなくなる。事実、『日本書紀』の皇極天皇の巻には、百済の義慈王の太子の余豊璋《よほうしょう》、王弟と思われる翹岐《ぎょうき》や塞上《さいじょう》や高級貴族の来日の様子が詳しく記されており、何らかの百済側の記録にもとづくものと思われる。ところが、その外交の場で活躍しているのは、常に蘇我蝦夷なのである。先にも述べたように、当時の王権は、蘇我・息長両系の連合体であった。しかも、仏教伝来から半世紀を経過し、渡来系の技術の役割はますます増大していたはずである。その点で、渡来人を権力基盤としていた蘇我氏の立場は強まっていたであろう。

王宮は、飛鳥岡本宮《おかもとのみや》が舒明八年（六三六）に焼失し、皇極二年（六四三）に、再び同じ地に飛鳥板《いた》蓋宮《ぶきのみや》が完成したとされているが、この地は、もともと、蘇我馬子の勢力圏である。

加えて、重視すべきは国際情勢である。高句麗・百済と新羅との間の対立は続き、三国それぞれの政情も不安定の上、唐と高句麗との緊張も高まっていた。そしてついに、六四四年、唐の太宗は高句麗征討を宣言するにいたる。この間、高句麗・百済・新羅の三国からの使者は相次いで来日しており、日本側も国際情勢の複雑さを認識せざるを得なかったであろう。そういう時代に、渡来人を支配下に置く蘇我氏の存在感は、ますます増大していたであろう。

以上のように考えて、私は、皇極は大王ではなく、舒明から蘇我蝦夷・入鹿へ王権が移行していたと考えるものである。

六四五年のクーデター

では、なぜ、乙巳の変が起こったのか。

蘇我入鹿を、王位を僭称《せんしょう》する逆賊とし、それを中大兄と鎌足らが懲罰するという『日本書紀』のストーリーは虚妄そのもので、ここにその疑問に対する答えを見出すことはできない。むしろ、実際にあったのは、大王位にあった蘇我蝦夷・入鹿に対するクーデターであったはずである。そのクーデターの本質は何かであるが、考えられるのは、唐の高句麗征討が始まって以来、朝鮮三国では政変が続き、いずれの国でも権力の集中が進み、反対派が粛清されていた。そういう、権力集中の動きが日本でも始まったのではないか。

朝鮮諸国の場合、唐の動きは、自国の生死にかかわることであったが、日本の場合は海を隔てているだけ影響は間接的であったことは確かである。しかし、朝鮮三国の必死のはたらきかけに接し、態度を明確にする必要に迫られていたであろう。

そのため、本来、連合政権であった日本の王権に、外交方針をめぐる亀裂が走ったのではないか。何らかの形で積極的に介入すべきか、態度を保留すべきかという方針の違いである。後年、百済が滅亡したとき、積極的に介入したのが中大兄（天智）であった。これに対し、蘇我氏は多様な出自をもつ多くの渡来人を抱えており、身動きが取りづらかったのではなかろうか。その結果、皇極二年（六四三）に、斑鳩の王家が滅ぼされるという事件が起こり、さらに亀裂が拡大して、六四五年に、蘇我蝦夷・入鹿に対する中大兄・中臣鎌足らのクーデターが起こったのであろう。

クーデターから間髪をいれずに新政権が発足し、大化改新が始まったことを考えれば、鎌足らが、相当に用意周到な準備をしたと思われるが、現在の私には、これ以上その内容に立ち入る余裕はない。

なぜ厩戸王だったのか

よく聞かれることなのだが、なぜ、厩戸王を聖徳太子に仕立てたのであろうか。ほかの人物ではいけなかったのか、という疑問である。なかなか漠然とした難しい問題であるが、今のところ次のように考えている。

厩戸王という人物から、聖徳太子としての事績を消去すると、歴史的事実と思われるのは次の三点に過ぎない。第一は、一八九頁の系図に見るように、用明天皇と穴穂部間人王との間に生まれたこと。ただし、用明は天皇（大王）ではなかったと思われるから、『日本書紀』で用明とされたもとの人物ということになる。その実名は伝わっていない。また、系図が示すように、両者とも母は蘇我稲目の娘であり、父の欽明も蘇我一族の可能性が高いから、厩戸王は、蘇我系の人物であったといってよい。また、「上宮記下巻注云」により、妻に蘇我馬子の娘の刀自古郎女《とじこのいらつめ》がおり、そこに山背大兄王（本当は大兄ではなかったが、ここは『日本書紀』に従う）らが生まれていることも確実である。

第二は、「厩戸《うまやど》」の呼称の由来として、生年の干支にもとづくとしてよければ、五七四年甲午《きのえうま》の生まれということになる。没年については、『日本書紀』の六二一年説をとるべきであろう。金堂釈迦三尊像銘や天寿国繡帳銘によれば六二二年であるが、奈良時代中期以後に作られた不確かな説である。第三は、六〇一年に斑鳩宮を造って、以後そこを居所とし、その後近くに若草伽藍として遺跡が残る斑鳩寺（法隆寺）を建立したことで、これは考古学的にも確認されている。ただし、その後、斑鳩宮は山背大兄王が滅んだ六四三年に、斑鳩寺は六七〇年に焼失しており、今日の法隆寺は天武朝以後の再建であり、斑鳩宮跡には天平時代に夢殿が建立されている。

厩戸王に関して確かと思われるのはこの程度である。一言で言えば、六〇〇年前後に生存した蘇我系の比較的有力な人物というにとどまるであろう。

その厩戸王を利用して聖徳太子という人物像を創作した目的は次の二つである。

第一は、中国的古代国家の形成に際し、皇室を正当化するために、高度な中国思想を身につけた聖天子像の存在を提示しておく必要があった。これについては、唐に留学して中国思想を学び、玄宗皇帝に側近くで接した道慈のような人物なら難しいことではなかったであろう。

第二に、天命思想をもたない日本は、天皇を正当化する独自の論理として高天原・天孫降臨、そして万世一系の原理を構想した。第Ⅱ部で詳しく論ずる通り、藤原不比等の構想であった。そのためには、過去の大王の血筋を一系にする必要があった。しかし、七世紀前半の蘇我王権の存在は、あまりにも大きく、かつ生々しく人々の記憶にあった。蘇我馬子と蝦夷・入鹿の存在である。そこで、蘇我馬子の功績を微妙に移し替えることができる人物であり、同時に、蘇我蝦夷・入鹿を暗殺した乙巳の変を正当化し得るストーリーを可能にするような人物が望ましい。

乙巳の変を正当化する

問題は、右の第二の目的であるが、要するに、蘇我馬子という存在を消せないまでも矮小化する作業である。まず、蘇我馬子の功績を移し替えるには、馬子の周辺にいた人物を探さねばならない。蘇我一族の誰かということになる。その点で、確かに厩戸王はふさわしい。仏教興隆など馬子の功績は、実は厩戸王との共同事業であったことにするのである。しかも、馬子に崇峻天皇暗殺というような濡れ衣を着せれば、馬子は本当は悪人だったということになり、仏教興隆の真の功労者は厩戸王つまり聖徳太子だけということになる。その上で、乙巳の変を正当化するのであるが、そのためには、蘇我入鹿を悪者に仕立てねばならない。厩戸王の子孫が飛鳥の勢力に滅ぼされたことは確からしい。そこで、その首謀者を蘇我入鹿とすれば、蘇我氏は聖天子たる聖徳太子の子孫を滅ぼした悪者ということになる。当然、その悪者を退治し、大化改新により聖徳太子の理想を実現した中大兄王と中臣鎌足は英雄となる。

やや込み入った論理であるが、このようにして、本来は蘇我王権の一員であったはずの斑鳩の厩戸王が、むしろ蘇我氏と一線を画する偉大な人物として描かれることになったのである。こう考えれば、確かに、厩戸王は、『日本書紀』編者のもくろみにぴったりの人物であったということにならないだろうか。逆に、『日本書紀』編者にとっては、斑鳩王家の滅亡は既知のことであったから、その事件を利用しようというのが発想の原点だったかもしれないが、どちらにしろ、厩戸王は利用しやすい人物であったのではなかろうか。

厩戸王と天智・天武

確かに、これで一件落着と考えてもよいであろう。しかし、よくよく考えると、どうも何か割り切れないものがある。

『日本書紀』は、散々、蘇我氏を悪者に仕立てている。蘇我氏を滅ぼした乙巳の変を讃美している。しかし、誰が見ても、厩戸王は、その蘇我一族の人物である。その厩戸王を理想的な聖天子に仕立てあげるというのは、やはり何といっても不自然ではないか。そういう疑問が消えない。

そこで、ちょっと観点を変えてみる。すると、驚くべき事実が明らかになる。それは、息長系と考えてきた天智・天武兄弟と蘇我一族と考えてきた厩戸王とが、系譜上、意外と近い存在だったのである。次頁の系図を見てもらいたい。

元来、六・七世紀の大王家の系図を、蘇我系と非蘇我系に二分して考えるのは正しくない。両者は、緊密な関係にあったからである。左の系図はそれを示している。そこで、具体的に、天智・天武と厩戸王との関係を見てみよう。なお、便宜上、人名は『日本書紀』に依拠している。

まず、皇極の母の吉備姫王は、欽明と堅塩媛の孫にあたり、厩戸王とは従兄弟《いとこ》にあたる。また、舒明と結婚する前の皇極の先夫の高向王は、用明の孫とだけ知れるが、おそらく、父は、用明と蘇我稲目の娘の石寸名との間に生まれた田目王（多米王）と思われる。その田目王は、用明没後、義

厩戸王系図

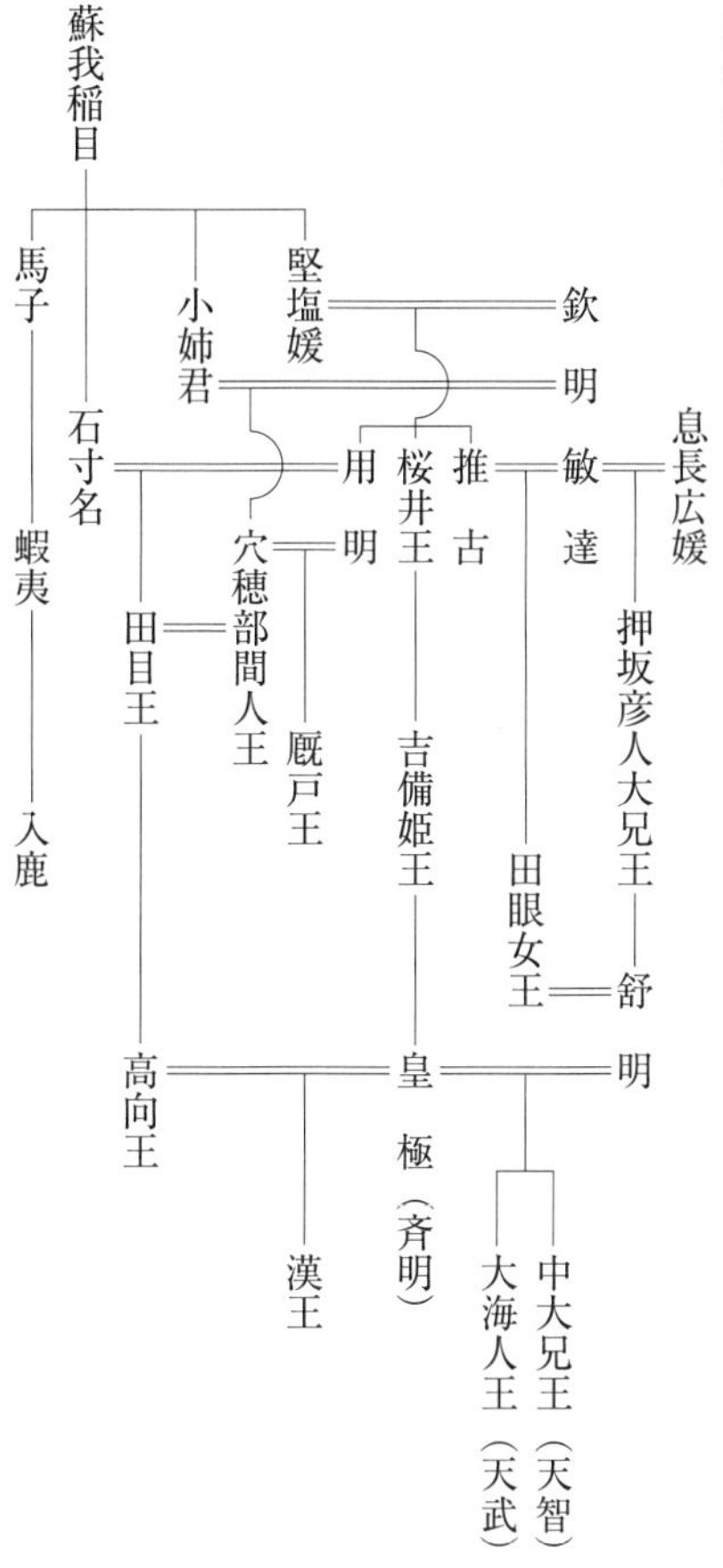

母の穴穂部間人王と結婚した人物である。とすれば、高向王と厩戸王は、穴穂部間人王を介して、無理に言えば、義理の兄弟となる。また、その高向王は、天智・天武の母皇極の先夫である。つまり、天智・天武にとって、厩戸王は、母の先夫の義理の兄弟であった。必ずしも遠い人物ではなかったのである。

また、舒明の側にも先妻に田眼女王がいるが、敏達と推古の子とされている。しかし、田眼（田目・多米）の名が、養育氏族の田目連に由来すると考えると、舒明・皇極とも、田目連と浅からぬ関係となる。その田目連は、皇極二年十一月条に、山背大兄王の舎人として登場する。つまり、先の田目王の存在ともあわせて斑鳩王家と関係が深かったことが推測される。とすると、ここにも舒明・皇極と斑鳩の一族との接点が見出されるのである。従来のように、皇室系図を、蘇我系対非蘇我系という対立関係で見てはいけない。父系原理が確立していなかったとすれば、親族関係は、柔軟に、多面的に考えねばならないのである。

つまり、厩戸王を偉大な聖徳太子に仕立てたのは、確かに、『日本書紀』編者の描くストーリーに適合的だったからではあるが、実は、もともと、天智・天武ら息長系の王族とも深い関係があったからではないか。もうそろそろ、蘇我・非蘇我の対立という先入観から脱すべきである。

第Ⅱ部　天孫降臨の夢

第1章　〈天皇制〉成立への道

一　皇帝になれなかった大王

中国皇帝を模倣できるか

『日本書紀』編纂の最終段階で、「蘇我馬子」という現実は「聖徳太子と推古女帝」という虚構に書き直された。そこに、藤原不比等という現実があった。そう述べてきた。しかし、それだけではない。より根本的な問題があることを述べておきたい。

というのは、元来、天皇という地位は、大化改新後、中国の中央集権国家を模倣する過程で、中国の皇帝に相当するものとして措定されたものである。中央集権国家を形成する場合、国家の枠組みとしての官僚制は、古くからの氏族制秩序をたくみに編成し直しながら構想されたと思われるが、国家意思の決定システムの頂点にあるべき王権のあり方をどう規定すべきかについては、現実の政治秩序の反映であると同時に、すぐれて思想的な問題でもあるため、当時の支配層にとって困難な問題であったに違いない。しかし、意思決定のシステムが明確でなければ、国家そのものが機能しない。だから、どのように天皇という存在を規定するかは大きな問題であった。

中国の場合を考えてみるに、歴代王朝は、天命を受け、天子として天下万民を支配すると称しているが、もちろんタテマエで、実際には、どの王朝も前王朝を武力で倒した征服王朝であり、直属の軍事力と独自の財力を保持し、国家に対して支配者として君臨している。国家意思決定に際しても、皇帝は唯一絶対の専制君主であり、官僚制は、その皇帝の意思を執行するための機関である。それがタテマエというか大原則である。

これに対し、日本の場合は、まず征服王朝ではない。何世紀も前に大和盆地に成立した大王の権力が、諸豪族の折り合いの中で継承されてきたものである。一般に氏族の連合体と言われているように、合議を前提としていた。天皇は大王の延長上にあったから、その権力は明確なものではなかった。権力の基盤となるような独自の軍事力も財力も存在しなかった。そもそも、異民族の支配を知らない島国であったから、都に城壁もなければ、常備軍の必要性もなかったのである。

だから、教科書を信用し、大化改新後の改革によって日本は中国的な中央集権国家になり、天皇も中国の皇帝のような専制君主になったなどと勘違いしてはいけない。もともと、中国のような唯一絶対の専制権力が成立する基盤がなかったのである。その点をはっきりさせておかないと、日本の歴史は理解できない。

確かに、中国法を受容したのだから、形式論理の上では、天皇も至高の存在とされている。たとえば、儀式の場や平安時代の物語文学の上では、表面上、中国皇帝を意識して描かれている。しかし、儀式は所詮《しょせん》お芝居である。現実の政治権力とは区別しなければならない。社会的基盤がなければ、お芝居でどんな衣装を身につけようが、物語でどのように描かれようが、現実の権力とは無縁である。お芝居として演じ、楽しむだけである。

また、中国の官僚制と日本の伝統的な氏族制秩序を折衷して、天皇と貴族・官人との君臣関係が成立したとし、それを国家秩序の基本とする研究者も多い。しかし、本当に天皇が君主として国家意思を決したことがあっただろうか。天皇が明確な政治理念をもって、有力貴族の反対を押さえつつ、その政策を貫徹したようなことがあっただろうか。今日までの古代史研究は、要するに表面的な形式論理に終始しているものばかりではないのか。

天皇の権力とは

では、日本の古代国家において、天皇はいかなる存在だったのか。また、国家の最高の意思決定はどのようになされたのか。

それを考える際に手がかりとなるのが「太政」の語である。本来、「太政」は、国家あるいは皇帝の政治そのものを意味する語である。ところが日本では、大化改新当初の官制は明らかではないが、注目すべきは、天智十年（六七二）正月に、大友皇子が太政大臣とされ、その下に左右大臣と御史大夫《ぎょしたいふ》が設けられたことである。この場合の御史大夫は、のちの大納言のことと考えてよいから、この三職はセットで、ここに太政大臣を長官とする太政官が成立したと考えてよい。

その太政官であるが、「太政」の語の本来の意味からも国政の最高機関であろう。それが、大友皇子が長官とはいえ、天皇権力の外側に、諸豪族との合議の場として成立したのである。天智は、この年の十二月に亡くなるから、大友皇子に後事を託したとも考えられるが、その後も太政官が存続することを考えると、唯一絶対の専制君主である中国皇帝という存在に違和感を感じた日本の支配層が、あえて、天皇を国政の場から外したと考えねばなるまい。もちろん、国家の最高意思は、形式上は天皇の発する詔勅によらねばならないが、機構上、国政審議の場に天皇がいないという事実は重いと言わねばならない。

しかも、飛鳥浄御原令では必ずしも明確ではないが、大宝令の段階になると、天皇の公務と後宮を管轄する中務省《なかつかさ》、皇室の生活一般を管轄する宮内省が、ともに太政官の被管とされている。ここにおいて、天皇機関説ではないが、天皇は、広い意味で、太政官を中心とする国政の中の一つの機関となったと言ってよい。

では、これにより、日本の天皇は名目だけの存在になってしまったのかというと、もちろん、そうでもない。天皇は、法を越えた存在であり、その意味で至高の権力であるとは言える。ただ、通常の国政の場にいないのであるから、その権力の行使は、限定された形をとらざるを得ない。具体的に言うと、天皇権力がもっとも有効に行使されるのは人事の場である。太政官が国政の最高機関であると言っても、そのメンバー（養老令では大納言以上、のちに、中納言と参議が加わる）は勅任であり、天皇の認可を待たねばならない。だから、天皇は、この人事権を通じて、間接的に太政官をコントロールしていると見ることもできる。しかし、そうなると、問題は、天皇の人事権行使の基準ということになる。ここからは自明とすべきであるが、そのようなとき、やはり優先されるのは、天皇自身の擁立にかかわった勢力との姻戚関係であろう。とすると、迂遠な議論は不要で、天皇の人事権を左右しうるのは、天皇を擁立し、娘を後宮に入れた人物ということになる。

『日本書紀』編纂の時代に、そのような人物は、実は一人しかいなかった。軽《かる》（文武）と首《おびと》（聖武）に宮子と光明子を嫁がせた藤原不比等である。では、その不比等が、逆に天皇に期待したものは何だったのか。それこそ、自身の権力の源泉となり得る天皇の権威であったに違いない。天皇に安定した権威が備わっていれば、その権力を代行する不比等自身の権力も安泰である。

では、天皇の安定した権威とは、どのようなものか。それを具体的に記し、模範的天皇像として、これから即位する皇太子にも、即位した天皇にも示しておきたい。それが、豊かな学識とすぐれた人格だったのである。そのために作られたのが〈聖徳太子〉像だったのである。さらに、『日本書紀』編纂時の女帝という現実を考慮して、当時の大王を推古という女帝にしたのであろう。ここに、女帝と皇太子という組み合わせが成立したのである。

以上、中国の皇帝と異なる日本の天皇について述べ、その天皇を利用する形で藤原不比等の権力が確立し、その不比等が、あり得べき天皇像を『日本書紀』の中に示したのが〈聖徳太子〉であることを述べてきた。

しかし、現実の天皇が、豊かな学識とすぐれた人格の持主とは限らない。とすれば、それ以前に、根本的に天皇の権威が確立されていなければならない。それこそが先に言及した、草壁、軽、首の血筋を父系をたどって遠く神代まで遡らせ、高天原・天孫降臨に始まる万世一系の神話を創造することだったのである。これが完成すれば、揺るぎない権威を掌中にすることができる。不比等は、そう考えたのであろう。

相対的になった「治天下大王」の権力

元来、日本の王権を理解するのは難しい。中国の皇帝と日本の天皇が異なるのは、前提となる歴史・風土が異なるからである。歴史や風土が異なれば、その上の秩序も違ってくるのは当然であろう。こういう観点から、日本の天皇を論じておく必要があると思う。

では、中国の制度を模倣する以前、いわゆる大化前代の王権はどのようなものだったのだろうか。五世紀の埼玉県稲荷山古墳の鉄剣銘や熊本県江田船山古墳の太刀銘には、雄略天皇とされる倭王武を「治天下大王」と称しているが、その場合の大王とはどのような存在だったのかということである。さまざまな説明の仕方があるとしても、とりあえず古墳時代なのだから、古墳によって考えると、確かに、大王の墓と思われる巨大な前方後円墳が存在する。世界最大級の全長四〇〇メートルを越えるものもあり、それをもって強大な権力と考えることは可能である。しかし、三〇〇メートル台、二〇〇メートル台の古墳となると、その数は意外と多く、一〇〇メートル台となると数え切れない。しかも、大和周辺とは限らず地方にもある。実は、巨大古墳といえども、被葬者が確定している古墳は皆無らしい。どれが大王陵なのか厳密にはわからないのである。それに、大きいから歴代大王の墓だとは限らないらしい。

普通、外国の王朝の場合は、ピラミッドのような巨大な墓は歴代大王とその関係者に限られ、その数はもちろんわずかである。日本の場合、大和周辺（これを、仮に畿内とよぶことにする）が中心とはいえ、古墳の大きさも地域も多様なのである。だから、古墳の大きさが、ある程度、権力の大きさを反映していると考えた場合、大中小さまざまなレベルの権力者（つまり、王）が各地にいたことになる。大和、河内など畿内が抜きんでているから、大和王権の存在自体は確かなのであるが、大和王権内部にも、大王陵につぐ大きさの古墳は少なくなく、三六〇メートルの吉備（岡山県）の造《つくり》山《やま》古墳、二一〇メートルの上毛野《かみつけぬ》（群馬県）の太田天神山古墳など地方にも巨大古墳がある。ということは、大王の権力が超越的ではなかったことを意味している。大王の下に、中小の王が多数いたのである。これらが複雑に連携しながら、全体として大王を頂点とする重層的な秩序を形成していたのである。だから、「治天下大王」の権力も相対的なものでしかなく、多数の中間的権力の連鎖の上に存在していたことになる。大和王権の内部の構造を氏族連合などと称するのはそのためで、この氏族連合的要素が地方にも波及して列島全体の秩序を形成していたのである。

先に述べた蘇我馬子の時代は、こういう連合的、重層的権力秩序の末期であったと言える。彼が大王として君臨した七世紀初頭は、すでに巨大古墳は作られなくなっていたが、ただ稲目と馬子のためだけに築造されたのである。その意味で、稲目と馬子の権力は絶大であったと言えるかもしれないが、それでいて思想的にも技術的にも従来通りの古墳であったことに、彼らの歴史的限界があったとも言えそうである。

権力の実質はどこに

この蘇我王権の時代を経て、大化改新以後の中国的な中央集権国家の形成が始まるのであるが、そこで行われた改革は、官僚制、公民制の形成に関しては一定の成果をあげ、中央・地方の官制の整備と対応して、大化期の国・評《こおり》・里＝五十戸制から天智朝には全人民を対象にした庚午年籍《こうごねんじゃく》が編成されている。何しろ、唐の高句麗攻撃から始まる緊迫した国際情勢のもとでの改革であり、軍事的、財政的な動員体制の構築という具体的目標があったのだから、中国法の模倣は否応なしだったのであろう。

しかし、国家権力の中枢にある王権をめぐる秩序の形成は簡単ではなかった。元来、中国の律令法は皇帝の絶対権力を前提としている。国家意思とは皇帝の意思のことである。ピラミッド型の官僚制は、皇帝の命令を上から下へと伝達するシステムであり、それにより政策が実現される。皇帝の権力は、不可侵かつ絶対のものでなければならない。本来、中国法の受容は、そういう皇帝権力を頂点とする秩序構造の受容であったはずである。ところが日本の歴史的風土には、中国のような絶対的な権力は存在しなかった。先に述べた通り、「治天下大王」は氏族連合という合議制をふまえたものであった。しかも、先に蘇我王権と述べたことでも明らかなように、『日本書紀』に記されている万世一系の大王家（皇室）という存在も実はフィクションだったのである。

ともかく、中国の皇帝という概念は当時の日本人にとっては異質なものであった。問題は、それをどのように処理して中央集権国家を構築するかであった。大化改新後の不安定な政治過程を経て、白村江の敗北ののち、ようやく結論らしきものに達したのが、先に見た天智十年の官制である。これにより、先述のごとく国政の最高機関として太政官が成立し、天皇は国政審議の場から外れる。しかし、国家の最終的意思決定には詔勅が必要であり、何よりも、人事権により太政官をコントロールすることができる。こういうシステムが成立したのである。

この結果、権力の実質は太政官に移ることになるが、次の問題は、太政官内部における権力秩序の行方である。その場合、当然にも、天皇の人事権を左右し得る人物が太政官を支配することになる。そして、繰り返しになるが、律令国家が完成し、『日本書紀』の編纂が行われた当時、そういう人物はただ一人、藤原不比等だけだったのである。

これを不比等の側から見ると、自らが擁立した文武、その文武と娘の宮子との間に生まれたのが皇太子首であった。いわゆる外戚の立場から実質上天皇の人事権を掌握し、それを背景に太政官を支配したのであるが、その際、利用する天皇に十分な権威が備わっていなければならない。そのためには、天皇の神格化が必要であった。それが、記紀の神話なのである。では、その神話はどのように構想されたのか、それが次の問題である。

二　強大な王権の創造

天武をどう評価するか

律令国家の頂点に位置する天皇がいかなる存在だったのか。日本史研究者にとって最大の問題かもしれない。今それを、形式上、超越的王権とよんでおくと、その直接の出発点をどこに置くかも問題になる。その場合、まず、壬申の乱と天武天皇の評価が問題になってくる。というのは、研究者の中には、天武を、王権を簒奪した英雄あるいはカリスマとして讃美し、彼の強力なリーダーシップにより国家形成が飛躍的に前進したと考える人が少なくないからである。しかし、まったくの見当違いである。

まず、簒奪であったかどうかだが、確かに、壬申の乱に勝利したことは認めねばならない。問題は、そこに大海人皇子の主体的な行動があったかどうかである。考えてもみよう。天智の死の直前、吉野に身を隠した大海人皇子は無力であった。壬申の年（六七二）の五月、朴井連《えのいのむらじ》雄君《をきみ》がやってきて、近江朝廷の側が山陵を造るための民を武装させているとか、大海人皇子の舎人の行動を妨害しているとして、挙兵を促したとされているが、これは、もちろん、『日本書紀』編者による理由づけに過ぎず、事実は、唐と新羅の戦争が日本国内に深刻な影響を与えていたことによる。それについては後述するとして、ともかく、このとき、挙兵を覚悟した大海人に動員可能な兵はなく、ただ村国男依《むらくにのをより》ら三人を募兵のため美濃に派遣しただけであった。

その後、吉野を脱出するが、伊賀の山中を逃げまどうばかりであった。合流した長男の高市皇子に向かって、近江朝廷には左右大臣や知謀の群臣がいるが、朕《われ》には幼少の子どもたちしかいないと嘆いたとされている。彼に簒奪の意図と準備がなかったことは明らかであろう。逆に、そういう大海人を、近江朝廷の側も問題視していなかったと考えてよい。ライバルとして危険視していたら、わずかの精兵を派遣すれば容易に抹殺し得たはずだからである。つまり、大友皇子の側も戦う意志はなかったのである。乱を通じての、大友皇子と左右大臣たちの存在感のなさは、もちろん『日本書紀』の曲筆によるところもあろうが、驚くばかりである。結局、壬申の乱は、大友、大海人両者の意向とは別の次元で始まり、その趨勢の中で決着したと考えねばならない。

白村江の悪夢

では、乱の趨勢を決したのは何だったのか。やはり、衆目の一致するところ、唐と新羅を軸とする緊迫する国際情勢であろう。元来、唐と新羅は同盟し、六六〇年には百済を滅ぼし、六六三年には白村江《はくそんこう》の戦いで日本の水軍を撃退し、ついに六六八年には高句麗をも滅ぼしている。しかし、その直後から、滅ぼした百済・高句麗の旧領の支配をめぐる両国の対立は決定的なものとなり、ついに、六七一年に戦端が開かれるにいたった。

この間、日本は、百済と高句麗からの難民を受け入れる一方、白村江の敗北ののちは、山城や水城を築いて本土防衛に尽力しつつ、国内改革にも励んでいた。ところが、唐と新羅との対立が深まると、両国から協力を要請する使者が相次いで来日するようになった。この間の情勢をどのように判断するかだが、白村江の敗戦以後の経験をふまえれば、出兵すれば犠牲が大きく、傍観すればキャスティングボートを握り国際的立場は有利になる、というものであったと思われる。しかし、そこには国際間の思惑と駆け引きがあった。

とくに、天智十年（六七一）十一月に唐使郭務悰《かくむそう》が来日するに及んで、事態は動き始めた。その使人は六〇〇人、送使は沙宅孫登《さたくそんとう》ら一四〇〇人で、孫登は旧百済官人であった。唐は、旧百済官人を利用して日本の協力を求めてきたのである。その直後の十二月に天智が亡くなり、そして翌壬申の年（六七二）、つまり、『日本書紀』が天武元年とする五月に、近江朝廷は郭務悰に甲《よろい》・冑《かぶと》・弓矢と膨大な絁《あしぎぬ》・布・綿を与えたのである。これは、軍事援助と言ってよい。実は、同じ頃、新羅の使者も来日していたが、これに対する処遇は冷淡であった。つまり、大友皇子の近江朝廷は、明らかに唐に荷担しつつあった。

問題は、それに対する国内の反応、とくに、畿内諸豪族の動向であるが、象徴的なのが大伴馬来《まく》田《た》、吹負《ふけい》の兄弟の場合である。彼らは時勢に悲観し、病気と称して近江朝廷に仕えず大和の家にこもっていたが、大海人皇子の挙兵を聞いて馳せ参じたという。悲観した時勢とは、もちろん、再度の出兵を危惧するものであった。かつて百済が滅亡したとき、中大兄（天智）は百済救援のために出兵し、白村江の戦いで大敗した。その子の大友皇子も唐に協力して半島情勢に介入しつつある。当時の人々にとって、白村江の敗北は悪夢であった。避けねばならない。豪族たちの多くは、そう考えていたのである。

ともかく、畿内および周辺諸豪族にとって、大友皇子の出兵を阻止することは喫緊の問題であった。ひそかに、情報網が張りめぐらされつつあったと思われる。その際、天智が没したばかりとは言え、近江朝廷に対する反乱という評価はまずい。ここは大義名分が必要である。そのためには、大海人皇子の挙兵を促すしかない。こうして、大海人の挙兵のお膳立てが整えられたのである。それは、大海人の意思とは無関係に進行していたであろう。

そして、近江朝廷が郭務悰に軍事援助を与えるや否や、その直後に、朴井連雄君が吉野の大海人のもとを訪れ、挙兵を勧めたのである。諸豪族の情報網が大海人皇子の舎人に接触し、挙兵を促したということである。ところが、大海人は事態を飲み込めず、挙兵を覚悟するまで一ヶ月もかかっている。やっと、六月二十四日になって吉野を脱出するが、三、四〇人のメンバーのうち半分は女性と子どもであった。ここは、身軽に機敏な行動を起こすべきであった。何とも、愚かにして優柔不断な人物ではないか。

無能だった大海人皇子

ところが、吉野を脱出した大海人は、初めこそ伊賀の山中を逃げまどっていたが、たちまちのうちに大軍となる。そして、そのわずか一ヶ月後の七月二十三日には、大友皇子の自殺により近江朝廷が崩壊している。事態は明らかであろう。大友皇子の出兵に反対する諸豪族・民衆の側にはすでに周到な準備があった。彼らは、大海人という旗印を得るやただちに行動を起こし、戦線を拡大させ、近江朝廷を攪乱しつつ包囲し、たった一ヶ月で勝利したのである。その間、旗印としての存在感を除けば、大海人の役割は無に近かったと言ってよい。逆に大友皇子の敗因としては、諸豪族・民衆の気持ちを無視したことに尽きる。白村江の敗北の意味を理解していなかったのである。大友皇子は、時勢という空気を読めなかったのである。

そこで、考えてもらいたい。これを、天武による王権の簒奪と言えるのか、また、これにより天武を英雄視してよいのか、である。しかし、もはや多くを語る必要はあるまい。愚かな天武に、乱を指導した様子はない。そもそも、近江朝廷の側が、唐の出兵要請を拒否していれば起こらなかった戦争だったのである。

なお、『万葉集』巻十九に、壬申の乱後の歌として「大君は神にしませば赤駒の匍匐《はらば》ふ田井を都となしつ」「大君は神にしませば水鳥の多集《すだ》く水沼《みぬま》を都となしつ」というのがある。前者は大将軍贈右大臣大伴卿の作、後者は作者未詳とされている。一般には、これらの歌によって、天武を英雄と錯覚するのである。しかし、壬申の乱直後とすれば、都は飛鳥浄御原宮であるが、それは、斉明朝に造営された後飛鳥岡本宮のことである。「赤駒の匍匐ふ田井」でも「多集く水沼」でもなかったはずである。また、贈右大臣とは大伴御行《みゆき》のことであるが、彼は壬申紀には見えず、大将軍を称したこともない。後述するように、「大君は神にしませば」と言うように天皇を神格化するのも、持統朝以後のことである。実は、これらの歌は、天平勝宝四年（七五二）に大伴家持《やかもち》が誰かから聞いて収録したものなのである。壬申の乱から八〇年を経た出所不明の歌である。史料的価値はないであろう。

凡庸な政治家

天武が壬申の乱に勝利できたのは、白村江の敗北のトラウマのお陰と言ってもよく、彼を英雄視するのは間違いである。では、政治家としてはどうだろう。

実は、天武朝の政治は、前半と後半ではまったく異なっている。まず、前半の政治から見ておこう。

最初は、当然にも、壬申の乱の乱後処理から始まる。まず、注目されるのは、近江朝の右大臣の中臣金《かね》を斬り、左大臣蘇我赤兄《あかえ》・大納言巨勢人《こせのひと》らと彼らの一族を配流した以外は、ほかの実務官人たちをことごとく許したことである。端的に言えば、天武が近江朝廷の行政機構をそのまま継承したということであるが、それは、もともと天武に独自の人脈がなかったことと、乱中近江に残った官人たちが必ずしも大友皇子を積極的に支持していたわけではなかったためであろう。ともかく、結果として、政権の基盤は変わらなかったことになる。

その政治であるが、庚午年籍に続く戸籍の作成もなく、律令の編纂も計画しない。政権全体としての方向性は見えない。個別の法としては、まず、天武四年（六七五）二月に、中央豪族の部曲《かきべ》を廃止している。これは、豪族たちの伝統的な支配民を取り上げるというものであるが、中央集権化の流れに沿っているとは言え、有力豪族や官人たちの利害に背いている。次に、同五年四月には、伴造・国造の子ら地方豪族の出身（官人となること）を認め、同七年（六七八）十月には、官人の考選（勤務評定）を能力主義としている。元来、氏族の家柄には大中小の区別があったが無視されている。これらは、地方豪族や下級豪族に機会を与えようとしたものであるが、これも畿内の伝統的な有力豪族に対する配慮を欠いたものである。

壬申の乱のときに、村国男依らを美濃に派遣したこと、美濃・尾張の農民兵の大軍が動員されたことが天武の記憶に残っていたのかもしれないが、農民兵らは動員されたに過ぎない。官人として役に立つ地方豪族は多くはなかったであろう。やはり、大伴馬来田・吹負のような中央の豪族たちが立ち上がったからこそ乱に勝利したこと、また、彼らが、中央の官僚制の担い手であることを忘れているのである（大山誠一、一九八八年）。

だから、天武政権はきわめて不安定であった。『日本書紀』は、断片的ながらこの頃の政情不穏を伝えている。

天武四年四月、なぜか小錦上当摩《たぎま》公広麻呂・小錦下久努《くぬ》臣麻呂の朝参を禁じ、後者に対しては、ついに官位を剝奪している。同年五月にも、三位麻続王《おみおう》を因幡《いなば》に、その二人の子を伊豆嶋と血鹿《ちか》嶋に配流し、翌五年九月には筑紫大宰三位屋垣王《やかきおう》を土佐に、その翌六年四月にも杙田《くひた》史名倉を乗輿

（天皇のこと）を指斥したという理由で伊豆嶋に配流している。そのほか、四年十一月には宮の東の岳に登り、妖言《およづれごと》して自刎《みづからくびは》ねて死んだ者もいる。さらに、六年六月には大和盆地一帯に大きな力を有した最大の渡来系氏族の東漢直《やまとのあやのあたえ》一族の過去の行動を責め、厳重な警告を発している。直接の理由は不明であるが、東漢直一族に何らかの不安定要因を感じたのであろう。そればかりではない。五年には、新城《にいき》（所在不明）に都を造ろうとしたが、ついにできず、その土地はことごとく荒れたという。これでは、とうてい政治とは言えまい。

結局、天武は、壬申の乱の英雄でもなく、政治家としても凡庸であったことが明らかであろう。したがって、天武を超越的王権の出発点に置くことはできないのである。

「吉野の誓い」とニューリーダーの出現

ところが、『日本書紀』によると、天武八年（六七九）五月、天皇は吉野宮に行幸し、その庭で皇后（鸕野《うの》皇女）と草壁・大津・高市・河嶋・忍壁《おさかべ》・芝基《しき》の六人の皇子に、千歳ののちまでもの無事をよびかけた。このうち、実は、河嶋と芝基は天智の子であるが、区別はなかったらしい。これに皇子たちはただちに賛同し、草壁皇子から順に、天皇の勅に随って互いに協力することを誓った。これを受け、天皇も「お前たちは、それぞれ異腹の生まれであるが、今は同じ母から生まれたように（如一母同産）慈《いつく》しもう」と言い、衣の紐を開いて六人の皇子を抱きしめ、さらに「この誓いに背けば、忽《たちま》ちに身を滅ぼすであろう」と言った。皇后もまた天皇のごとく誓ったという。

いわゆる「吉野の誓い」であるが、この何とも芝居じみた感のする行為の意味については別に論じているので今は触れない（大山誠一、二〇〇七年）。ただ、このセレモニーの歴史的意義について、簡単に述べておきたい。

この「吉野の誓い」の第一義的な意味は、天皇と皇后が皇子たちに結束をよびかけるというものであり、その結果、王権の安定がもたらされたと考えてよい。問題は、その後の展開である。

吉野の宮滝（『図説日本の古典２　萬葉集』より）

「吉野の誓い」の二年後の天武十年（六八一）二月に律令の制定、三月に歴史書の編纂が命じられる。まもなく、藤原京、難波京の造営が計画され、同十三年の八色《やくさ》の姓《かばね》に象徴される氏族秩序の改革、同十四年の新冠位制を含む礼的秩序の形成も進む。これらは、超越的王権・中央集権国家の確立を見すえつつ、伝統的氏族秩序を全面的に再編するという、遠大な構想にもとづく地に足がついた改革と言ってよい。

その際、肝腎の官僚制を構成する諸豪族との関係であるが、天武十一年八月の詔《みことのり》に「凡《およ》そ、諸の応考選者《こうせんせむもの》は、能く其の族姓《うがらかばね》と景迹《こころばせ》を検《かむが》へ、方《まさ》に後に考《しなさだ》めむ。若し景迹・行能灼然《いちしろ》しと雖も、其の族姓定まらずは、考選せむ色《しな》に在らじ」とある。景迹とは実績のことである。官人の考選に際して、実績よりも族姓すなわち家柄を重視すべきとしたのである。天武朝前半の能力主義はここに終わったと言ってよい。中央の有力諸豪族との妥協、というより優遇と言ってよい。

つまり、「吉野の誓い」により、成長した皇子たちとの結束をはかり、それを背景に諸豪族との協調体制を築く。その上で、挙国体制により中央集権的な国家秩序の建設に邁進するというものであった。ここには、合議制をふまえつつも、それを越えた壮大な政治理念がある。しかし、それは、天武のものではないだろう。天武朝前期の政治とかけ離れているし、この新たな政治理念は、むしろ、天武の没後の持統朝になって実を結ぶことになるからである。ということは、ここに、新しいリーダーが出現したのである。

超越的王権確立の試み

新しいリーダーとは誰か。その答えは、天武朝後半以後の政治過程の分析により明らかになる。まず、天武朝後半の政治は、伝統的氏族秩序を再編しつつ中央集権的国家を構築しようとするものであった。律令と歴史書の編纂、新都の造営、氏族秩序の再編が、その主な内容である。もちろん、その先にあるのは、新たな超越的王権の確立である。問題は、その新たな王権の意味するものである。

もちろん、晩年を迎えた天武のそれではなく、次の大王（天皇）のそれでなければなるまい。そう考えた場合、作為のかたまりのような『日本書紀』を安易に信ずべきではないが、結果から見て、持統（この段階では皇后、名は鸕野皇女であるが、以下、持統と称することにする）と草壁母子の存在を重視せねばならないと思う。

そもそも、天武八年の「吉野の誓い」では、「如一母同産」と称して皇子たちに結束をよびかけながら、その実、持統と草壁が常に中心にいる。その翌年に持統が病気になると、天武は皇后のために薬師寺の建立を始めている。また、皇子たちの序列も明らかで、天武十四年（六八五）の新位階制では、草壁を筆頭に大津、高市と一階ずつの差がつけられている。このように、持統と草壁が特別視されていたことは明白である。

持統は、吉野に入ったときから天武と行動をともにしており、その政治手腕も、持統称制前紀に「皇后、始めより今に迄るまでに、天皇を佐《たす》けまつりて天下《あめのした》を定めたまふ。毎《つね》に侍執《つかえまつ》る際《あいだ》に、輒《すなは》ち言《こと》、政事《まつりごと》に及びて、毗《たす》け補《おきぬ》ふ所多し」とあるように確かだった。終始天皇の天武をよく助け、執務の際にも常に政事に言及し補佐をしたというのである。とすれば、彼女が、不安定な天武朝前半の政治に心を痛め、政治の安定を願って「吉野の誓い」のセレモニーを提案したとしても不思議ではあるまい。また、同時に、一人息子の将来の即位を願うのも当然であろう。結論として、天武朝後半の政治をリードした人物として、まずは持統をあげねばならないと思う。

ただし、草壁の評価そのものは高くなかったようである。天武十二年二月条に、大津皇子が朝政を聴くとあるが、それを許したのは天武自身であろう。天武は、正直に大津皇子を評価したのであろうが、それは、持統にとって許し難いことであったに違いない。だからこそ、天武没後に大津皇子は粛清されたのである。天武の軽率な判断が生んだ悲劇と言うべきである。

しかし、いかに持統の存在が大きくとも、彼女一人では限界があろう。皇后という地位は、行動の自由も限られていたはずである。また、ことが権力中枢の問題であってみれば、単なる側近という以上のブレーンを是非とも必要としたであろう。斬新かつ遠大な政治理念をもつ人物。そういう有能な人物がいたに違いない。もちろん、それが藤原不比等である。

藤原不比等の登場

その藤原不比等であるが、斉明五年（六五九）に中臣鎌足の次男として生まれている。生年には異説もあるが、今は、通説に従っておく。七歳のときに兄貞慧《じょうえ》に死なれ、一一歳のときに父も失っている。孤独となった彼を養ったのは渡来人の田辺史大隅《たなべのふひとおおすみ》という人物で、不比等の本来の名である「史《ふひと》」は田辺史の姓《かばね》に由来している。一四歳のときに起こった壬申の乱では、一族に近江朝の右大臣中臣金がおり、養父の田辺大隅の近親と思われる田辺小隅も近江朝の将軍として活躍している。『尊卑分脈《そんぴぶんみゃく》』によると「公、避く所の事あり。すなはち山科の田辺史大隅の家に養ふ」とあるのは、都の飛鳥を離れて逼塞した乱後の苦境を示すものであろう。

しかし、元来、不比等の父鎌足と天武との間には固い友情があったようである。藤原仲麻呂の撰とされる『藤氏家伝』の上巻（『大織冠伝』）には、次のようなエピソードが記されている。天智天皇が近江に遷都したのち、群臣を浜楼に召して酒宴を催したおり、宴たけなわの最中、突然、大海人皇子が長槍を持って敷き板を指し貫くという事件が起こった。天皇は、怒って大海人皇子を殺そうとしたが、鎌足が固く諫めて止めたという。以来、鎌足と大海人皇子は親密な仲となり、壬申の乱となったときも、大海人皇子は、大臣（鎌足）が生きていたら、こんなことにはならなかったのにと嘆いたという。

もちろん、この話を真に受けるわけにはいかないだろう。いくら天武が愚かで無分別だったとしても、天皇の前で槍を振るい、敷き板を指し貫くなどということは考えがたいからである。とは言え、鎌足が、天智・天武という最高権力の対立に割って入り、それを調停するほどの力があったこと、そういう局面があって、鎌足が天智ばかりでなく天武とも固い友情で結ばれていたことは認めてもよいであろう。

加えて、天武の妃には、不比等の姉妹にあたる氷上娘《ひかみのいらつめ》と五百重娘《いおえのいらつめ》がいる。とすれば、不比等が官人として出仕するのに障害はなかったであろう。それがいつかというと、彼は「吉野の誓い」があった天武八年に二一歳となっている。律令では貴族の子弟が官人として出仕するのが二一歳である。それにこだわらずとも、やはり、二〇歳前後に朝廷に仕えたと考えてよいであろう。その場合、天武朝では、まず天皇直属の大舎人とされ、その後に皇子女の宮や各官司の舎人として配属されることになっていたが、不比等の場合、その配属先を示す史料がある。『正倉院文書』の「東大寺献物帳」に見える黒作懸佩刀《くろづくりかけはきのかたな》の由緒書である。これによれば、この刀は、日並皇子《ひなみしのみこ》（草壁）が常に身につけていたものを、太政大臣（不比等）に賜ったものという。一般には、草壁皇子が亡くなったのち遺品として不比等に贈られたものと解されているが、これにより、不比等が草壁の舎人であったと考えてよいであろう。草壁は、もちろん持統の一人息子である。とすれば、不比等は、草壁の舎人になったと同時に、持統の側近となったことになる。

ともかく、持統と不比等との主従関係というか盟友関係が成立したのが天武八年頃である。ちょうど、吉野の盟約が行われた頃である。その二年後の天武十年（六八一）に、律令・歴史書の編纂開始から始まる国家改革がスタートする。その最終目的は、中央集権国家と王権の確立ではあるが、直接的には草壁の即位による新たな王権の成立と言ってもよい。持統と不比等のプロジェクトが始まったのである。

第2章　藤原不比等のプロジェクト

一　藤原不比等の役割

藤原ダイナスティの時代へ

古代国家の形成にあたって、藤原不比等の果たした役割の大きさを、今日では誰もが認めている。しかし、それをいち早く本格的に論じたのは上山春平氏である。

上山氏は、日本の古代国家が、皇室すなわち天皇家の権威を中心に成立したように見えて、実は、実質的には藤原氏中心となっていることを見抜き、これを藤原ダイナスティとまで称したのである（上山春平、一九七二年）。それまでの古代史研究者は、日本の古代国家を皇室中心の天皇制国家とのみ考え、藤原氏は、その下で実権を振るったに過ぎないとしてきたのであるが、そうではなく、国家の構造の基本においても藤原氏が中心であったとし、そのことを法や制度、また神話を中心とする『日本書紀』の分析によって論じたのである。

詳しく紹介する余裕はないが、上山氏によれば、大化改新以来の鎌足と不比等の功績により、天皇中心の律令国家が成立したが、不比等は、その最終段階において、草壁に皇位を伝えたい持統に協力しつつ実権を握り、持統の死後は、娘の宮子が生んだ首皇子を擁して独裁体制を確立した。その藤原氏の支配の論理をたくみに織り込んだものとして不比等が製作したのが『日本書紀』の神話で、なかんずく、天孫降臨神話こそ、藤原ダイナスティの成立を記念するモニュメントであるという。ただし、藤原ダイナスティといっても、藤原氏自身が天皇になるというのではなく、天皇の権威を利用して権力の実質を握るというのが上山説の特徴で、それを氏は次のように表現されている(上山春平、一九七七年)。

鎌足にしても不比等にしても、おそらく、強力な実権をにぎっていたと思われるにもかかわらず、一気に完全な支配権を獲得しようとはせず、あくまでも天皇を立てながら、天皇および皇室を隠れ蓑として利用するやり方をとったのです。そして、律令はそのための巨大なカラクリの役目をはたしました。律令に則って政治を行なうということは、不比等のように太政官の最高幹部の地位にあるものにとっては、自分のリーダーシップのもとに決定された政策を、天皇の名において実行することを意味しましたので、これによって、天皇の権威は我が権威といったぐあいに、天皇家と藤原家との連続の願望が実現されるかっこうになったわけです。

さて、このように見てくれば、本稿での私の叙述も、基本的にこの上山説をふまえたものであることはもうおわかりと思う。以下では、さらに不比等に注目し、その不比等が関与した『日本書紀』の神話について、より綿密に検討を加えることにしたい。

不比等と黒作懸佩刀の由緒書

不比等に光をあてると言った。もちろん国家権力をめぐる複雑な人間関係が、たった一人の思惑で動かされるということはありえない。しかし、日本の古代国家の場合、結果的に、藤原不比等の描いた構想が実現したことは確かである。あとから振り返ると、不比等の思惑が外れたり、失敗に終わったりしたことも少なくなかったことは事実である。紆余曲折、波乱に満ちた歴史過程があったことは言うまでもない。それでもなお、結果的に、上山氏の言う藤原ダイナスティが成立したことは認めてよいと思う。以下、不比等を中心とした政治過程を概観し、その上で、記紀の天孫降臨神話の成立について述べてみたいと思う。

この間の政治過程を象徴するものとして上山氏がもっとも重視する史料に、先に見た「東大寺献物帳」に見える黒作懸佩刀《くろづくりかけはきのかたな》の由緒書がある。その全文を示しておく。

黒作懸佩刀一口

黒作懸佩刀関係系図

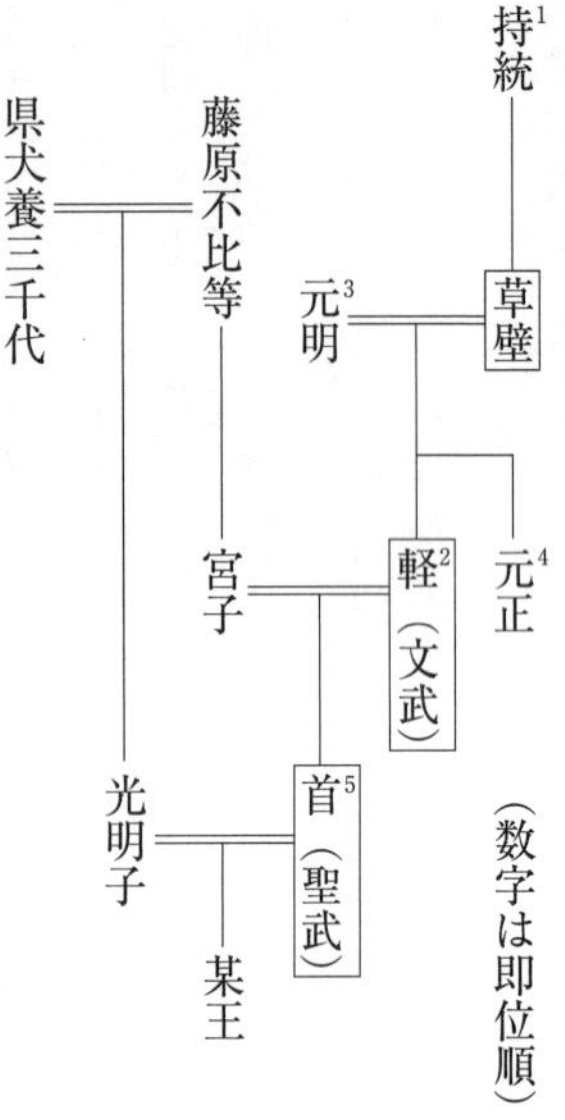

右、日並皇子常所佩持、賜太政大臣。大行天皇即位之時、便献。大行天皇崩時、亦賜太臣。太臣薨日、更献後太上天皇。

書き下し文も次に示す。

右、日並皇子《ひなみしのみこ》、常に佩時《はいじ》せられ、太政大臣に賜う。大行天皇、即位の時、すなわち献ず。大行天皇、崩ずる時、また大臣（太臣と同じ）に賜う。大臣、薨《こう》ずるの日、さらに後太上天皇に献ず。

文中の日並皇子は草壁皇子。太政大臣は藤原不比等。不比等は、右大臣のまま亡くなったが、死の直後に太政大臣を贈られた。大行天皇は文武。後太上天皇は聖武を指している。これによれば、この黒作懸佩刀は、草壁→不比等→文武→不比等→聖武という径路で伝えられている。この刀は、草壁が亡くなったのち、持統の時代は不比等に、その後文武が即位すると文武に献じられ、文武の死後、元明、元正の時代は再び不比等のもとに預けられ、不比等が亡くなったときに聖武（その段階では皇太子の首皇子）に献上されたと記されている。これを系図で示すと前述のようになる。

世代順に即位していないからわかりづらいかもしれないが、四角で囲んだ草壁・文武・聖武の三人をまず確認する。ここは明白に一系である。その途中に、持統と元明・元正が即位しているが、その時代に、刀は不比等に預けられていたのである。これを不比等の側から言えば、草壁と文武の早世により途絶えかねなかった直系の皇位を、中継ぎの女帝たちの間、しっかりと不比等が守って聖武へと伝えたということになる。そこに、並々ならぬ不比等の努力と力量があったのであるが、その出発点こそ、わが子草壁を即位させたいという持統の強い願望であり、不比等は、その持統に協力しつつ、国家改革の偉業を成し遂げ、その結果として藤原ダイナスティを実現したというのが上山氏の論理である。以下、順に、その過程を述べることにしよう。

二　プロジェクトX——草壁皇子の擁立

幻の草壁即位

低迷する天武朝の政治に危機感を抱いた皇后（のちの持統）は、天武八年（六七九）、天皇に「吉野の誓い」を提案し、政治の安定をもたらす。その頃、二一歳になった藤原不比等が官人として出仕し、大舎人を経て草壁皇子の宮の舎人となり、持統とも出会う。鎌足の息子として注目されてもいたであろうが、不比等本人の優秀さは抜きんでていたのであろう。その後、持統と不比等は協力して、天武十年（六八一）の律令・歴史書の編纂事業から始まる国家改革に乗り出す。その改革の到達点は王権の確立であるが、当然にも持統は息子の草壁の即位を念願し、その実現が不比等に託されることになる。これが、王権に関する不比等の最初のプロジェクトであった。だから、この草壁擁立計画を「プロジェクトX」とよぶことにする。

以後の政治過程を、主に『日本書紀』によって見ておくことにする。

『日本書紀』によると、改革は順調に進行していたように見える。ところが、天武十五年（六八六）五月、天皇が病に倒れる。たとえどんな天皇でも、政治の安定には不可欠である。七月十五日に「天下の事、大小を問わず、ことごとく皇后と皇太子（草壁）に啓《もう》せ」という勅が出されたとされる。事実か否かは難しいが、持統の存在感の大きさを考えればあり得ないことではない。

その年の九月九日、ついに天皇が亡くなる。ただちに皇后は実権を掌握して、十月二日に大津皇子を謀反の疑いで逮捕し、翌日死を賜うとある。持統の謀略とするのが常識的な理解だが、上山氏は、不比等の協力を強調している。その後の歴史を見れば、謀略家としての不比等の才能は傑出しており、これは、その最初の事件と言ってよいであろう。

ライバルの大津皇子を葬ったが、草壁の即位はなかなか実現しなかった。健康状態に問題があったようであるが、その間にも、プロジェクトXは進行していた。なぜか、天武の殯《もがり》は丸二年以上も続き、誄《しのびごと》が繰り返されたが、持統二年（六八八）十一月に、諸臣がそれぞれの先祖の奉仕の次第《つぎて》を誄し、当摩《たぎまの》真《ま》人《ひと》智徳《ちとこ》が皇祖《すめみおや》らの騰極《ひつぎ》の次第を述べたのち、ようやく大内陵《おおちのみささぎ》に埋葬された。大内陵とは、『延喜式』では檜隈大内陵といい、現在の天武・持統陵のことである。この誄の奏上が、天武の死から二年以上も経っていることは、王権をめぐる歴史認識の確定に手間取ったことを示している。つまり、誄は、死んだ天武に捧げられるのではあるが、実は、生き残った人々の思惑が秘められている。諸臣の誄は、各氏族の新政権における政治的地位の確定を意味し、智徳の誄は、その段階では生きていた草壁の即位を正当化するためのものだったはずだからである。

ところが、翌持統三年（六八九）四月十三日、あっけなく草壁が亡くなる。プロジェクトXは幻に終わったことになる。しかし、ちょうどその頃、改革の成果が実を結びつつあった。一つは、六月の飛鳥浄御原令の完成である。律令制度が確立し、それにより天皇号と皇太子制も成立した。古代国家のいちおうの到達点と言ってよいであろう。

権力に空白は許されない。そのとき、草壁の遺児軽皇子は七歳であった。翌持統四年の正月一日、将来の軽の即位のために祖母の持統が即位する。祖母とは言え、まだ四五歳であった。『日本書紀』には「物部麻呂朝臣、大盾を樹つ。神祇伯中臣大島朝臣、天神寿詞《あまつかみのよごと》を読む。畢《おわ》りて忌部宿祢《いみべのすくね》色《しこ》夫知《ぶち》、神璽《かみのしるし》の剣・鏡を皇后に奉上る。皇后《こうごう》、即天皇位《あまつひつぎしろしめ》す」とあり、着実に、天皇の即位儀礼も整えられていたことがわかる。もちろん、すべては草壁のために用意されたものであった。

そして、翌持統五年（六九一）八月には、大三輪《おほみわ》・雀部《さざきべ》・石上《いそのかみ》・藤原・石川など一八氏に先祖の墓記の提出を命じているが、これは、『日本書紀』編纂が現実に始まったことを示すものである。墓記とは各氏族が伝えた伝承と考えられているが、むしろ、その多くは、書紀編纂の準備作業として新たに作成されたのではなかろうか。草壁の死を乗り越えて、さまざまな思惑を呑み込みながら改革は進行していたのである。ここでも、不比等の役割は大きかったに違いない。

至高の存在である根拠

王権の確立は、制度の問題だけではない。先に述べておいたように、日本の天皇は、中国の皇帝のような征服者ではなく、通常は国政審議の場にもいない。実質的権力は太政官にある。ただし天皇は、人事権によって太政官をコントロールすることが可能である。とは言え、天皇の側も事実上すべてに太政官の判断を待たねばならず、天皇と太政官の関係は微妙である。結局、太政官の実質的実力者が、形式上至高の存在である天皇の意向を動かして人事を決するということになる。簡単に言えば、太政官の実力者が天皇の名において政治を行うということになる。人事ばかりでなく、すべてである。

その場合、形式上とは言え、天皇は「至高」の存在であるという前提があってこそ政治が動くことになる。とすれば、「至高」である根拠を示しておかねば、国家秩序は保たれない。わかりやすく言えば、至高でない人物を至高とみなす暗黙の根拠が必要であった。日本の古代国家は、そういう複雑な構造として成立しつつあった。

天皇が至高である根拠。それを不比等は構築することを考えていた。簡単に言えば、天皇の神格化である。もちろん、本来は草壁皇子の即位にあわせて用意したものである。それが、のちに歌聖とされる柿本人麻呂が草壁を神として讃えた歌の中に隠されている。しかし、その讃歌は、不幸にして草壁の死により、一転して挽歌となった。『万葉集』巻二に見える草壁挽歌である。それを、次に示しておく。

日並皇子尊殯宮之時柿本朝臣人麻呂作歌一首幷短歌

①天地の　初めの時の　ひさかたの　天の河原に　八百万《やおよろず》　千万神《ちよろずのかみ》の　神集《かむつど》ひ　集ひいまして
神分《かむはか》り　分りし時に／②天照らす　日女《ひるめ》の命（さしあがる　日女の命）　天をば　知らしめす
と／③葦原の　瑞穂《みずほ》の国を　天地の　寄《よ》り合ひの極《きわ》み　知らしめす　神の命と　天雲の　八重
かき別きて（天雲の　八重雲分けて）　神下《かむくだ》し　いませまつりし　高照らす　日の皇子は　飛
ぶ鳥の　浄《きよみ》の宮に　神ながら　太敷《ふとし》きまして　すめろきの　敷きます国と　天の原　石門を開
き　神上り　上りいましぬ（神登り　いましにしかば）／④我が大君　皇子の命の　天の下
知らしめしせば　春花の　貴からむと　望月の　満《たたは》しけむと　天の下（食す国）　四方の人の
大船の　思ひ頼みて　天つ水　仰ぎて待つに／⑤いかさまに　思ほしめせか　つれもなき　真
弓の岡に　宮柱　太敷きいまし　みあらかを　高知りまして　朝言に　御言問はさぬ　日月の
数多《まね》くなりぬる　そこ故に　皇子の宮人　ゆくへ知らずも（さす竹の　皇子の宮人　行くへ知
らにす）（一六七）

反歌二首

ひさかたの天見るごとく仰ぎ見し皇子の御門の荒れまく惜しも（一六八）
あかねさす日は照らせれどぬばたまの夜渡る月の隠らく惜しも（一六九）

柿本人麻呂の挽歌の意味するもの

歌の意味を考えてみよう。

①「天地の初めの時」とは、天地開闢《かいびゃく》である。「天の河原」に神々が集まって相談したという。まだ高天原ではないが、天上世界が構想されている。

②「天照らす」の語の初見である。記紀編纂以前に「日女の命」の形容詞として使われている。この日女の命は太陽神である女性という意味であり、日神の妻とか日神に仕える巫女ではない。その「日女の命」が「天」を支配するとされている。究極の支配者と言ってよい。歌の中で暗示されているのは、もちろん持統の存在である。

③「葦原の瑞穂の国」とは現実にある国土のことである。それを支配するために天上から派遣されたのが、「神の命」あるいは「高照らす日の皇子」で、飛ぶ鳥の浄の宮（飛鳥浄御原宮）にお住まいになったのち、亡くなって天上に戻っていった。もちろん、天武のことである。以上、ここまでが前半である。

④後半の「我が大君皇子の命」は、もちろん草壁のことである。その草壁が天下を治めれば、春の花が咲き乱れ、満月が輝くようにどんなにかすばらしいだろうと人々が待ちこがれていた。

⑤ところが、どうしたわけか、皇子は亡くなってしまった。皇子のお言葉がなくなってから何日にもなるので、皇子の宮人たちは途方に暮れている。

以上であるが、不思議な挽歌である。皇子の死を悼んだ部分は⑤だけである。①〜③は神話世界の説明で、神々の住む天上世界を構想し、そこに歴代天皇の支配の根拠があると主張している。重要なのは天武が、「神の命」「高照らす日の皇子」と讃えられ神格化されているようでいて、実は、過去の人とされていることである。それに対し、持統は現に天上を支配している。「天照らす日女の命」は太陽そのものである。持統を太陽と讃えている。この歌が詠まれた段階では天武は亡くなっており草壁もいないのであるから、唯一生きている持統を最大限に持ち上げているのである。そして、④で、草壁の即位を待ち望む人々の気持ちを歌っている。①〜③の前置きを受けて、④の草壁の讃歌が歌われる。そのまま終わるはずであったのに、草壁の死により⑤が書き加えられ挽歌になってしまったのである。

この歌は、讃歌を挽歌に書き換えたものなのである。だから、④までが本来の歌なのである。その趣旨を端的に言えば、持統は「日女の命」（太陽神）として天上を支配している。そのもとで、天武が即位し亡くなった。そして、今からすばらしい草壁の時代が来るのだ、というものである。一六九の反歌を見ると、そのことがよくわかる。草壁（月）は亡くなったが、なお輝きを失わない持統（太陽）がいる。明らかに、持統を讃えている。

思うに、人麻呂は持統を永遠の太陽と讃え、その持統のもとで天武が即位し、次に草壁に代わり、そして、いつかは草壁の遺児の軽の時代が来ると予言しているのではないだろうか。それこそ、草壁の葬儀における持統の本意であり、協力者の不比等の意向でもあったはずだからである。たとえ挽歌であっても、歌は生きている人間のためのものである。結局、この草壁挽歌は、草壁擁立というプロジェクトXの終焉であると同時に、不比等にとっては、新たに軽を擁立するためのプロジェクトYの出発点でもあったことになる。ともかく、不比等のプロジェクトの出発点として、柿本人麻呂の手によってようやく天皇神格化のための神話の原形が作られたと言えそうである。

天皇神格化の始まり

『万葉集』を見ると、「やすみしし我が大王」「高照らす日の皇子」「大君は神にしませば」のような天皇（大王・大君）を神格化する表現が目につく。これらの表現は、いつ頃成立したのであろうか。右の三つの表現のうち、もっとも古いのは「やすみしし我が大王」で、舒明の歌（巻一―三）が初見である。これを疑っても、六七一年の天智挽歌（巻二―一五二・一五五）にも見えるから七世紀中葉頃には成立していたと考えてよいであろう。その意味であるが、ほとんどの場合「八隅知之」と表記されているから「八隅を知ろしめす」の意味であろう。とすれば、大王が高所から支配領域を見渡す国見のイメージにも重なるし、「八隅」を拡大すれば「天下」となり、その場合は、五世紀の金石文にも見える「治天下大王」とほぼ同意ということになる。いずれにしろ、イメージは古く古墳時代に遡る語と考えてよさそうである。

これに対して、ほかの二つは天皇を天上世界の存在として神格化している。「高照らす日の皇子」は、持統三年（六八九）の草壁挽歌で柿本人麻呂らが歌ったのが確実なものとしては最初である（巻二－一六七・一七一・一七三）。「大君は神にしませば」のほうは、人麻呂の「大君は神にしませば天雲の雷の上に廬《いお》らせるかも」（巻三－二三五）が著名で、この大君を持統とするのが通説である。年代が確実なものとしては、弓削《ゆげ》皇子が薨じた文武三年（六九九）の置始東人《おきそめのあずまひと》の歌（巻二－二〇五）があるから、それ以前の成立である。

また、先の人麻呂の草壁挽歌では、天武を「神」あるいは「神之命《かみのみこと》」とよび、「神ながら」という表現も使っている。天皇の神格化が始まっているのである。とすれば、やはり先の人麻呂の「大君は神にしませば」の「大君」は持統の可能性が高く、結局、草壁挽歌の持統三年頃を画期として、天皇を神格化する表現が成立したと考えてよいであろう。

つまり、天皇の神格化に関しては、草壁挽歌が歌われた持統三年が大きな画期だったことになる。この年は、天武朝末年以来の改革が一段落した年である。飛鳥浄御原令が完成し、天皇号・皇太子制とともに、本来は草壁のためであった即位儀礼も確立した。言わば本格的な律令国家が成立し、そこに、形式上、中国皇帝に対比されるべき日本の天皇が出現したのである。その天皇の権威を、殯や即位の儀礼の場で、伝統的な和語を用いて文学的に表現する必要が生じた。その結果、柿本人麻呂らによる「高照らす日の皇子」「大君は神にしませば」「神ながら」などの句が考案されたのであろう。

なお、この間の人麻呂の表記において、持統が「日女の命《ひるめのみこと》」、天武が「日の皇子」、草壁が「日並皇子尊」とされたが、すべてが「日（太陽）」と結びついている。新たに成立した持統・草壁の王権は、明白に日（太陽）を意識しているのである。今後の神話の展開と密接な関係があることを指摘しておきたい。

ところで、天武が埋葬されたときに「皇祖等《すめみおやたち》の騰極《とうきょく》の次第《つぎて》」が奉じられ、『日本書紀』はこれを「古には日嗣《ひつぎ》と云う」と記している。その場合の「日嗣」であるが、私見では、太陽のことではなく「霊継《ひつぎ》」で、伝統的な大王の霊の継承のことである。

三　プロジェクトY——軽皇子の擁立

持統の即位と不比等の権謀

一人息子の草壁の即位という持統の願望は、草壁自身の死によって断たれてしまった。しかし、その持統の強い願望は、当時まだ七歳の草壁の遺児軽皇子の即位に切り替えられる。プロジェクトYの始まりである。それを無事に実現するためには、持統自らが即位しなければならない。それは、必然であったと言ってよい。

草壁が亡くなった段階で、天武の一〇人の皇子たちのうち、大津と草壁を除く八人が健在だった。この場合、天武が偉大な天皇で、その意向が尊重されるような情勢であったら、八人の皇子たちの誰かが即位したはずである。しかし、これまでたびたび述べてきたように、天武は凡庸で存在感は乏しかった。それに対し、人麻呂が太陽と讃えた持統とその背後にいる不比等の存在は、しだいに重きをなしつつあった。だから、中継ぎとはいえ、持統の即位に大きな障害はなかったはずである。

ただ、一人だけ例外があった。壬申の乱以来、天武の長男として重きをなし、天武十四年の新冠位制では、草壁、大津に次ぐ位階を授かった人物がいるのである。その人物の妃とされる御名部《みなべ》皇女は、草壁の妃の阿閉《あへ》皇女の同母姉であった。長屋王の父の高市皇子である。天武の皇子たちの中で、草壁はのちに「日並（知）皇子尊」と讃えられたが、高市も「後皇子尊《のちのみこのみこと》」と称されている。持統と不比等にとって、無視しがたい人物であった。

ここで、不比等の権謀が発揮された。持統がその称制四年（六九〇）正月に即位すると、同年七月に高市を太政大臣としたのである。大胆な人事と言える。かつて、壬申の乱の直前に大友皇子が太政大臣であったが、天武朝以後は、太政大臣はもちろん、大臣さえいなかったのである。天武朝の前半は、天皇と有力豪族の信頼関係が欠如していたからであるし、後半は、持統と不比等の指導力が成立していたから不要とされたのであろう。

ともかく、大友の場合は、天智の後継として実質上の皇太子と考えられていた。その地位に高市をつけたのである。将来の即位を暗示するかのような微妙な人事であった。そればかりではない。翌持統五年の正月には、増封二〇〇〇戸で、通計三〇〇〇戸となり、翌六年正月にも増封二〇〇〇戸、通計五〇〇〇戸となっている。およそ、常軌を逸した優遇ぶりであった。

草壁に代わる持統の即位を実現するためには、このような妥協が必要だったということであるが、その理由は、第一に高市の実力を認めたのであり、第二に、不比等はなお若輩で、高市の協力を不可欠としたからであろう。そして第三に、草壁の遺児の軽皇子に健康の問題があったのではないか。事実、彼は二五歳の若さで亡くなっている。そうなった場合、最後の手段として草壁とは妃同士が同母姉妹の高市に乗り換える可能性を考えたのではないか。すべてを不比等の権謀と言うつもりはないが、政治とはそういう不透明なものなのである。ともあれ、この不比等の権謀によって、以後の持統朝は、安定と平和に推移することになる。

高市皇子の死と軽皇子の擁立――プロジェクトYの成就

草壁の死により、プロジェクトは、その遺児の軽皇子の即位に変更された。すなわち、プロジェクトYである。持統が即位したのはそのためであった。もちろん、不比等との綿密な相談の上で行われたに違いない。その戦略の鍵は、高市皇子の協力を得ることにあった。そのために、太政大臣の地位と封五〇〇〇戸を用意したのである。その太政大臣の地位は、実質上皇太子を意味した。とすれば、高市がいる限り、軽の即位も不可能になる。

持統十年(六九六)、軽が一四歳になった。翌年は一五歳で、一般の元服の年である。後見がしっかりしていれば、即位も可能な年と言える。となると、高市の存在が邪魔になる。そう思っていた矢先、その年の七月十日に高市皇子が亡くなったのである。

あまりのタイミングのよさに、誰しもが疑惑を感じているが、さりとて明確な根拠もないので、ここでは、高市の死を客観的事実としてのみ扱うことにする。

『日本書紀』によれば、翌持統十一年（六九七）二月に、東宮大傅以下の官人が任命されている。立太子が予定されたためであろう。ただし、立太子の記事はない。そして、『日本書紀』の最後にあたる八月一日条に「天皇、策を禁中に定めて、皇太子に禅天皇位《くに》りたまふ」と記《さ》されている。

問題は、「策を禁中に定めて」の中身であるが、『懐風藻』の「葛野《かどの》王伝」によれば、高市皇子が亡くなったのち、皇太后（持統）が王公卿士を禁中に召して日嗣《ひつぎ》を立てようとしたが、群臣らはおのおの私好を挟んで衆議紛紜《ふんうん》という状況であった。そのとき、葛野王が立って、皇位は「若し兄弟相及ぼさば則《すなわ》ち乱此《ここ》より興《おこ》らむ」として直系相続を主張し、異を唱えようとした弓削皇子を叱責したため草壁皇子の遺児軽皇子に決まったとされている。

ここで、重要なのは次の二点である。第一は、この時代まで明確な皇位継承法というものが存在しなかったこと。第二は、天皇といえども、直接的に後継者を指名する権限がなかったことである。後者は、日本の天皇制の特徴を示しており、唯一絶対の権力者である中国皇帝との違いが端的に表われている。

そういう事情のもとで軽の即位が決まったのであるが、その功を『懐風藻』によって葛野王に求めるのは現実的ではないであろう。葛野王は、壬申の乱で敗れた大友皇子の遺児である。その発言に、さほどの重みがあったとは思われないからである。当然、背後で実質的に会議を動かした人物を想定しなければなるまい。

それは、これまでの経緯から考えて持統と不比等は当然として、もう一人長屋王を考えねばならないと思う。なぜなら、直系相続というなら、太政大臣の長男で、二一歳になった長屋王こそ皇位にふさわしいからである。しかし、もちろん、持統と不比等の権勢にはとうてい及ばない。それなら、むしろ、持統と不比等に積極的に協力して、その後の政治的立場を固めたほうがよい。そう考えたのではないか。長屋王が不比等に協力したであろうことは、その後数年たらずで、軽皇子（文武）の妹吉備内親王と不比等の娘長娥子《ながこ》との婚姻関係が成立したことから十分想定してよいと思う。文武即位と同時に不比等の娘の宮子が夫人となっているから、結局、持統・文武と不比等・長屋王は相互に姻戚関係で結ばれたことになる（六〇頁系図参照）。葛野王は、天智系という局外者の立場を利用されたに過ぎないであろう。こうして、長屋王の協力により、プロジェクトYが成就したのである。

文武の即位と「高天原」の登場

『日本書紀』の最後が持統十一年（六九七）八月一日条で「禅㆓天皇位於皇太子㆒」とある。『続日本紀』の最初が同じ八月一日条で「受㆑禅即㆑位」とある。ただし、その日の干支が、前者は乙丑、後者は甲子である。ここで、暦法が、元嘉暦《げんかれき》から儀鳳暦《ぎほうれき》に替わっているのである。もちろん、編纂方針の問題ではあるが、基礎にあるデータにもよるであろう。ちなみに、天寿国繡帳の銘文の暦法は儀鳳暦であった。だから、その成立は、これ以後のものである。そろそろ、天寿国繡帳を飛鳥時代のものとするのはやめてもらいたい。

八月十七日に文武の即位の詔が発せられる。そこで、文武の天皇としての正当性が高らかに宣言されたが、その論理は、先の草壁挽歌をさらに発展させたものであった。草壁挽歌では、神々の天上世界を構想しながら、その天上と地上に降りた「日の皇子」との関係がはっきりしなかった。ところが、即位詔は次のように述べるのである。

高天原に事始めて、遠天皇祖《とほすめろき》の御世、中・今に至るまでに、天皇が御子のあれ坐《ま》さむいや継々に、大八嶋国《おおやしまぐに》知らさむ次と……

ここで、初めて「高天原」という語が使われたのである。「天原《あまのはら》」だけでは、地上において遠く空をながめる意味しかない。しかし「高」の一字を加えることによって、その空を越えたかなたにある神々の天上世界を現出させている。その天上世界の支配者は太陽である。草壁挽歌は、それを先取りして、持統を「日女の命」すなわち太陽としていたのである。

五年後の大宝二年（七〇二）十二月に持統は亡くなるが、『続日本紀』では諡《おくりな》を「大倭根子天之広野日女尊《おおやまとねこのあまのひろのひめのみこと》」としている。この「日女尊」は草壁挽歌からとられたもので、意味するところは「天上世界に君臨する太陽である女神」というものであろう。その後、『日本書紀』では「高天原廣野《たかまのはらひろの》姫《ひめ》」とし、「高天原の支配者」であることをより明確にしている。つまり、「高天原」という〝概念〟の成立により、単なる「日女神」から「天照大神」へのイメージの展開が可能になったのである。すなわち、草壁挽歌の「天照らす日女の命」が、「天之広野日女」を経て「高天原廣野姫」となり、『日本書紀』神話の高天原の支配者の「天照大神」になったのである。しだいに、高天原神話の枠組みができあがりつつあったといえよう。

ところで、持統を高天原の支配者になぞらえたが、論理的には、高天原は神話世界のものでもある。だから、歴代天皇が高天原に始まる皇位を遠・中・今にいたるまで「いや継々に」受け継いできたとしたのである。そうでなければ、文武の正当性が成り立たない。しかし、高天原が持統のものだとすれば、「遠・中・今」と言いながら、実は、持統から文武への皇位継承を意味していることになる。結局、即位詔は、本来は草壁の皇位が持統から文武へ、そして、その直系の子孫へと受け継がれるべきことを宣言しているのであるが、その根拠に「高天原」をもち出したため、「いや継々に」という万世一系の神話ないし虚構が必要となったのである。なお漠然とした状態ではあるが、持統と不比等の願望が、神話という物語を生み出そうと胎動している様子が理解されると思う。

四　プロジェクトZ——首皇子の擁立

首の誕生と文武の死

文武が即位し、大宝元年（七〇一）に不比等の娘の宮子が首皇子を生む。持統の曾孫にして、不比等の孫にあたる。当然にも、生まれながらに将来の即位を期待されている。同じ年、不比等と県犬養三千代との間に光明子（安宿媛《あすかべひめ》）が生まれている。三千代は、元来、皇族の美努王の妻として葛城王（橘諸兄）らを生んだが、軽皇子（文武）の乳母をつとめ、その子の首皇子の養育にもかかわり、その間に、不比等の妻となり、光明子を生んだのである。

この首皇子と光明子こそ、のちの聖武天皇と光明皇后だが、二人の出自の宿命に複雑な気持ちを抱く古代史家は多いと思う。皇位に対する持統の願望と権力に対する不比等の執念、幼い二人は、この巨大な欲望に翻弄され続けることになる。

この頃、不比等の権勢は強大であった。大宝元年段階で太政官メンバーとしては、不比等の上席に左大臣多治比嶋《たじひのしま》、右大臣安倍御主人《あべのみぬし》、大納言大伴御行《おおとものみゆき》・石上麻呂《いそのかみのまろ》がおり、不比等は新参の大納言に過ぎなかったが、多治比嶋と大伴御行は老齢で、その年のうちに亡くなっており、持統太上天皇と文武天皇の信頼を背景にした不比等の権力は、その名の通り、等しく比《なら》ぶものはなかったと思われる。

しかし、政治の世界は、いつも相対的な関係にある。均衡はいつ崩れるかわからない。大宝二年（七〇二）十二月に持統が亡くなった。その四年後の慶雲三年（七〇六）十一月、文武が病に倒れ、母の阿閉皇女に譲位を申し出たという。当然、首皇子への皇位継承を考えるが、七〇一年生まれの首はあまりに幼い。不比等は苦境に陥ったと言ってよい。

実は、この時期、不比等にとって強力なライバルが出現していた。長屋王である。血縁関係を尋ねると、父は天武の長子の高市皇子、母は阿閉皇女の同母姉の御名部皇女、妃に文武の妹の吉備内親王、不比等の娘の長娥子もいる。この長屋王が皇位をねらっているとしたら、不比等にとって侮りがたいことになる。

阿閉皇女を皇后に

しかし、持統との盟約の上に、草壁系の皇統を守るという不比等の決意は固かったようである。かつて草壁の没後に、軽のために持統が中継ぎとして即位したように、今回も、首の祖母にあたる阿閉皇女に即位してもらうことにした。そうして、首の成長を待って皇位を伝える。それ以外に方法はなかったのである。

とは言え、不比等の決断があっても、阿閉皇女の即位は簡単ではなかった。持統が即位できたのは、高市皇子の協力ばかりではなく、彼女に皇后としての実績があったからである。しかし、阿閉皇女は、即位せずに若くして亡くなった草壁皇子の妃であったに過ぎず、国政の場での実績はない。皇位を継ぐにたる資格に問題があったのである。しかも、今回は、実力者となった長屋王はライバルであり、協力を期待するのは困難であった。

それでもやはり、不比等は非凡であった。決断後の行動は、果断にして用意周到。以下、『続日本紀』により経過を略述しておこう。

まず、文武が病に倒れた翌年の慶雲四年（七〇七）二月九日に、五位以上の王臣に遷都のことを議せしむという詔が出される。事実上の発議である。藤原京遷都から一三年に満たず、まだ宮殿は新築同様だったはずである。もし行われるとなれば国家的巨大事業であると同時に、官人すべての生活の激変を意味し、人々は、その思惑に翻弄されたに違いない。

続いて四月十三日、草壁皇子の命日にあたる日を国忌《こき》に入れる。国忌とは歴代天皇の忌日で、政務を休むことになっている。草壁を天皇と同じ待遇とすることによって、その妃の阿閉皇女を平行移動的に皇后に準じる扱いにしようという意味であろう。

そして、その二日後の四月十五日、不比等に五〇〇〇戸賜封の詔が出される。三〇〇〇戸を辞して結局二〇〇〇戸となるが、不比等の自作自演は明らかで、ここでいったん五〇〇〇戸とされた意義は大きかったであろう。これにより、不比等の権力の大きさを群臣らに示し、あわせて巨額の収入を確保したのである。政治に金がかかるのは、今も昔も変わらないだろう。こうして不比等の絶大なる権力と、後継の天皇として阿閉皇女がその意中にあることが、しだいに群臣たちに浸透していったのである。

そして、六月十五日に文武がわずか二五歳で亡くなり、七月十七日に阿閉皇女すなわち元明の即位が実現した。ここまで来ても、なお不比等の気がかりは元明即位の正当性であった。天武の皇子たちが何人も生存しており、その次の世代の長屋王らも成長しているのに、なぜ、ここで阿閉皇女が即位するのか。あまりに不自然ではないか。そういう人々の鋭い視線を意識せざるを得なかったのではないか。とすれば、その不自然さを解消しなければならない。まさしく、そのために不比等が用意したのが、元明即位の詔に初めて登場する「与天地共長与日月共遠不改常典《あめつちとともにながくひつきとともにとほくかわるまじきつねののり》」、略して「不改常典《ふかいのじょうてん》」だったのである。しかも、実は、遠い昔、天智天皇が立てた法で、元明が即位したのは、この法によるのだというのである。

元明の即位と「不改常典」の創造

この「不改常典」に関する研究は、文字通り汗牛充棟《かんぎゅうじゅうとう》の状況であるが、わかっていることは、これ以前にその存在をまったく確認できないことと、今日まで内容がまったく伝わっていないことである。ということは、「不改常典」はこのとき不比等が創作したもので、中身はなく、天智の名をもち出すことによって元明の即位を正当化しようとしたものだったとしか言いようがない。さまざまな見解があるが、説得力のある説はなく、ただ漠然と、大化改新とその後の改革をリードした天智の偉大さ、元明がその娘であるということの強調でしかなさそうである。ともかく、天智の偉大さを前提としなければ絶対に成り立たない考え方であり、それを不比等が、ここで皇位継承に利用したということであろう。やはり、大化改新という大改革が、古代人に強く意識されていたのであろう。

ともかく、人々の関心は平城遷都に移り、元明の即位は既成事実となった。もちろん、元明は将来の首の即位のための中継ぎであった。これが、首の擁立というプロジェクトZの始まりであった。

ここで原点に返ってみよう。持統の願望は、最初は、ただ草壁の即位だけだったはずである。もちろん、それだけでも簡単ではなかったかもしれないが、その草壁が即位せずに亡くなってしまったところから、複雑な人間模様が始まったのである。その中で、古代国家の確立という本筋から外れることなく、持統の願望を実現しつつ、その上、藤原氏自身の権力まで構築したのが藤原不比等であった。上山春平氏が、それを藤原ダイナスティとよび、その成立を記念するモニュメントと称したのが『日本書紀』であり、なかんずく、天孫降臨神話であった。では、不比等は、その神話をどのように創造したのか。いよいよ、その謎に迫ることにしよう。

第3章　天孫降臨神話の成立

一　天孫降臨神話への道

二転三転した神話づくり

　大化改新後、中国の律令を模倣して中央集権国家を目指す改革が始まった。中国的国家の中心にあるのは皇帝制度である。しかし、これほど日本の歴史風土と異質なものはなかった。唯一絶対の権力。中国でも、王朝が続くと半ばタテマエとなる。それでも、皇帝という存在を前提としなければ国家の活力が発しないのである。

　しかし、日本は違う。移りゆく季節の中に、すべてが生まれ消えてゆく。そういう世界である。刹那的であり、悠久でもある。ある評論家が、仏教の伝来とは関係なく、日本には「天然の無常観」があると言った。言い得て妙。豊潤にして深遠な自然に包まれた日本人にとって、わずか数十年の人生で、その場限りのちっぽけな権力を振り回し、それを唯一絶対と力んだり息巻いたりする無粋な神経はもともとない。人の一生も豊かな自然の一部と了解している。そういう日本人に、唯一絶対の専制権力と言ったところで白けるばかりである。

だからこそ、冗談でよい。夢幻でよい。形だけ中国の制度を受容し、もともとない無粋な概念を想定し、あたかもそれらしいものを創造して、それを十分堪能する。そういうものとして出現したのが「天皇制」なのである。言わば、実体のないものをさまざまな美辞麗句で飾り立て、その夢幻に浸る。崇高、威厳、優美、寛容、そして永遠という概念をさらに奥深く表現する。実体がないのだから裏切られることもない。そういう文化概念として「天皇制」は出現したのである。

そうした天皇制を説明するたとえ話の一つが〈聖徳太子〉であった。それにもう一つ、不比等が、持統の願望する草壁王朝のために作ろうとしたのが高天原から始まる天皇神話だったのである。

たぶん、もともとは単純なストーリーのはずだったのではないかと思う。しかし、構想の途中で草壁が死に、文武が死に、そのつど、持統・元明・元正と、急遽、臨時に中継ぎの女帝が即位することになった。ストーリーは二転三転せざるを得ない。その間に、アマテラスが出現し、高天原が構想され、天孫降臨というモチーフが成立し、それがさらに複雑に展開することになる。そして、最後まで生き抜いた藤原不比等は、本来は持統と草壁のためのものであった神話を、自らを主人公としたものに作り替えたのである。

以下、この複雑な天皇神話について、『古事記』と『日本書紀』、とりわけ『日本書紀』によってできる限り詳細に論じてみたいと思う。

相違するいくつかの神話の存在

天孫降臨神話は、『日本書紀』では巻二「神代下」の冒頭部分にあたり、本文のほかに異説として八つの「一書《あるふみ》」がある。ここでは、最初の「一書」を「第一書」、以下順に「第二書」「第三書」……とする。もちろん、『古事記』にも対応する話がある。

その内容であるが、簡単に言えば、天照大神（アマテラスと記す）の孫の瓊瓊杵尊《ににぎのみこと》（ニニギと記す）が、地上の葦原中国《あしはらなかつくに》を支配するために日向《ひゅうが》の高千穂に天下るという話なのだが、「一書」の中には、本文の内容と大きく異なるものがある。そこで、内容が断片的でストーリーとしての体をなしていないものを除き、話の要素によって分類してみると次頁の表のようになる（西條勉、二〇〇五年の表に若干の修正）。まず、この表について説明しておこう。

全体を三つの系統に分類しているが、その基準は、「司令神」である。アマテラスの孫なのだから、降臨を司令するのもアマテラスと思いがちであるが、実は、『日本書紀』の本文と「一書」の一部は、高皇産霊尊《たかみむすひのみこと》（タカミムスヒと記す）としている。そこで、以下、司令神の相違により、アマテラス系とタカミムスヒ系の二つに分類して論ずることにしたい。『古事記』の場合は、その両神が一緒に司令しているが、タカミムスヒの表記が途中から高木神《たかぎのかみ》へ変わっている。

以上を整理したのがこの表であるが、『日本書紀』の所伝のうち、本文と第一書がそれぞれの系

系統	タカミムスヒ系			アマテラス系		折衷（統合）
要素／所伝	紀本文	第六書	第四書	第二書	第一書	記
司令神	タカミムスヒ	タカミムスヒ	タカミムスヒ	アマテラス	アマテラス	タカギノカミ（タカミムスヒ）アマテラス
降臨神	ニニギ	ニニギ	ニニギ	オシホミミ←ニニギ	オシホミミ←ニニギ	オシホミミ←ニニギ
ニニギの母	高皇産霊尊の女栲幡千千姫	高皇産霊尊の女子栲幡千千姫万幡姫命		高皇産霊尊の女万幡姫	思兼神の妹万幡豊秋津媛命	高木神の女万幡豊秋津師比売命
降臨の様態	真床追衾に包まれる	真床覆衾に包まれる	真床覆衾に包まれる			
降臨地	日向襲之高千穂峯←吾田長屋笠沙之碕	日向襲之高千穂添山峯←吾田笠狭之御碕	日向襲之高千穂槵日二上峯←吾田長屋笠狭之御碕	日向槵日高千穂之峯←（吾田）	筑紫日向高千穂槵触峯	竺紫日向高千穂久士布流多気←笠沙之御前
随伴神　東征系			アメノオシヒ　アメノクシツオホクメ			アメノオシヒ　アマツクメ
随伴神　石屋戸系				アメノコヤネ　フトタマ　諸部神	アメノコヤネ　フトタマ　アメノウズメ　イシコリドメ　タマノヤ	アメノコヤネ　フトタマ　アメノウズメ　イシコリドメ　タマノヤ　オモヒカネ　タヂカラヲ　イハトワケ
神宝＋神勅				宝鏡＋同床共殿　斎庭稲穂	三種神宝＋天壌無窮	三種神宝＋瑞穂国統治　宝鏡奉斎
伊勢神宮　先導神					サルタヒコ	サルタヒコ
伊勢神宮　鎮座					伊勢之狭長田五十鈴川上	佐久久斯侶伊須受能宮　外宮之度相

統の典型である。そこで、この二つを中心に、ほかの要素における両系統の相違を列挙しておくことにする。

①タカミムスヒ系は、最初からニニギが降臨するが、アマテラス系は、まず忍穂耳尊《おしほみみのみこと》（オシホミミと記す）が降臨を命じられ、途中でニニギに代わっている。

②ニニギの母の表記が、タカミムスヒ系は「高皇産霊尊の女《むすめ》栲幡千千姫《たくはたちぢひめ》」であるが、アマテラス系は、「思兼神《おもいかねのかみ》の妹万幡豊秋津媛命《よろずはたとよあきつひめのみこと》」となっている。ここで注意すべきは、ニニギの母の神名が異なるばかりでなく、「高皇産霊尊の女」「思兼神の妹」のように続柄の表記が「女」から「妹」に変わっていることである。つまり、両系統のニニギの母は異なる世代の女性なのである。ということは、ニニギも二人いることになる。

③タカミムスヒ系だけが、降臨の際、真床追衾《まとこおうふすま》に包まれる。

④降臨地に関し、タカミムスヒ系が、まず日向襲之高千穂峯に下り、そこから吾田長屋笠沙之碕《あたのながやのかささのみさき》へ向かうのに対し、アマテラス系は、筑紫日向高千穂までは同じだが、さらに「槵触峯《くじふるのたけ》」と記されている。

⑤アマテラス系には、天児屋命（アメノコヤネ）など降臨の際に随伴する神がある。

⑥アマテラス系の場合だけ、ニニギに神宝と神勅が授けられる。

⑦アマテラス系には、猿田彦《さるたひこ》とその降臨地の伊勢が記されている。これは、伊勢神宮の成立と関係がある。

以上であるが、では、これらの要素の違いが意味するものは何であろうか。具体的に考えてみよう。

なお、『古事記』の場合、『日本書紀』の二つの系統を兼ね備えた感があり、そのため、西條氏は両者の「統合」とよんだのであるが、よく見ると両系統の所伝を選択しながら組み合わせているので、本稿では「折衷」とよんでいる。

二　プロジェクトX・Yの神話

プロジェクトXの神話——天皇神話の発生

持統三年（六八九）の草壁の死により、プロジェクトXは幻に終わったが、不比等らは、そのための準備を続けていた。できる限り草壁を神格化しようという努力である。その使命を託されたのが柿本人麻呂であった。その成果が、先に見た『万葉集』巻二の草壁挽歌である。だから、この挽歌を、プロジェクトXの象徴とよんでよい。

その挽歌であるが、高天原もアマテラスもまだなく、ただ、八百万千万神《やおよろずちよろずのかみ》が天の河原で神分り《かみはかり》して、「日の皇子」を地上に派遣するというものであった。ここにあるのは、せいぜい、草壁の即位を天上の神々の意志とするだけである。ただし、天上の支配者として「天照らす日女《ひるめ》の命」が登場し、それが持統を指している。とすれば、まもなく、近い将来、この延長上に持統をモデルとする皇祖神としての天照大神（アマテラス）の出現を考えることができそうである。不比等自身か、天才歌人人麻呂の着想か不明であるが、ここに天皇神話の発生を見てもよいであろう。それが、持統三年頃のことである。だから、この時期を、天皇の神格化の準備段階としておくことにしよう。

そのことが『日本書紀』編纂の時代状況を示すものであれば、天皇の神格化は緒についたばかりということになる。

プロジェクトYの神話――選ばれたアマテラス系の神話

草壁が亡くなったあと、文武の即位を目的にして始まったのがプロジェクトYである。もちろん、文武の即位によって完成する。そこでどのような神話が作成されたかを考えてみよう。とりあえず、『日本書紀』のアマテラス系とタカミムスヒ系の神話のどちらがふさわしいかを考えねばならない。

持統朝に構想されたのであるから、持統自身の存在感が際だったはずである。すでに草壁挽歌でも「天照らす日女の命」として、その存在感を示していた。この呼称は、天照大神を十分予測させるものである。加えて、草壁から軽へという主人公の交替があったことも特筆してよい。とすれば、司令神がアマテラスで、降臨神が途中でオシホミミからニニギに交替するアマテラス系の神話こそ、この時期のものとしてふさわしいということになろう。すなわち、第一書の神話である。

そのことを、別の側面からも見ておこう。

まず、アメノコヤネやフトタマなどの随伴神が目につくが、これらは、表にもある通り天の岩屋戸神話に登場する神々である。と言って、岩屋戸神話をふまえているとは限らない。何しろ、アマテラスという神格の誕生がまだ確認できていないのである。そこで観点を変えて、天児屋命《あめのこやねのみこと》と太玉命《ふとたまのみこと》に注目すれば、これらは中臣《なかとみ》と忌部《いみべ》の祖神である。それと、神宝と神勅の存在を重ねてみると、持統四年に持統が即位したときの『日本書紀』の記事が想起されないであろうか。「物部麻呂朝臣、大盾を樹つ。神祇伯中臣大島朝臣、天神寿詞《あまつかみのよごと》を読む。畢《おわ》りて忌部宿祢色夫知《しこぶち》、神璽《かみのしるし》の剣・鏡を皇后に奉上る。皇后、即天皇位《あまつひつぎしろしめ》す」というものである。中臣と忌部の二人を高天原に移すと天児屋命と太玉命になろう。それに、天神寿詞を神勅とし、神璽を神宝とすれば、すべてが揃うことになる。

つまり、アマテラス系に見える随伴神と神宝・神勅は、持統即位の段階で成立していた即位儀礼だったということになる。もちろん、本来は草壁の即位のために準備されたものであったが、結果的に持統の即位儀礼となり、文武擁立の出発点となったのである。律令で言えば神祇令践祚条《じんぎりょうせんそじょう》であるが、飛鳥浄御原令にも規定されていたと考えてよいであろう。また、持統五年十一月に大嘗祭《だいじょうさい》が行われているが、ここでも同様の即位儀礼が行われたはずである。そう言えば、岩屋戸神話はスサノヲの悪行から始まるが、その悪行の場も『古事記』では大嘗《おおにえ》、『日本書紀』では新嘗《にいなめ》であった。国家秩序の形成とならんで、神話も次々と生まれているのである。

そして、決定的意味をもつのが「高天原」の成立である。先に見たように、六九七年の文武即位詔で初めて使われた言葉である。単なる天上世界ではない、アマテラスが君臨し、天孫降臨の出発点となる日本神話固有の高天原が誕生したのである。この語は『日本書紀』や『古事記』でも使われ、奈良時代以後の祝詞《のりと》において多用されることになるが、これこそ、天皇制というか皇室の尊厳を象徴することになる。

どこに降臨したのか

次にニニギの降臨地であるが、二つの問題がある。一つは、槵触峯という地名である。『古事記』には「久士布流多気」とあるから、クジフルタケと訓《よ》んだと思われる。そうだとすると、ただちに伽耶の神話が想起される。『三国遺事』所収の『駕洛国記《かやこくき》』には、皇天の命ずるところ、伽耶の始祖の首露《しゅろ》が亀旨峰《きじほう》に降臨したと記されている。また、『三国史記』には統一の英雄の金庾信《ゆしん》(五九五－六七三)の伝記があるが、そこには、庾信の十二代前の祖の首露が亀旨峰に登って伽耶を建国し、のち金官国と改めたと記されている。この亀旨峰の亀旨はクジの音と近く、神話のモチーフからしても、明らかにこれを意識したものと考えてよいであろう。ただし、伽耶は六世紀前半に新羅に併合されており、この時点で、伽耶の神話が日本に伝わり得たのかどうかが問題になる。しかし、右の金庾信に関して、『日本書紀』に次のような事実が記されている。

高句麗が唐と新羅に滅ぼされた天智七年(六六八)の秋九月、新羅使金東厳《こんとうごん》らが来日した。六五六年以来十数年ぶりのことであった。白村江の戦いを挟んで、長い敵対関係にあったからである。ところが、この年、高句麗が滅亡したため、高句麗の旧領の支配をめぐって唐と新羅との対立が深まり、その結果、新羅が日本に使者を派遣してきたのである。使節団との間には微妙な空気が漂っていたに違いない。ところが、そのとき、中臣内臣《うちつおみ》、つまり中臣鎌足が、新羅の金庾信のために船一隻を賜い、東厳に付したという。

鎌足は、伽耶の王家の血を引く庾信を丁重に扱った。もちろん、伽耶の神話も知っていたであろう。不比等は、その鎌足の話を養父から聞いていたのではないか。だから、この神話に、不比等の関与を考えてよいと思う。もっとも、当時は伽耶系の渡来人も少なくなかったのだから、彼らに伝わった伝承が利用されたのではないかと考える人がいるかもしれない。しかし、『日本書紀』の天皇神話の重要性を考えるとき、そのような身近な渡来人の伝承がそのまま採用されることはなかったのではないかと思う。やはり、鎌足と金庾信との交流によるものと考えるべきであろう。

次に、降臨地がクジフルタケで、『日本書紀』本文のように吾田長屋笠沙之碕ではなかったとすると、ストーリーの上で大きな問題が生ずる。というのは、吾田長屋笠沙之碕とは、鹿児島県薩摩半島の南西部の野間岬のことである（巻頭の地図と写真を参照）。実は、ここが隼人《はやと》神話の舞台で、天孫降臨に続いて海幸・山幸の神話が展開し、その後に登場する神武が、ここから大和に向かうことになる。これが、いわゆる神武東征である。

しかし、クジフルタケのままでは伽耶の神話であるから、隼人神話につながらない。そう考えて隼人のことを調べてみると、隼人は薩摩半島南端を中心に分布した民族と見られるが、文献上、その存在が知れるのは天武十一年（六八二）以後ということである（中村明蔵、二〇〇一年）。それ以前には、隼人という民族の存在すら知られておらず、たとえ記事があったとしても、後世の知識で書かれたものだという。隼人の名称も、天武朝以後に王権の側からつけられたものらしい。つまり、吾田長屋笠沙之碕ではなかったのは、持統朝では、まだ隼人という民族名も隼人神話も未成立だったためと考えられるのである。とすれば、降臨地が槵触峯というのは、ますます持統朝にふさわしいことになろう。

プロジェクトY関係系図

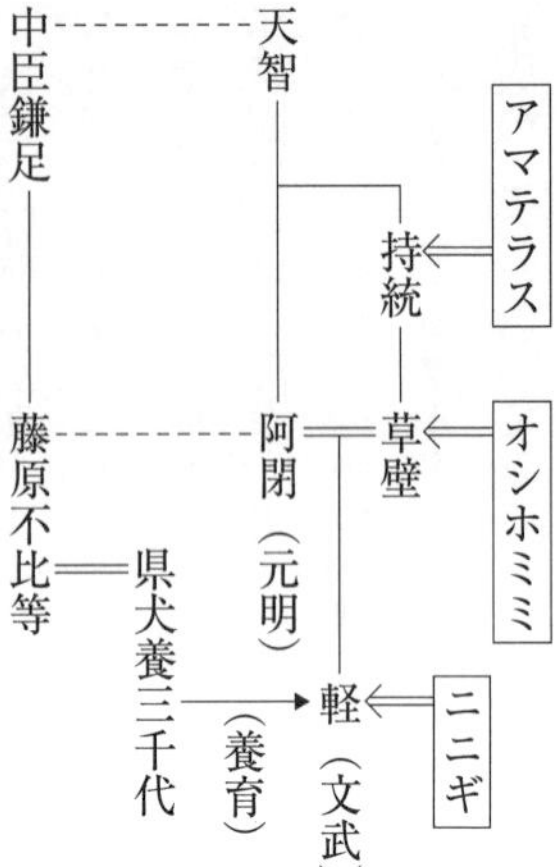

最後に、猿田彦と伊勢神宮の問題が残ったが、持統は、持統六年（六九二）に、三輪高市麻呂の強い反対を押し切って伊勢に行幸している。おそらく、三輪山周辺にあった太陽信仰を伊勢に移そうとしたのであろう。ただし、この問題は、猿田彦の性格と伊勢神宮の成立にかかわり、論じるには紙数が足らないので別にゆずることにするが、この神話が、持統の伊勢行幸と密接な関係にあることは明白で、この神話の成立時期に適合的であることを述べておきたい。

以上により、このアマテラス系の神話は、持統がアマテラスなのであるから、オシホミミが草壁、ニニギが軽（文武）ということになる。その成立時期としては、草壁が軽に代わった段階のもの、内容的には、持統の即位儀礼を前提として文武への禅譲を説話化したものということになろう。まさしく、プロジェクトYの神話だったのである。ただし、この段階では、ニニギは吾田長屋笠沙之碕に行っていない。隼人神話が未成立だったからである。だから、それに続く神武東征も未成立だったことになる。記紀神話としては成立途上の段階だったということになろう。

なお、このプロジェクトYの段階の人間関係と神話との関係を系図にして示せば右のようなものになる。

三　プロジェクトZの神話

プロジェクトZの神話——タカミムスヒ系への移行

慶雲四年（七〇七）六月十五日に文武が亡くなった。わずか二五歳だった。遺児となった首皇子は七歳だった。不比等は、用意周到、中継ぎとして元明の即位をはかる。即位詔では、正体不明の「不改常典」を示して居並ぶ群臣たちを煙に巻き、権力の奥深さを誇示している。次の課題は首擁立。それがプロジェクトZであった。当然、首の即位を見こした神話を構想することになる。その神話であるが、先の表のうち、タカミムスヒ系が残されている。では、このタカミムスヒ系の神話がプロジェクトZの神話なのだろうか。神話自体をじっくりと検討してみよう。

まず、アマテラス系の神話との相違に驚く。何しろ、降臨の場にアマテラスが登場しないのである。草壁を連想させるオシホミミもいない。タカミムスヒが単独で、直接ニニギに降臨を命じている。そのタカミムスヒは「皇祖」と記されている。持統の即位儀礼を連想させる随伴神や神宝・神勅もなく、猿田彦や伊勢神宮の記述もない。ということは、アマテラス系の神話を大幅に書き換え、明らかに持統と草壁の痕跡を消しているのである。当然、持統の没後である。まさしく、プロジェクトZの時代にふさわしいと言えよう。

神話成立の年代をもう少し詳細に考えると、アマテラス系とタカミムスヒ系の神話を統合ないし折衷したのが『古事記』で、その成立は、太安万侶《おほのやすまろ》の「序文」によれば七一二年であった。とすると、タカミムスヒ系の神話が構想されていた時期はそれ以前であり、プロジェクトZのうちでも、七〇七年の文武の死から七一二年頃までということになろう。すっぽりと元明朝におさまる時期である。その時代の実力者は、もちろん藤原不比等であった。どうやら、タカミムスヒ系の神話がプロジェクトZの神話であることは間違いなさそうである。

その場合、プロジェクトZにおける人間関係と神話との対応であるが、降臨するニニギは首皇子(聖武)、タカミムスヒは不比等でよい。首は、不比等の娘の宮子の子だから、不比等は祖父にあたる。だから、皇祖なのである。活躍しないが、その場合の系譜上のオシホミミは文武、アマテラスをその母とすれば元明ということになる。しかし、アマテラス系の段階の持統と草壁の存在感を考慮して物語に登場させなかったのであろう。その人間関係と神話を系図にすれば左にあるようになろう。

ところで、上山春平氏は、次にあげた、『日本書紀』巻二、神代第九段本文の冒頭部分に注目する。

天照大神の子、正哉吾勝勝速日天忍穂耳尊《おしほみみ》、高皇産霊尊の女、栲幡千千姫《たくはたちぢひめ》を娶きたまひて、天津彦彦火瓊瓊杵尊《ににぎのみこと》を生れます。故、皇祖高皇産霊尊、特に憐愛を鍾《あつ》めて、以て崇《かた》て養《ひだ》したまふ。遂に皇孫天津彦彦火瓊瓊杵尊を立てて、葦原中国の主とせむと欲す。

そして、左の系図との対応関係を示した上で、次のような文章に書き換えるのである。

元明の子、文武は、不比等の娘、宮子をめとって、首皇子を生んだ。不比等は、首皇子をとくにたいせつに養育し、やがて孫の首皇子を天皇にしようと思うようになった。

これは明らかにプロジェクトZといってよい。やはり、タカミムスヒ系の神話は、プロジェクトZの段階に構想された神話だったのである。

さて、天孫降臨神話の分析も、ようやく大詰めに来たと言ってよい。以下、残された問題について論じておくことにしよう。

プロジェクトZ関係系図

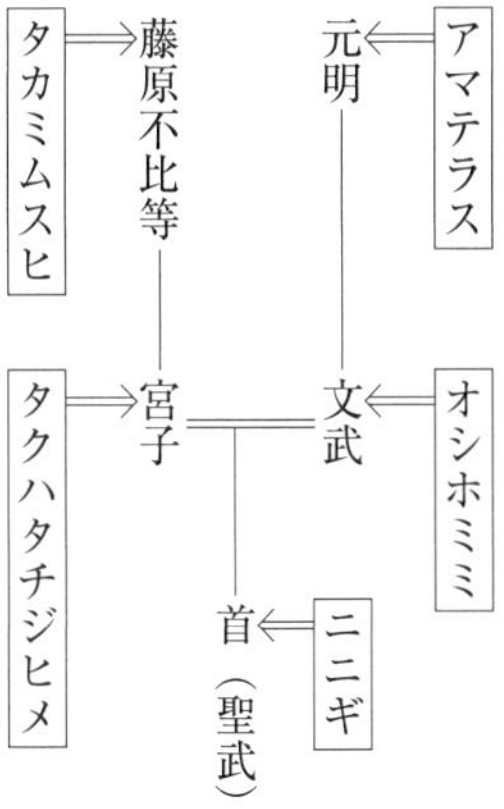

タカミムスヒは藤原不比等

まず、もっとも気になるのが、タカミムスヒすなわち高皇産霊尊という名称である。これは、何に由来するのだろうか。

ムスヒ（産霊、産巣日）について、本居宣長の『古事記伝』は次のように述べている。

産巣日《むすび》は、字は皆借字《かりもじ》にて、産巣《むす》は生《むす》なり、其は男子女子《むすこむすめ》、又苔の牟須《むす》など云牟須にて、物の成出《なりいず》るを云。…凡て物の霊異《くしび》なるを比《ひ》と云…。されば産霊《むすひ》とは、凡て物を生成《な》すことの霊異なる神霊《みたま》を申すなり、……さて世間に有とあることは、此天地を始めて、萬の物《もの》も事業《こと》も悉に皆、此二柱の産巣日大御神《むすびのおおみかみ》（高御産巣日神・神産巣日神）の産霊《むすび》に資《より》て成出《なりいず》るものなり。

ムスヒとは万物生成のための根源的な神のはからい、霊異なる神霊のことをいう。苔むすのむすであるが、もちろん苔ではなく、それが生ずるエネルギーのようなものを指している。記紀神話全体の論理としては、天地のすべて、イザナキ・イザナミ両神の誕生も、両神による国土や神々の生成も、すべて根源的にはムスヒの神のはたらきということになる。アニミズムや自然神ではない。太陽神でもない。万物生成の根源にあるはたらき。エネルギーと言ってもよい。その大本《おおもと》が高皇産霊尊というわけである。エネルギーの原点だから、言わば、宇宙のビッグバンのようなものであろうか。根源的で、最高の存在。観念的な神だから記紀編者の創作に決まっているが、考えてみると、アマテラスも小さく見えるほど奥深い存在である。それが不比等なのである。

ところで、不比等が、このタカミムスヒの名称の前に考えた神の名がある。タカミムスヒ系では、ニニギの母を「高皇産霊尊の女栲幡千千姫」としているが、それ以前のアマテラス系の神話では

「思兼神の妹万幡豊秋津媛命」としている。姫の名も違うのであるが、一方は高皇産霊尊の娘で、他方は思兼神の妹である。アマテラス系とタカミムスヒ系では世代が一代ずれるから、どちらも不比等のことと考えてよい。つまり最初は、賢い神とだけ考えて「思兼神」としたのである。しかし、これでは平板だというわけで、高皇産霊尊を創作したのである。どちらも不比等の創作で、不比等自身を指している。

タカミムスヒ系神話の問題点

次に、降臨地の問題がある。アマテラス系の段階では、まだ隼人神話が未成立だったために、伽耶の亀旨峰の伝説を借りてきて、そのままにしてあったが、タカミムスヒ系の『日本書紀』本文では、高千穂からただちに吾田長屋笠沙之碕へ向かっている。もちろん、その後、ここを舞台に海幸・山幸の隼人神話が展開し、さらに神武東征となる。ということは、この段階になってようやく隼人神話が成立したということである。そう言えば、同じタカミムスヒ系の第四書に、随伴神として大伴氏の祖であるアメノオシヒと久米氏の祖のアメノクシツオホクメがいるが、大伴・久米こそ神武東征の功労者である。どうやら、この段階、つまり元明朝になって記紀神話の全体像ができあがってきたと言えそうである。

もう一つ気になるのは、ニニギが真床追衾《まとこおうふすま》に包まれて降臨することである。この真床追衾であるが、護雅夫氏によると、これは騎馬民族の即位儀礼に関係あるという（護雅夫、一九六七年）。

氏によれば、突厥《とっけつ》、契丹《きったん》、鮮卑《せんぴ》族、モンゴル族などの王の即位儀礼において、太陽を拝したのち氈《フェルト》におおわれ、さらにその氈が群臣によって持ち上げられる。これは、シャーマニズムの成巫式に用いられるフェルトに由来し、「地上の人間にとっては、神霊・精霊をわが身に招《お》きくだしてそれをわが身にいれ、それとおなじ力《もの》を体得して、おのれみずから神霊・精霊そのものになりうるための、つまり人間から神霊へと転化するための聖なる場であり、神霊・精霊にとっては、降臨して地上の人間に憑《よ》るための、つまり、神霊から人間に転化するための聖具にほかならない」というものので、この氈が真床追衾ではないかというのである。

では、そう考えた場合、突厥などの風習がどのようにして日本に伝わったのであろうか。

実は突厥は、隋の統一以前から高句麗と同盟関係にあった。その後、唐の高宗の時代、高句麗は六六八年に唐将李勣《りせき》に攻められて、首都の平壌城が陥落する。そのとき逃れて日本に亡命した人物に肖奈《しょうな》（背奈）公福徳がおり、その子に行文がいた。『続日本紀』によると、行文は養老五年（七二一）に明経第二博士となり、学業に優遊し師範に堪えるゆえ物を賜うとある。『懐風藻』に長屋王宅に新羅客を宴する詩があり、藤原武智麻呂の伝記を『家伝』の下巻（『武智麻呂伝』）というが、そこに行文を指して宿儒《しゅくじゅ》とある。宿儒とは、年功をつんだすぐれた儒者のことである。つまり、文人として活躍しているのである。このような高句麗系の渡来人の存在を考えれば、突厥の風習がもたらされても不思議ではない。ましてや不比等は、渡来人を重用した人物である。

以上、タカミムスヒ系の神話を見てきたが、これが、首（聖武）を擁立したプロジェクトZの段階、具体的には元明朝、『古事記』以前の成立とすれば、七一二年以前の段階で藤原不比等によって構想された蓋然性はきわめて高いことが了解されると思う。『記紀』においては、この天孫降臨神話の前後に天石屋戸・隼人の神話があり、その後、神武東征によって歴代天皇につながる。これらを、王権の根拠に関する神話と称してよいであろう。その中核が天孫降臨神話であった。とすれば記紀神話の全体像は、どうやらこの頃に完成したと言ってよさそうである。

四　『古事記』の神話

天孫降臨神話成立の三段階

これまで主として『日本書紀』によって、天孫降臨神話の多様な成立過程を見てきたのであるが、その成立は、次の三段階を経たものであった。

第一は、『万葉集』巻二に柿本人麻呂の草壁挽歌として伝わったもので、プロジェクトX、すなわち草壁の即位を正当化するための段階のものであった。その内容は、天上世界に君臨する天照らす日女の命（持統）の命ずるまま、高照らす日の皇子（天武）が、続いて我が大君皇子の命（草壁）が降臨するというものでった。高天原もアマテラスもニニギも、まだ神格として成立していないが、モチーフは完全に天孫降臨神話と言ってよい。この構想を人麻呂に指示したのは藤原不比等と考えられ、不比等はここで、草壁の即位を予定してその神格化をはかり、それによる自己の権力の確立

プロジェクト	擁立（降臨）皇子	降臨の司令神	神話の成立時期
X	草壁	（天照らす）日女の命	持統３年（689）頃
Y	軽（文武）	アマテラス	持統即位（690）〜文武朝
Z	首（聖武）	タカミムスヒ	元明朝

を考えたのであろう。

第二は、草壁が即位することなく亡くなったのち、六九〇年に中継ぎの持統が即位し、ついに六九七年、文武に譲位する段階である。プロジェクトYの完成である。その文武即位を正当化するために作られたのがアマテラス系の神話である。高天原という概念が成立し、アマテラスも誕生している。もちろん、アマテラスは持統で、その命ずるまま、最初はオシホミミ（草壁）、次いでニニギ（文武）の天孫降臨が展開するというものであった。不比等は思兼神という名で登場するが、輝かしいアマテラスの背後に隠れ、側近として活躍している。

そして第三が、文武没後の首皇子擁立計画、すなわち、プロジェクトZである。すでに、持統も草壁も文武もいない。擁立される首がニニギで、アマテラスは急遽即位した元明、オシホミミは文武ということになるが、元明と文武の存在感は薄い。代わって神話の中心に位置するのがニニギ（首）の母、栲幡千千姫（宮子）の父藤原不比等である。タカミムスヒと名乗っている。タカミムスヒ（不比等）は皇祖として、ニニギに降臨を命ずる。このタカミムスヒこそ、日本神話の最高神にして、万物の根源とされる神である。この神話の延長上で、ニニギは吾田長屋笠沙之碕に行き、その後、海幸・山幸の隼人神話を経て神武が生まれ、それが東征して大和で即位することになる。ここに記紀神話が完成する。ただし、不比等の存命中に完成したのは神話だけで、首の即位は実現していない。

天孫降臨神話は以上の三段階を経て成立した。すべて、藤原不比等の構想したものであった。その様子を簡単な表にすると右のようになる。

一般には、神話と言えば、さまざまな氏族や地域に古くから伝えられたものと考えられているのではないかと思う。しかし、記紀神話に関して言えば、そのようなものはほとんどない。すべて記紀の編纂段階で、藤原不比等を中心とする編者たちによって作られたものである。

一つの神話についていくつかの伝承があるからと言って、それが伝承過程の多様さ、複雑さを意味しているわけではない。むしろ、神話の構想段階の試行錯誤によるものである。そのことを記紀神話のほとんどについて証明することが可能であるが、本書では、とりあえず天孫降臨神話について論じておいたのである。

『古事記』の降臨神話の矛盾

そこで最後に、『古事記』の神話についても見ておくことにしよう。二四三頁の表を見れば明らかなように、『古事記』の降臨神話はアマテラス系とタカミムスヒ系の両方の要素を備えている。そのため統合ないし折衷と称したのであるが、よく考えると、その表現には大きな矛盾がある。というのは、アマテラス系とタカミムスヒ系とでは、神話の母体となる政治状況、つまり藤原不比等のプロジェクトの段階が異なるからである。

簡単に言うと、アマテラス系は軽皇子（文武）の擁立を目指しており、アマテラス・オシホミミ・ニニギの三神の指す人物は、持統・草壁・軽の三人であった。これに対してタカミムスヒ系の場合は首皇子（聖武）の擁立を目指しており、先の三神は元明・文武・首というようにアマテラス系とは世代が一つずれているのである。

つまり両系の神話は、別々の人間関係の上に成立しているのである。同じアマテラスでも想定している人物が異なるのである。とすれば、この二系統を安易に統合とか折衷することは不可能なはずである。つまり、『古事記』の神話は、最初から矛盾を孕《はら》んでいたのである。

では、『古事記』は、どのように天孫降臨神話を描いたのか、また、そこにどのような問題があるのか、これについて考えてみよう。

基本はアマテラス系

異なる人間関係を一緒に表現することはできない。やはり、ストーリーの基本構造はアマテラス系かタカミムスヒ系かどちらかでなければならない。そこで、二四三頁の表を見てもらいたい。

何といっても、司令神と降臨神がアマテラス・オシホミミ・ニニギという構造になっており、ニニギの母の名も万幡豊秋津師比売命である。全体としてアマテラス系と言える。そのほか、随伴神も岩屋戸系で、神宝と神勅があり、伊勢神宮との関係も濃厚である。すべて、アマテラス系の神話が作られた持統朝から文武朝にかけての時代、不比等のプロジェクトYの段階のものである。したがって『古事記』の天孫降臨神話が、基本的に文武朝に成立したアマテラス系の神話であることは間違いない。

では、なぜ二系統の要素をもっているのか。それを解くためには、『古事記』に立ち入って考えてみなければならない。

まず、『古事記』の成立の年代が問題である。いちおう、太安万侶の序文を信用して和銅五年（七一二）としておく。

次に『古事記』の神話全体をみると、タカミムスヒも活躍しているし、天孫降臨に続いて、ストーリーは隼人神話を詳しく記し、もちろん神武東征もある。これらは、いずれも元明朝のプロジェクトZの段階のものである。つまり『古事記』は、神話全体としては元明朝のプロジェクトZ、すなわちタカミムスヒ（不比等）を皇祖とし、その命令でニニギ（首）が降臨する段階に踏み込んでいるのである。

その際、『日本書紀』の場合は、アマテラス系の神話が放棄され、新しくタカミムスヒ系の神話が創作され、それが本文となったのであるが、『古事記』の場合は、元明朝になっても、文武朝の段階のアマテラス系の神話の基本構造を残しているのである。その意味するところを考えねばならない。

ともかく、アマテラス系とタカミムスヒ系とでは、不比等のプロジェクトの段階が異なり人間関係が一世代ずれている。だから、少なくともストーリーが混乱しないように最小限度の調整は必要となる。どのように調整したのであろうか。問題を解く鍵は、そこにありそうである。

天孫降臨神話に関して、『古事記』が元明朝になって行った修正としては、次の三点を指摘できる。

元明朝の修正

第一は、司令神として高木神を創作し、これをアマテラスと併記したことである。高木神はタカミムスヒの別名とされている。しかし、なぜ別名とする必要があったのか。これは大問題である。精確かに、高い木というのは、神話の上で世界樹とか宇宙樹とか称され、天上世界に通じ、また、霊が宿る聖なる樹木とされている。先に、欽明陵の上に砂礫《されき》を葺き、氏ごとに大柱を建てさせたという推古紀の記事を紹介し、このことと欽明の「アメクニオシハラキ」という諡号が関係あると述べたが、そういう樹木に対する信仰はどの民族にも普遍的に見られるものである。

しかし、タカミムスヒというのは、今や記紀神話の最高神として不比等が自らのために作った神名だったはずである。その核心は「ムスヒ」の語にあることは、すでに述べた通りである。そういう、不比等にとってもっとも大切な神名を廃棄し、あえて平板な「高木神」に代えてしまったのである。ストーリーの上での調整を超えた行為と言わねばなるまい。不比等に対する誹謗《ひぼう》とさえ言えるのではないか。また、不比等を指す高木神がいるのに、アマテラス系の神話で不比等を指した思兼神が頻繁に登場し、アマテラスの側近としてこまめに活躍している。これも、元明朝の最高権力者である不比等に対する配慮を欠いた行為と言えなくもない。

第二に、ニニギの降臨地を伽耶神話によって竺紫日向高千穂久士布流多気としつつ、この地を「韓国《からくに》に向《むか》ひ、笠沙《かささ》の御前《みさき》を真来通《まきとお》り」というように何とも意味不明の表現で笠沙の碕に到着させ、隼人神話につなげている。木に竹を接《つ》ぐというか、あまりにアマテラス系の神話にこだわりすぎているように見える。ここは、久士布流多気の語を削除すればわかりやすかったのではないか。

第三に、岩屋戸系の随伴神を増やしているのが目立つが、とくに「タジカラヲ（手力男神）」の名は、明らかに天岩戸神話を意識している。神話全体の整合性を気にしたのであろう。

さて、『古事記』成立時の元明朝における修正は以上のようなものであった。その評価であるが、一言にして言えば、文武朝のアマテラス系の神話の基本を変更していない。わずかな微調整であったと言えるのではないか。

『古事記』神話の最終責任者

『古事記』が編纂されたのは元明朝である。その元明朝においては、アマテラス系の神話は、ほとんど忘れられようとしていたはずである。主要人物であるアマテラス（持統）、オシホミミ（草壁）、ニニギ（軽・文武）はみな亡くなっており、新しく皇祖となったタカミムスヒ（不比等）の命令で、これも新しいニニギ（首・聖武）の降臨、すなわち即位が課題となっていたからである。にもかかわらず、強引にアマテラス系の神話を復活させている。しかも、不比等を意味するタカミムスヒの神名を奪い高木神とした。何もかも、不比等にとっては意に染まない仕打ちだったのではないか。ということは、この『古事記』の神話に最終的に関与したのは不比等ではなかったことになる。

では、誰が、何のために、ということになるが、元明朝の不比等の権勢は絶対的だったはずである。その不比等を快く思わず、また、その権勢に動ずることのなかった人物がいたとすれば、もちろん、一人しかいない。長屋王である。

不比等と長屋王との関係は微妙で、簡単には論じ得ないが、ともに天を戴かない、そういう関係にあったことは間違いない。長屋王は、首皇子の立太子にも即位にも協力的ではなかった。むしろ、自らの即位か、息子の即位を狙っていたと思われる。そのため、不比等の存命中には、首皇子の即位が実現しなかったのである。

元明も、その点では難しい立場にあった。不比等が擁する首皇子は文武の子だから元明の孫である。しかし、長屋王の妻の吉備内親王も娘で、その子供たちも孫である。元明を首への中継ぎとしたい不比等と、元明を利用して皇位を自らに引きつけたい長屋王。その間の複雑な関係については、以前、詳しく論じたことがあるので（大山誠一、一九九三年）、今は述べない。しかし、『古事記』の最終段階に、長屋王の意向が及び、そのために皇祖としての不比等の立場が無視されたことは事実であろう。考えてみると、史書としての『古事記』が近世まで不当に軽視されてきたことはよく知られているが、その原因の一つに、この天孫降臨神話の記述があったと言えないだろうか。

終章　天皇制をめぐって

天皇制はわからない

日本の歴史・文化を考えるとき、時代の節目ごとに天皇は重要な役割をもって登場しているように見える。ところが、それでは天皇とは何か、また天皇制とは何かを考えた場合、なかなか答えることはできないのである。天皇制が古代に成立したものであることは間違いない。とすれば、それを解明するのは古代史家の責務であろう。

学生時代、古代から中世・近世・近代と、どのゼミにも顔を出していたが、そのとき、先生方に天皇制とは何かと質問したことがある。すると、みな一様に「天皇ですか……。」と言い、しばらくして「わかりませんね」と答えるのだった。どなたも、東大の日本史の先生である。そこで、どうわからないのかとさらに質問してみると、確かに重要な存在だが、現実にどのような権能を有しているのかがわからないということのようだった。

この場合、わからないという答えは決して無責任なものではなく、熟慮の上で出たため息のようなものであった。それどころか、人によっては、私に向かって「君は古代史を勉強しているのでしょう。では、倭の五王の倭王武（雄略と推測されている）くらいは権力者だったのでしょうね」と聞き返すのであった。ともかく、私が学んだ先生方は、天皇という存在はわからないものとあきらめており、歴史学は、その周辺であれこれうごめいている貴族や武将や女性たちが形成する社会や秩序を研究するものと考えているようであった。

その後、折に触れて天皇制についての論文や著書を目にすることもあったが、納得のいくものは皆無だった。私としては、昔教えを受けた先生方のように、軽々しく論じ難い不可解な存在とするのが、もっとも正直な態度のような気がするのである。

明快な天皇制論

しかし、その反面、そのように慎重に考える人とは対照的に、堂々と、かつ明快に意見を述べている人もいる。しかも、そういう人たちの意見は奇妙に一致している。ここでは、代表的な三つの説を紹介しておく。

第一は戦前の皇国史観。第二は戦後のマルクス主義的歴史観。第三は最近の制度史研究である。この三つの説は、内容ばかりでなく、説得力もほとんどないが、一方的に結論を振り回すところがよく似ている。

皇国史観

まず、皇国史観であるが、結局、天皇中心に書かれた『日本書紀』を鵜呑みにしたもので、江戸時代の国学や水戸学の延長上にあり、明治憲法で確立した歴史観である。明治憲法では、天皇は「万世一系」「神聖ニシテ侵スヘカラス」とあり、高天原神話に由来する現人神《あらひとがみ》にして絶対君主とされていた。確かに狂信的ナショナリストであった江戸の国学者たちはそう信じていたかもしれないが、現実に明治憲法を作成した近代の政治家たちがそう考えていたわけではなかった。憲法起草の張本人ともいうべき伊藤博文の言として、次のような話が伝わっている。東京帝国大学医学部で教鞭をとり、明治天皇の侍医でもあったベルツの日記の一文である。

伊藤の大胆な放言には自分も驚かされた。半ば有栖川宮の方を向いて、伊藤のいわく「皇太子に生れるのは、全く不運なことだ。生れるが早いか、到るところで礼式《エチケット》の鎖にしばられ、大きくなれば、側近者の吹く笛に踊らされなければならない」と。そういいながら伊藤は、操り人形を糸で踊らせるような身振りをして見せたのである。(『ベルツの日記』より)

伊藤が直接対象にしているのは皇太子であるが、もちろん、明治の元勲たちの天皇観と考えてよいだろう。私は、この文章を飛鳥井雅道氏の『明治大帝』(一九八九年)で知ったのだが、そのとき、天皇を神に仕立てながら、傀儡として利用することしか考えていないところが藤原不比等とまったく同一であることに納得したものである。不比等が作った『日本書紀』の神話から天皇制が成立し、それを利用して明治天皇制も成立した。皇国史観はそのお先棒を担いだに過ぎない。根本にあるのは『日本書紀』のようだ。

マルクス主義的歴史観

第二がマルクス主義的歴史観である。マルクスの書のうち戦後の歴史学でとくに重視されたものに『資本制生産に先行する諸形態』があった。そこでは、世界の諸民族の土地所有の形態として、アジア的、古代（ギリシャ・ローマ）的、ゲルマン的の三つがあり、それぞれの所有形態に応じて共同体が成立し、その上にそれぞれの歴史過程が展開すると説かれていた。もっとも原始的なアジアでは、成員は共同体に埋没しており、そういう個々の共同体の上に包括的な統一体が出現する。それこそが唯一の所有者である。それがアジア的専制国家というものであった。

もちろん、古代的土地所有の上にギリシャ・ローマ的世界が、ゲルマン的土地所有の上に西洋的世界が展開するというのであるが、こういう議論は、私にとってもあまりに古いことなので、実はよく覚えていない。それに、アジアを原始的なものと見る歴史観は、当たっている部分もあるにしろ、ヘロドトスからヘーゲルにいたるヨーロッパ人の偏見により成立したものである。しかし、戦後のある時期に、アジアでは無所有の人民の上に専制君主が君臨したことがあった。そういうアジアの生産様式を、古典古代の奴隷制と区別して総体的奴隷制と言う。この総体的奴隷制という概念もずいぶん流行したものであった。

しかし問題は、日本がそのアジアに属するか否かである。単なる地理的位置の問題ではない。それを判断するには、日本歴史そのものの実証的考察が不可欠のはずであった。ところが、戦後のマルクス主義歴史学は、しばしば人間不在の歴史学と批判されたように、およそ実証はなく、日本がアジアに属することは自明とされ、いつのまにか日本の天皇もアジア的専制君主とされてしまったのである。マルクスの学問自体も必ずしも科学的とは言えなかったが、それ以上に日本の歴史家の態度も非科学的であった。

考えてみれば、そういうマルクス主義も一種の宗教のようなものであろう。それなら、教祖のマルクスの言葉こそ重視すべきであった。マルクスは、『資本論』の中で日本に言及し、次のように述べているからである。

> 日本は、その土地所有の純封建的な組織とその発達した小農民経営とをもって、われわれの、たいていはブルジョア的偏見にとらわれている歴史書のすべてよりもはるかに忠実なヨーロッパ中世の姿をしめしている。(『資本論』第一巻第七篇第二四章)

マルクスは、日本の土地所有をヨーロッパ以上にヨーロッパ的と述べている。一八五〇年代の書であるから、シーボルトあたりの情報に接していたのであろうか。

では、戦後のマルクス主義者は、教祖の発言を無視して、なぜ日本を単純にアジア的と考えてしまったのだろうか。当時の革命論をめぐる近代史全体の現状認識の問題ではあったが、要するに、伊藤の発言に見るような明治天皇制の虚構を見抜けず、科学的な実証によって皇国史観を克服することなく、ただ、言葉の上で皇国史観を裏返すだけに終始してしまったからではないか。落語の寄席では、一席終われば座布団をひっくり返す。裏返しても同じ座布団である。戦後のマルクス主義は、皇国史観という座布団をひっくり返し、まったく同じ主張をしていたのである。違うと言えば、専制国家の上に「アジア的」とつけただけであった。

他人を批判するばかりでなく、私自身が何を考えていたかについても白状しておこう。私自身は、日本の歴史をペルシャやインド・中国と同じアジア的と考えることには最初から違和感を覚えていた。先の『資本論』の文章に強く惹かれていたこともあるし、中世史を学んでいて、原勝郎『日本中世史』(一九〇六年)の指摘のように、ヨーロッパ中世との類似も気になっていた。しかし、マルクス主義全盛時代であったので、マルクス主義文献から逃れることはできなかった。

マルクスの書を読んでいる中で、アジア的、古典古代的、ゲルマン的とは異なるもう一つの生産様式への言及があるのに気づいた。アジア的とゲルマン的の中間形態としてロシア・ルーマニア的な生産様式を論じているのである。そこで私は、日本もそれと同じとは言えないが、アジア的でもゲルマン的でもない中間的なものと考えるべきとして、それを卒業論文としたのである。しかし、若気の至りとはいえ、やはり、マルクスの片言隻句にとらわれた中途半端な学問であったと反省している。

制度史研究

戦後一時期のマルクス主義の時代が終わり、歴史学はあらゆる意味で実証を重んじるようになった。学問としては、きわめて健全な風潮である。ただし、古代史の場合、日本の古代を中国の律令を模倣して成立した律令国家と決めつけ、それを理解するためには母法である中国法に遡る必要がある、と過度に強調するのは正しくない。確かに、法や制度を正確に把握することは重要である。しかし、法や制度というものは、さまざまな階層や複雑な利害関係の接点で成立するものである。厳密に言えば、中国の律令は中国に即して成立したもので、中国においてこそ意味がある。ただ、人民を統治して税を取るということはどの国家も同じだから、技術的に優れていて模倣可能ならば受容する価値があるというだけのことである。

その場合、法というものは体系性があるから、部分的に受容するよりも、法体系としてセットで受容するほうがわかりやすい。しかし、受容したあとで不必要とわかれば最初から使わないし、戸籍のように面倒なものはわずか数回でやめてしまう。その代わりに、旧来の秩序と習合しやすいものは、形式や意味を修正しながら存続することになる。

大化改新以後の政治改革といっても、それにより、日本が中国になったと考えてはいけない。中国的古代国家というのは、中国と同じ古代国家という意味ではなく、中国を模倣した日本の古代国家という意味でなければならない。それを具体的に理解するには、まず第一に、日本の政治秩序や社会構造のどのような矛盾が大化改新を必要としたのかを考えなければならない。そして第二に、日本の為政者が中国法をどのように利用して自らの利害を守ろうとしたのかという観点から歴史を見なければならない。だから、律令という制度を主人公にして、その成立、変容、崩壊などと歴史を解釈してはならない。またもや人間不在となりかねないからである。

そうではない。何ごとも、制度でなく人間中心でなければならない。どのような人物が、中国法の何を必要と考えたのか、それによって日本の社会がどのように変質したのかを論じなければならないのである。

模倣ということについて、養老孟司さんは『バカの壁』の中で、イチローを真似てもイチローにはなれない、もともとの個性があるのだから、遺伝子も一生変わらないと言っている。もちろん、それでも真似ることは学ぶことだから必要である。しかし、自分自身を失うような学び方はいけないわけである。

本書でも繰り返し強調したところであるが、知識や技術は模倣できる。それを使う側の主体性を忘れない限り有効である。しかし、学ぼうとしても学べないものがある。個性を無視した模倣は不可能というか限度がある。日本の古代の場合、統治技術としての律令は模倣する価値があった。しかし、唯一絶対という皇帝制度は模倣するわけにはいかなかった。誰が、そんな権力者になったというのか。日本の社会全体がそんなものを必要としていなかったからである。

だから、中国を模倣した結果、日本の天皇も中国の皇帝のような専制君主になったと誤解してはいけない。私が昔学んだ先生方は、こんなことは当たり前だったから、天皇はわからないとだけ言ったのであろう。

つまり、日本の古代史を真面目に勉強すれば、天皇が専制君主などという根拠はない。しかし、最近の制度史家は、これを頭から専制君主と決めつけているようにみえる。それはなぜか。これは私の誤解かもしれないが、最近の古代史家が、非実証、人間不在の皇国史観とマルクス主義に追従しているからではないのか。

最初に、皇国史観、マルクス主義、最近の制度史研究の三つがよく似ていると述べた。自分自身を忘れ、外の権威に頼ろうとするからである。天皇は専制君主ではないし、なかったことは誰でも知っている。象徴天皇と言われれば、ああそうかな、と思ってしまう。ところが、日本古代史研究の場だけは例外的に明治天皇制以来の非常識が生きているのである。

福沢諭吉の天皇観

明治憲法以前には、天皇はどのように考えられていたのだろうか。福沢諭吉は、天皇について次のように述べている。

鎌倉以来、人民の王室を知らざること、殆ど七百年に近し。（中略）右の次第を以て考れば、王制一新の原因は、人民の覇府を厭うて王室を慕うに由るにあらず、新を忘れて旧を思うに由るにあらず、百千年の間、忘却したる大義名分を俄に思出したるが為にあらず、ただ当時幕府の政を改めんとするの人心に由て成たるものなり。一新の業、既に成て、天下の政権、王室に帰すれば、日本国民としてこれを奉尊するは固より当務の職分なれども、人民と王室との間にあるものは、ただ政治上の関係のみ。その交情に至りては、決して遽に造るべきものにあらず。
(『文明論の概略』第十章)

『文明論の概略』は明治八年の刊行である。まだ明治憲法はなかった。だから、正直に天皇を論じたのである。王室（天皇）に親愛の情は感じていないが、政治の変化は受け入れようというだけである。もっとわかりやすい文章もある。

爰に一人あり、其家系は何百年前より歴史に明にして、宗祖某は何々の創業に由て家を興し、其第何世の主人は何々の偉功を以て家を中興し、子々孫々、今に至る迄、其家を存して失はずと云えば、仮令へ其人の智徳は凡庸なるも、苟も非常の無智不徳にあらざるより以上は、社会に対して栄誉を維持するに足る可し。（中略）如何なる旧家と雖も、帝室に対しては新古の年代を争ふを得ず。（『尊王論』）

ここでは、皇室を旧家の一つとしている。この書の刊行は、明治憲法が発布される前年である。天皇が薩長の藩閥に利用されようとしている。福沢は、天皇の中立的かつ文化的役割を期待しており、そもそも権威には懐疑的だったのである。

これが、明治憲法以前の良識であったと思う。常識であったかは難しい。しかし、歴史学者は良識をもつべきである。

なぜ『日本書紀』にこだわるのか

これに対し、明治憲法と教育勅語が流布し、国民が皇国史観に洗脳されてくると、そのお先棒を担ぐ学問が生まれる。天皇を現人神とする神話を正当化し、その根拠をもっともらしく論ずる学問である。

この場合、もっともらしく、というところが重要である。明治憲法では、天皇は「神聖ニシテ侵スヘカラス」とあるけれども、現実の歴史に即してみるとそうは言えない。専制君主でもなさそうだ。とすれば、それを補うためには、必ずしも直接政治にかかわるのではなく、より高次の存在であると主張すればよい。要するに人間の価値観で考えてはいけない。現人神なのだから。そこを突きつめることになる。

天皇は単なる王ではない。日本古来の深遠なる宗教的風土から出現したものである。折口信夫などは妄想たくましく天皇の宗教性を強調する。まったく無駄な学問である。また、最近でも天皇をチベットのダライラマなどアジアの宗教性の中で論じるような人もいる。日本の歴史そのものを見ないで、すぐ外の権威に頼ってはいけない。

ここで重要なのは、天皇がいつから現人神になったのかを見極めることではないか。それは、本書で詳しく論じた通り、『古事記』と『日本書紀』の神話によってである。『記紀』神話ができる以前は天皇は神ではなかった。『記紀』の神話、つまり高天原・天孫降臨・万世一系の神話は、日本人が古くから伝えてきた伝承ではない。七世紀末から八世紀にかけて藤原不比等が作ったものである。天皇を利用するためである。その結果成立した権力を、上山春平氏は藤原ダイナスティとよんだ。私もそれに賛成だが、少し違う。藤原氏は、厳密には皇室を利用しているのではない。皇室を藤原氏の一部に取り込んでいるのである。皇室は、藤原氏の一部としてしか存在しない。そういうシステムが世上言う天皇制なのである。何しろ、『日本書紀』の本文では、「皇祖」は藤原不比等なのだから。

結局、日本の古代を論ずるにも、天皇制を論ずるにも、『日本書紀』を学ばなければならない。だから、本書では徹底的に『日本書紀』にこだわったのである。

関連年表

網掛け部分は政権の所在を示す

時代	年代	事項
縄文時代	B.C.一万頃〜 B.C.四〇〇〇頃〜	地球の温暖化 縄文海進が進行↓日本列島が大陸から分離 日本の気候風土の成立↓日本文化の基層形成 文化の中心は東日本
弥生時代	B.C.六〇〇頃〜	農耕社会の成立（稲作・金属器） 朝鮮半島↓西日本↓大和盆地……東国 稲作↓米の蓄積↓階層分化 米の流通↓富の集中 ↓権力の発生
ヤマト王権	三世紀中頃〜	纏向の王権（東国支配）＋葛城氏（外交担当）＝合議体 纏向（盆地の東南部）の勢力は東国への道を支配 葛城（盆地西南部）の勢力は紀氏・宗像氏と結び半島への航路を確保 王権は二つの勢力の合議により運営される 畿内の開発の進行 巨大古墳は開発の象徴

ヤマト王権	四〇〇頃	纒向周辺→大和盆地北部→河内平野＋葛城 【高句麗好太王の時代】 百済から楽浪系渡来人（東漢直・秦氏などの祖）が渡来
	四二一～四七八	［倭の五王の時代］ 中国南朝へ朝貢　河内平野に巨大古墳群（古市・百舌鳥）
大和王権	五〇七～五三一 （書紀）	**継体新王朝　継体（東国支配）＋蘇我氏（外交担当）＝合議体** 近江出身の継体は尾張・美濃・北陸など東国の支持 蘇我氏は葛城氏の支配下から台頭し外交を担当 両者の合体により新政権が成立 二つの勢力は補完関係にあり融合に向かう
	五三九～五七一 （書紀）	**欽明** 蘇我系の王権、渡来人を掌握
	五七二～五八五 （書紀）	**敏達** 継体系と蘇我系の合流 大和盆地の広瀬郡の開発 妃の息長広姫が押坂彦人大兄を生み、息長系王族が成立 拠点の押坂（忍阪）は纒向の南、東国への交通を支配
	五八七	**蘇我馬子** 【隋の強大化】→東アジアの激動 蘇我・物部戦争→蘇我馬子、物部守屋を滅ぼす

五八八	百済から仏教伝来→飛鳥文化の成立（書紀の仏教伝来は五五二）
五八九	【隋の中国統一】→高句麗攻撃へ
五九六	飛鳥寺（法興寺）完成
六〇〇	第一回遣隋使
六〇一	厩戸王が斑鳩宮を造る
六〇三	冠位十二階（書紀では翌年に憲法十七条）
六〇七	第二回遣隋使（小野妹子）、翌年、裴世清来日
六一八	【唐の建国】
六二〇	天皇記・国記の編纂
六二六	蘇我馬子没
	蘇我馬子の時代に飛鳥寺、嶋宮、下ッ道、横大路などが完成
六二九〜六四一（書紀）	**舒明（息長系）**
	押坂彦人大兄以来の忍阪を拠点に東国への道を支配 蘇我氏と政治的に、また婚姻関係でも接近
六三〇	第一回遣唐使（犬上御田鍬）
	飛鳥岡本宮、百済大寺（吉備池廃寺）の造営
六四一〜六四五	**蘇我蝦夷・入鹿**
	多様な渡来人集団が基盤
六四三	斑鳩王家（書紀では山背大兄王）滅亡
六四五	【唐の太宗、高句麗出兵】……蝦夷・入鹿は保守的で対応が遅れる

天智の王権	六四五	（大化一）	乙巳の変（中大兄王（天智）・中臣鎌足らのクーデター） 好戦的な中大兄王は蘇我入鹿を暗殺し、実権掌握。難波に遷都し、半島情勢に備える
	六四六		大化改新の詔
	六六三		白村江の戦いで唐・新羅に大敗→国内改革に集中
	六六八	（天智七）	中大兄王即位。近江令 【この年、高句麗滅亡→唐、新羅の対立へ】
	六七〇	（　九）	庚午年籍作成。四月三十日、法隆寺全焼（一屋も余さず）
	六七一	（　十）	一月、大友皇子太政大臣。近江令官制（太政官の成立） 十二月三日、天智没。 【この年、唐・新羅の戦争はじまる】両国の使者来日
天武の王権	六七二	（天武一）	壬申の乱 近江朝廷の大友皇子は唐に荷担し、半島情勢介入を企図 白村江のトラウマ→諸豪族・民衆の反発により大友は孤立化 挙兵を促された大海人皇子は山中を逃げまどう 畿内および周辺諸豪族の活躍で近江朝廷が瓦解→天武即位 天武の政治 　天武に政治能力はなく混乱が続く
	六七九	（天武八）	吉野の盟約。皇后（持統）の主導で政権の安定をはかる 　持統の背後に藤原不比等が登場

藤原不比等の時代		
		【プロジェクトX＝草壁の擁立計画】 持統の側近となった藤原不比等の構想が始まる 第一段階は、将来の草壁の即位を展望した超越的王権の確立 天皇の神格化と中央集権国家の確立
六八一	（十）	二月、律令制定を命ず。三月、歴史書の編纂を命ず
六八四	（十三）	十月、八色の姓
六八五	（十四）	正月、新冠位制
六八六	（朱鳥一）	九月、天武没。大津皇子、謀反の疑いで死を賜う
六八八	（持統二）	十一月、天武を大内陵に埋葬
六八九		四月十三日、草壁皇子没 草壁の殯で、柿本人麻呂が作った草壁挽歌の中で、持統を日女の命とする天上世界が構想された **天孫降臨神話の原型** 六月、飛鳥浄御原令頒布 この頃、「神ながら」など天皇の神格化表現が始まる
六九〇	（四）	正月、持統即位。七月、高市皇子太政大臣 草壁没後、持統が中継ぎで即位するが、プロジェクトXは終わる
		【プロジェクトY＝軽の擁立計画】 草壁没時、遺児の軽は七歳だったが、藤原不比等は祖母の持統に協力して軽の擁立をはかる

藤原不比等の時代		
六九四（　八）		十二月、藤原宮に遷都
六九六（　十）		七月、高市皇子没
六九七（文武一）		八月、持統譲位、軽（文武）即位。藤原不比等の娘宮子、妃となる 文武の即位詔で高天原と万世一系の理念が登場 文武朝に、持統をアマテラスとし、文武をニニギとする天孫降臨神話が成立した　アマテラス系神話の成立
七〇一（大宝一）		八月、大宝律令制定。この年、宮子が首皇子を生む。不比等と県犬養三千代との間に光明子も誕生
七〇二（　二）		六月、遣唐使出発（粟田真人・山上憶良・道慈ら） 十二月、持統没
七〇七（慶雲四）		六月、文武没。七月、元明即位 文武没によりプロジェクトYは終了する
		【プロジェクトZ＝首の擁立計画】 文武没時、遺児の首は七歳だった。不比等は、元明・元正を中継ぎにしつつ、娘の宮子が生んだ首の即位に乗り出す この頃、不比等の分身としてタカミムスヒを構想し、娘の宮子が生んだ首をニニギとする天孫降臨神話が成立した。タカミムスヒは皇祖とよばれる　タカミムスヒ系神話の成立
七〇八（和銅一）		一月、武蔵国和銅献上。和銅改元。三月、藤原不比等右大臣となる
七一〇（　三）		三月、平城京に遷都

	七一二（五）	一月、太安万侶『古事記』撰上
	七一四（七）	六月、首皇子元服、立太子
	七一五（霊亀一）	九月、元明譲位。元正即位
	七一六（二）	八月、多治比縣守・藤原宇合らを遣唐使、吉備真備・阿倍仲麻呂・玄昉らを留学生とする
	七一八（養老二）	三月、長屋王大納言となる。十二月、遣唐使帰国。道慈帰国 この年、藤原不比等『養老律令』編纂
	七二〇（四）	五月二十一日、舎人親王『日本書紀』奏上。八月三日、藤原不比等没 不比等は、念願の首の即位を実現することなく没した。しかし、『日本書紀』の神話の本文に彼の構想は残った
光明皇后の時代		【藤原ダイナスティの完成】 光明皇后の願望は、不比等の遺志を継いで、権力の源泉となる皇位を藤原一族の懐中に入れることだった。最大のライバルは長屋王だった
	七二一（五）	十二月、元明太上天皇崩
	七二四（神亀一）	二月四日、元正譲位。聖武即位。長屋王左大臣となる
	七二七（四）	閏九月二九日、光明子某王を生む。十一月二日、立太子
	七二八（五）	九月十三日、皇太子没
	七二九（天平一）	二月十二日、長屋王自尽。吉備内親王・膳夫王ら自経（長屋王の変） 八月、天平改元。光明子立后
	七三二（四）	八月、多治比広成らを遣唐使に任ず

七三三	（五）	一月、県犬養三千代没。五月、皇后枕席不安
七三四	（六）	四月、大地震
七三五	（七）	三月、遣唐使帰国。玄昉・吉備真備帰国 八月、大宰管内疫死者多数。九月、新田部親王没。十一月、舎人親王没。十二月、法隆寺で聖徳尊霊のために法華経講読（『東院資財帳』） この年、天下豌豆瘡を患い、夭死する者多し
七三六	（八）	二月二十二日、法隆寺に道慈ら三〇〇僧を招いて法華経講読（『東院縁起』）。この日に、光明皇后が法隆寺に施入（『法隆寺資財帳』）
七三七	（九）	四月、藤原房前没。七月、藤原麻呂、藤原武智麻呂没。八月、藤原宇合没
七三八	（十）	一月、阿倍内親王立太子（のちの孝謙天皇）
七三九	（十一）	この年、行信の奏上により法隆寺東院（夢殿）建立（『東院縁起』）
七四〇	（十二）	九月、藤原広嗣の乱。天皇東国へ避難。十二月、恭仁京へ行幸
七四一	（十三）	三月、国分寺・国分尼寺の造営発願（恭仁京）
七四三	（十五）	十月、盧舎那大仏造立を発願（紫香楽宮）
七四四	（十六）	十月、道慈没
七四五	（十七）	一月、行基を大僧正。五月、平城京に還る。十一月、玄昉を筑紫に左遷
七四七	（十九）	『法隆寺資財帳』作成。『三経義疏』出現
七四八	（二十）	四月、元正太上天皇没
七四九	（天平勝宝一）	七月、聖武譲位。孝謙即位。八月、光明皇太后のために紫微中台を置く。長官は藤原仲麻呂。十月、東大寺大仏完成
七五〇	（二）	九月、藤原清河・大伴古麻呂らを遣唐使に任ず
七五一	（三）	十一月、『懐風藻』成る

七五二	（　四）	四月、大仏開眼供養
七五四	（　六）	一月、大伴古麻呂ら帰国。鑑真らを伴う
		十一月、行信を薬師寺に配流
七五六	（　八）	五月、聖武太上天皇没
七五七	（天平宝字一）	一月、橘諸兄没。五月、養老律令を施行。七月、橘奈良麻呂の乱
七五八	（　二）	八月、孝謙譲位。淳仁即位
七六〇	（　四）	六月、光明皇太后没
七六一	（　五）	『法隆寺東院縁起』成立
七六三	（　七）	五月、鑑真没
七六四	（　八）	九月、恵美押勝（藤原仲麻呂）の乱。道鏡大臣禅師となる
		十月、孝謙重祚（称徳）
七六六	（天平神護二）	十月、道鏡を法王とする
七七〇	（宝亀一）	八月、称徳没。同月、道鏡を下野に配流。十月、光仁即位
七八一	（天応一）	四月、桓武即位
七八四	（延暦三）	十一月、長岡京に遷都
七八八	（　七）	この年、最澄、比叡山寺（延暦寺）草創
七九四	（　十三）	平安京に遷都

参考文献

はじめに

大山誠一「〈聖徳太子〉研究の再検討」弘前大学国史研究会編『弘前大学国史研究』一〇〇・一〇一号、一九九六年（のち大山誠一『長屋王家木簡と金石文』吉川弘文館、一九九八年に所収）
大山誠一『〈聖徳太子〉の誕生』吉川弘文館、一九九九年

【第Ⅰ部】

第一章

大山誠一「「天平十二年遠江国浜名郡輸租帳」の史料性に関する一考察」日本歴史学会編『日本歴史』三〇六号、一九七三年
同『長屋王家木簡と奈良朝政治史』吉川弘文館、一九九三年
同『聖徳太子と日本人』風媒社、二〇〇一年（のち同書名で角川ソフィア文庫、二〇〇五年）
金沢英之「天寿国繡帳銘の成立年代について」東京大学国語国文学会編『国語と国文学』七八‐一一号、二〇〇一年
久米邦武『上宮太子実録』井洌堂、一九〇五年（のち「聖徳太子実録」と訂正、現在は大久保利謙ほか編『久米邦武歴史著作集　第一巻』吉川弘文館、一九八八年に所収）
曾根正人『聖徳太子と飛鳥仏教』吉川弘文館、二〇〇七年
同「厩戸皇子の学んだ教学と『三経義疏』」中部大学国際人間学研究所編『アリーナ』第五号、風媒社、二〇〇八年
津田左右吉『日本古典の研究　下』岩波書店、一九五〇年（のち『津田左右吉全集　第二巻』岩波書店、

一九八六年に所収）
福山敏男「法隆寺の金石文に関する二、三の問題」『夢殿』一三号、鵤故郷舎、一九三五年
藤枝晃「勝鬘経義疏」家永三郎ほか校注『日本思想大系2　聖徳太子集』岩波書店、一九七五年
増尾伸一郎「天皇号の成立と東アジア」大山誠一編『聖徳太子の真実』平凡社、二〇〇三年

第二章

井上薫「日本書紀仏教伝来記載考」（初出は一九四二・一九四三年〈のち井上薫『日本古代の政治と宗教』吉川弘文館、一九六一年に所収〉）
同「道慈」（初出は一九四六年〈のち『日本古代の政治と宗教』吉川弘文館、一九六一年に所収〉）
榎本淳一「『隋書』倭国伝の史料的性格について」中部大学国際人間学研究所編『アリーナ』第五号、中部大学国際人間学研究所、風媒社、二〇〇八年
大山誠一「所謂「任那日本府」の成立について」古代学協会編『古代文化』三二－九・十一・十二号、一九八〇年（のち大山誠一『日本古代の外交と地方行政』吉川弘文館、一九九九年に所収）
同「『上宮聖徳法王帝説』成立試論」大山誠一編『聖徳太子の真実』平凡社、二〇〇三年
北條勝貴「祟・病・仏神」あたらしい古代史の会編『王権と信仰の古代史』吉川弘文館、二〇〇五年
同「『日本書紀』と祟咎「仏神の心に祟れり」に至る言説史」中部大学国際人間学研究所編『アリーナ』第五号、風媒社、二〇〇八年
吉田一彦『古代仏教をよみなおす』吉川弘文館、二〇〇六年
同「『元興寺伽藍縁起幷流記資財帳』の信憑性」大山誠一編『聖徳太子の真実』平凡社、二〇〇三年

第三章

太田晶二郎「『上宮聖徳法王帝説』夢ものがたり」『歴史教育』八－四号、一九六〇年（のち『太田晶二郎著作集　第二冊』一九九一年に所収）

大山誠一　「『上宮記』の成立」大山誠一編『聖徳太子の真実』平凡社、二〇〇三年
小澤毅「飛鳥の宮都空間」小澤毅『日本古代宮都構造の研究』青木書店、二〇〇三年
加藤謙吉『大和政権とフミヒト制』吉川弘文館、二〇〇二年
岸俊男「大和の古道」付論「見瀬丸山古墳と下ツ道」橿原考古学研究所『青陵』一六、一九七〇年（のち岸俊男『日本古代宮都の研究』岩波書店、一九八八年に所収）
篠川賢「親族呼称からみた系図と戸籍」新川登亀男、早川万年編『美濃国戸籍の総合的研究』東京堂出版、二〇〇三年
関川尚功「見瀬丸山古墳と欽明陵古墳」橿原考古学研究所編『橿原考古学研究所論集』第十三、吉川弘文館、一九九八年
瀬間正之「推古朝遺文の再検討」大山誠一編『聖徳太子の真実』平凡社、二〇〇三年
同「所謂「推古朝遺文」について」中部大学国際人間学研究所編『アリーナ』第五号、風媒社、二〇〇八年
竹田政敬「五条野古墳群の形成とその被葬者についての憶測」『考古学論攷』第二四冊、奈良県立橿原考古学研究所、二〇〇一年
森博達「稲荷山鉄剣銘とアクセント」小川良祐、狩野久、吉村武彦編『ワカタケル大王とその時代』山川出版社、二〇〇三年

第四章

大橋信弥『日本古代国家の成立と息長氏』吉川弘文館、一九八四年
同『日本古代の王権と氏族』吉川弘文館、一九九六年
同『継体天皇と即位の謎』吉川弘文館、二〇〇七年
大山誠一『古代国家と大化改新』吉川弘文館、一九八八年
同「所謂「任那日本府」の成立について」古代学協会編『古代文化』三二－九・十一・十二号、一九八〇年（のち大山誠一『日本古代の外交と地方行政』吉川弘文館、一九九九年に所収）

岡田精司「継体天皇の出自とその背景」日本史研究会『日本史研究』一二八号、一九七二年
加藤謙吉『大和の豪族と渡来人』吉川弘文館、二〇〇二年
岸俊男「ワニ氏に関する基礎的考察」大阪歴史学会『律令国家の基礎構造』、一九六〇年（のち『日本古代政治史研究』塙書房、一九六六年に所収）
小山修三『縄文時代』中公新書、一九八四年
平林章仁『七世紀の古代史』白水社、二〇〇二年
渡辺誠『よみがえる縄文人』学習研究社、一九九六年
同『目からウロコの縄文文化』ブックショップマイタウン、二〇〇八年

【第Ⅱ部】

第一章

大山誠一『古代国家と大化改新』吉川弘文館、一九八八年
同「吉野の誓いと天武の王権」『中部大学人文学部研究論集』第十七号、二〇〇七年

第二章

上山春平『神々の体系』中公新書、一九七二年
同『埋もれた巨像』岩波書店、一九七七年

第三章

大山誠一『長屋王家木簡と奈良朝政治史』吉川弘文館、一九九三年
西條勉『古事記と王家の系譜学』笠間書院、二〇〇五年
中村明蔵『隼人の古代史』平凡社、二〇〇一年
護雅夫『遊牧騎馬民族国家』講談社現代新書、一九六七年

終章

飛鳥井雅道『明治大帝』筑摩書房、一九八九年（のち同書名で講談社学術文庫、二〇〇二年）
原勝郎『日本中世史』富山房、一九〇六年（のち同書名で講談社学術文庫、一九七八年）

あとがき

ＮＨＫ出版の石浜哲士氏の訪問をうけ、本書の執筆を約束したのは、もう六年も前の二〇〇三年のことだった。それ以来、何度も書かねばと思いつつ、とうとう今日までかかってしまった。最大の理由は、ここ数年来健康状態が不如意だったことである。還暦をすぎて、どうも、身体のあちこちの部品が傷み始めたようである。しかし、二年ほど前から、勤務先の大学の配慮もあり、仕事量を減らしてもらうことができ、ここ一、二年は小康状態を保っている。そこで、この機会に、思い残すことがないようなものを書いておきたいと考えた次第である。

それと、十数年前に書いた聖徳太子論をめぐる論争がようやく一段落しつつあるというのも、もう一つの理由である。何しろ、学問的反論は皆無なのである。もう、そろそろ次の課題に移ってもいいだろう。そう考えたのである。

本書のテーマは、書名の通り「天孫降臨の夢」である。藤原不比等が、自らの分身タカミムスヒを「皇祖」とする神話を創作し、その後の日本の歴史を支配する野望が実現する。三世紀から始まる古代王権の決定的な転換であった。

かつて、大王《おおきみ》は生き生きとしており、ときに荒々しく歴史を切り開く存在だった。飛鳥文化を作った蘇我馬子も大化改新後の改革をリードした天智も大王だった。しかし、不比等により天孫降臨の神話が構想され、天皇制が成立すると、天皇は静かに藤原氏の部屋の片隅の人形箱に入れられてしまった。その箱は、時代の転換ごとに、時の権力者によって取り出され、化粧をほどこされることもあったが、生き生きとした生命力を回復することはなかった。そろそろ、そういう日本の歴史を冷静に回顧し、あらぬ虚構に振り回されることのない、普遍的な人類史の一員であることを自覚すべき時が来ているのではないだろうか。

最後に、なかなか原稿が書けなかったため、NHK出版編集部の石浜さんと五十嵐広美さんにはご迷惑をおかけしてしまった。感謝とお詫びを申し上げたい。

二〇〇九年十月

大山誠一

大山誠一——おおやま・せいいち
●1944年、東京都生まれ。東京大学大学院人文科学研究科博士課程単位取得。
現在、中部大学人文学部教授。専攻は日本古代政治史。
●著書に、『古代国家と大化改新』『長屋王家木簡と奈良朝政治史』『〈聖徳太子〉の誕生』『長屋王家木簡と金石文』『日本古代の外交と地方行政』（以上、吉川弘文館）、『聖徳太子の真実』（編著、平凡社）、『聖徳太子と日本人』（角川ソフィア文庫）など。

NHKブックス［1146］

天孫降臨の夢　藤原不比等のプロジェクト

2009（平成21）年11月30日　第1刷発行

著　者　大山誠一
発行者　遠藤絢一
発行所　日本放送出版協会（NHK出版）
東京都渋谷区宇田川町41－1　郵便番号　150－8081
電話　03－3780－3317（編集）　0570－000－321（販売）
ホームページ　http://www.nhk-book.co.jp
携帯電話サイト　http://www.nhk-book-k.jp
振替 00110－1－49701
［印刷］三秀舎　［製本］笠原製本　［装幀］倉田明典

落丁本・乱丁本はお取り替えいたします。
定価はカバーに表示してあります。
ISBN978-4-14-091146-4 C1321